"十四五"国家重点出版物出版规划项目

★ 转型时代的中国财经战略论丛 ◢

全球"制造与服务混沌模块化网络"中本土生产性服务企业的成长战略研究

Research on Growth Strategy of
the Local Productive Service Enterprises in the Global "Manufacturing
and Service Chaotic Modular Network"

郑 浩 著

中国财经出版传媒集团

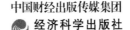

经济科学出版社
Economic Science Press

图书在版编目（CIP）数据

全球"制造与服务混沌模块化网络"中本土生产性服
务企业的成长战略研究/郑浩著．--北京：经济科学
出版社，2022.6
（转型时代的中国财经战略论丛）
ISBN 978 - 7 - 5218 - 3788 - 9

Ⅰ.①全…　Ⅱ.①郑…　Ⅲ.①生产服务 - 服务业 - 国
际竞争力 - 研究 - 中国　Ⅳ.①F726.9

中国版本图书馆 CIP 数据核字（2022）第 113165 号

责任编辑：陈赫男
责任校对：王肖楠
责任印制：范　艳

全球"制造与服务混沌模块化网络"中本土
生产性服务企业的成长战略研究
郑　浩　著
经济科学出版社出版、发行　新华书店经销
社址：北京市海淀区阜成路甲 28 号　邮编：100142
总编部电话：010 - 88191217　发行部电话：010 - 88191522
网址：www. esp. com. cn
电子邮箱：esp@ esp. com. cn
天猫网店：经济科学出版社旗舰店
网址：http://jjkxcbs. tmall. com
北京季蜂印刷有限公司印装
710×1000　16 开　21.25 印张　340000 字
2022 年 7 月第 1 版　2022 年 7 月第 1 次印刷
ISBN 978 - 7 - 5218 - 3788 - 9　定价：85.00 元

总　序

《转型时代的中国财经战略论丛》是山东财经大学与经济科学出版社合作推出的"十三五"系列学术著作，现继续合作推出"十四五"系列学术专著，是"'十四五'国家重点出版物出版规划项目"。

山东财经大学自2016年开始资助该系列学术专著的出版，至今已有5年的时间。"十三五"期间共资助出版了99部学术著作。这些专著的选题绝大部分是经济学、管理学范畴内的，推动了我校应用经济学和理论经济学等经济学学科门类和工商管理、管理科学与工程、公共管理等管理学学科门类的发展，提升了我校经管学科的竞争力。同时，也有法学、艺术学、文学、教育学、理学等的选题，推动了我校科学研究事业进一步繁荣发展。

山东财经大学是财政部、教育部、山东省共建高校，2011年由原山东经济学院和原山东财政学院合并筹建，2012年正式揭牌成立。学校现有专任教师1688人，其中教授260人、副教授638人。专任教师中具有博士学位的962人。入选青年长江学者1人、国家"万人计划"等国家级人才11人、全国五一劳动奖章获得者1人、"泰山学者"工程等省级人才28人，入选教育部教学指导委员会委员8人、全国优秀教师16人、省级教学名师20人。学校围绕建设全国一流财经特色名校的战略目标，以稳规模、优结构、提质量、强特色为主线，不断深化改革创新，整体学科实力跻身全国财经高校前列，经管学科竞争力居省属高校领先地位。学校拥有一级学科博士点4个，一级学科硕士点11个，硕士专业学位类别20个，博士后科研流动站1个。在全国第四轮学科评估中，应用经济学、工商管理获B＋，管理科学与工程、公共管理获B－，B＋以上学科数位居省属高校前三甲，学科实力进入全国财经高校前十。工程学进入 ESI 学科排名前 1%。"十三五"期间，我校聚焦内涵式发展，全面实施了科研强校战略，取得了一定成绩。获批国家级课题项目 172 项，教育部及其他省部级课题项目 361 项，承担各级各类横向课题 282 项；教师共发表高水平学术论文 2800 余篇，出版著作 242 部。同时，新增了山东省重点实验室、省重点新型智库和研究基地等科研平台。学校的发展为教师从事科学研究提供了广阔的平台，创造了更加良好的学术生态。

"十四五"时期是我国由全面建成小康社会向基本实现社会主义现代化迈进的关键时期，也是我校进入合校以来第二个十年的跃升发展期。2022 年也将迎来建校 70 周年暨合并建校 10 周年。作为"十四五"国家重点出版物出版规划项目，《转型时代的中国财经战略论丛》将继续坚持以马克思列宁主义、毛泽东思想、邓小平理论、"三个代表"重要思想、科学发展观、习近平新时代中国特色社会主义思想为指导，结合《中共中央关于制定国民经济和社会发展第十四个五年规划和二〇三五年远景目标的建议》以及党的十九届六中全会精神，将国家"十四五"期间重大财经战略作为重点选题，积极开展基础研究和应用研究。

与"十三五"时期相比，"十四五"时期的《转型时代的中国财经战略论丛》将进一步体现鲜明的时代特征、问题导向和创新意识，着力推出反映我校学术前沿水平、体现相关领域高水准的创新性成果，更好地服务我校一流学科和高水平大学建设，展现我校财经特色名校工程建设成效。通过对广大教师进一步的出版资助，鼓励我校广大教师潜心治学，扎实研究，在基础研究上密切跟踪国内外学术发展和学科建设的前沿与动态，着力推进学科体系、学术体系和话语体系建设与创新；在应用研究上立足党和国家事业发展需要，聚焦经济社会发展中的全局性、战略性和前瞻性的重大理论与实践问题，力求提出一些具有现实性、针对性和较强参考价值的思路和对策。

山东财经大学校长

2021 年 11 月 30 日

前　言

近年来，随着发达国家制造业的全球化国际转移，为发达国家跨国公司制造环节服务的生产服务企业也出现了国际化转移的趋势，加之新兴市场国家的生产性服务企业不断加入跨国公司的发包链条，在这种全球化战略外包的背景下，全球生产性服务接包商日益通过跨国公司所设定的设计规则进行生产性服务产品设计、生产与传送成品生产性服务模块，这些行为导致了产业结构形式的改变，那种以业务模块化为基础、以跨越式产权为纽带、以知识能力要素和交易能力要素为主要能力边界的"制造与服务模块化网络"在现实中已经逐渐形成。由于该网络内设计规则及接口标准的非线性影响使"制造与服务模块化网络"具有了混沌系统的特征，因此该网络也可称为"制造与服务混沌模块化网络"。

我国"十四五"规划明确提出把推动生产性服务业向专业化和价值链高端延伸，促进生产性服务业与先进制造业融合，作为当前我国产业结构优化升级的战略重点。相比较于发达国家而言，我国的本土生产性服务企业一直被锁定在全球价值链的低端环节，其对本土制造业的推动作用也较弱。因此，在全球"制造与服务混沌模块化网络"形成的背景下，研究我国本土生产性服务企业如何通过嵌入全球"制造与服务混沌模块化网络"，提升自身的成长绩效，进而促进我国本土先进制造业的升级具有重要的价值。

本研究认为影响本土生产性服务企业成长绩效的有内因、外因两种因素，因此，将本土生产性服务企业的网络关系（外因）与网络能力（内因）结合起来研究对其成长绩效的影响。本书首先从全球"制造与服务混沌模块化网络"的形成机理、发展阶段及其混沌性出发，研究了全球"制造与服务混沌模块化网络"的网络特性及设计规则，在此基础上，提出了本土生产性服务企业为提升成长绩效所必需的网络能力的四个维度、关系嵌入的三个维度、结构嵌入的三个维度；其次对本土生产性服务企业的网络能力、结构嵌入、关系嵌入与其成长绩效的交互影响作用进行理论和实证的探讨；最后提出了中国生产性服务企业基于全球"制造与服务混沌模块化网络"的成长战略。

本书在以下四个方面有所创新。

第一，对中国本土生产性服务企业的研究离不开全球"制造与服务混沌模块化网络"，过去的研究没有将该种网络与制造业模块化网络进行区别，本书详细分析了全球"制造与服务混沌模块化网络"所具备的与制造业模块化网络不同的网络特性和设计规则，因此使课题的结论具有更大的科学性。

第二，自哈肯森（Hakansson，1987）最早提出网络能力的概念以来，许多关于网络能力的研究一直用固定维度来作为网络能力构建的标准，这种对网络能力维度的固化理解无疑已不能满足指导企业创新活动的需要，我们应当知道不同的网络环境中需要的企业网络能力维度应当是有所不同的。本书在深入研究全球"制造与服务混沌模块化网络"网络特性及设计规则的基础上，提出了本土生产性服务企业网络能力的四个维度及其子维度，丰富了当前网络能力研究的内容，并可为中国本土生产性服务企业通过构建网络能力提升成长绩效提供指导。

第三，关于关系嵌入的维度，学术界并没有一个公认的研究结论，且对不同网络情景下关系嵌入维度研究也远远不足。本书在分析全球"制造与服务混沌模块化网络"网络特性及界面规则的基础上，分析了本土生产性服务企业在"制造与服务混沌模块化网络"中的关系嵌入的维度及其子维度，不但丰富了当前关系嵌入研究的理论，而且可对中国生产性服务业通过实施关系嵌入来提升成长绩效提供相应指导。

第四，关于生产性服务业与制造业的研究。当前该方面的研究成果要么将本土生产性服务企业与外部的网络环境分割开来进行研究，要么没有注意到"制造与服务混沌模块化网络"与一般制造业模块化网络的区别，因此给出的策略和建议具有一定的局限。本书将关系嵌入、结构嵌入作为环境调节变量，运用结构方程模型，实证了网络能力、关系嵌入、结构嵌入对成长绩效的单独及交互影响作用，并据实证结论得出了一系列成长战略，因此有较强的现实应用价值。

目　录

第1章 导　　论

1.1　研究背景

近年来，伴随着国际产业结构的调整，跨国公司把从制造价值链中剥离出来的生产性服务进行跨国转移成为现今经济全球化的一个显著特征。生产性服务进行国际转移的方式主要有三种：一是跨国公司进行生产性服务外包，即跨国公司剥离辅助型的且是非核心的业务，并将该业务外包给国外的接包公司。很多跨国公司常常将非核心的生产性服务环节，如后勤、财务、呼叫中心、研究开发、软件设计、经营管理、金融财务分析、办公支持、售后服务等外化为一个项目，再外包出去。跨国公司生产性服务外包的方式主要有信息技术外包（information technology outsourcing，ITO）、商务流程外包（business process outsourcing，BPO）和知识流程外包（knowledge process outsourcing，KPO）（魏龙、杨晖，2019），ITO 指跨国公司为了使自身业务回归核心竞争力，而将其信息技术（IT）系统的全部或部分包给外部的专业技术公司；BPO 是指跨国公司将一些非核心业务流程外包给全球供应商，以降低成本，同时提高服务质量，所以 BPO 也称为业务流程外包；KPO 指跨国公司将具体的业务承包给全球专门的生产性服务提供商，它们是以业务专长而非流程专长来为该公司创造价值。所以可见三种外包方式的共同之处是跨国公司将非核心的生产性服务价值链环节外包出去，由外部专业化公司进行承担。二是跨国公司离岸业务经营。由于生产性服务的需求在全球增长得越来越快，全球各个国家和地区中生产性服务业的进入障碍正在随着单边改革和多方互惠谈判而逐步减少，于是跨国公司将部分自身优势不太明显的生产性服务转移到低成本国家，承接离岸业务的公司有两种类型：跨国公司海外的子公司及其附属机构、其他国家的本地企业。三是曾经与跨国公司建立战略合作关系的生产性服务企业。在跨国公司将相关业务转移到新兴市场国家时，这些生产性服务企业也会将生产性服务业务进行转移，并继续为跨国公司提供配套服务。在以上三种生产性服务国际转移的主要方式中，对于中国而言，制造业企业进口生产性服务到生产环节的比例远高于作为最终消费品的比例，以服务外包的形式进口中间服务已经成为中国制造业企业融入国际分工格局的重要方式（魏龙、杨晖，2019），从而使生产性服务外包成为当今中国承接生产性服务国际转移的主要手段。

模块化和生产性服务外包并不存在必然的联系，生产性服务外包也可以在未模块化的状态下进行。同理，生产性服务模块化也不一定就是为了服务外包。但在实践中，各大型跨国公司将生产性服务进行模块化分解之后，并将具有独立"自律"功能的生产性服务模块进行外包已经成为现实趋势（Droege，Hildebrand & Forcada，2009）。究其原因，在于其相比较于传统外包而言具有以下几个优势。

1. 生产性服务模块化外包比传统生产性服务外包具有更大的创新

生产性服务模块化外包的接包商之间是"背靠背竞争"[①] 的关系（青木昌彦、安藤晴彦，2003），跨国公司作为发包企业可以通过事后的比较、选择，将接包企业通过背靠背竞争所取得的研究成果集中起来，从而大大提高自身的竞争力。而接包企业为了获得最终的被选择权，必须竭尽全力进行生产性服务产品和技术的创新，这种接包企业竞争创新的淘汰赛——跨国公司比较与选择所有创新的成果模式会形成一种闭环的正反馈通路，使生产性服务模块化外包的产品创新形成一层比一层高的波浪式创新。

2. 生产性服务模块化外包比传统生产性服务外包具有更低的成本

传统生产性服务外包制下，服务外包组件与系统整体紧密连接在一起，服务外包组件的某些改进和调整都要考虑对系统中其他组件的影

---

① 背靠背竞争是指各生产性服务接包企业在跨国公司要求的界面标准下独立进行接包产品的研发，各生产性服务接包商之间的信息处理是相互保密的。

响。所以，当某个跨国公司进行技术创新时，会要求与整个系统的兼容性进行不断试错（trial-and-error learning）与分析，这样会导致研发成本急剧上升。而生产性服务模块化外包通过"信息包裹"[①] 手段解决了这一问题（Frandsen，2017），生产性服务模块供应商独自进行模块的设计和创新，因为生产性服务模块之间的联系规则和系统界面是既定的，不必考虑与其他模块的协调问题，这样就大大降低了服务产品与技术创新的成本。

3. 生产性服务模块化外包比传统生产性服务外包具有更小的风险

生产性服务模块化外包完全根据跨国公司设定的设计规则进行运作，风险是可控的。而在传统生产性服务外包中，由于环境中充满了大量不可预测性的因素和各种变化，接包企业的产品和技术创新并不能事先完全预测到，在面对创新收益进行谈判时，交易双方均无法将未来的不确定性和复杂性完全纳入契约之中，最终创新收益分配权的冲突将导致双方行为偏离合作的方向，甚至导致合作的破裂。[②]

因此，在跨国公司生产性服务外包的实践中，生产性服务模块化外包已经成为跨国公司进行生产性服务外包的主要途径，伴随着跨国公司生产性服务模块化外包的发展，跨国公司生产价值链出现了深度分解的特征，表现为掌握新的生产性服务专业知识的全球各地生产性服务企业不断加入跨国公司生产价值链条，跨国公司生产价值链变粗变长，价值链的增值环节增多，可分解性提高。此外，信息技术的高速发展使生产性服务外包信息化程度不断提高，这促使了生产性服务外包模块可以与跨国公司制造业业务流程进行深度耦合，从而使外包的生产性服务模块更快、更好地嵌入跨国公司全球生产价值链体系之中。在这种全球化战略外包的背景下，全球生产性服务接包商通过跨国公司设定的标准化界面规则进行生产性服务产品设计、生产与传送成品服务模块，这些行为导致了产业结构形式的改变，那种以业务模块化为基础、以跨越式产权

[①]　信息包裹（prepackaged）指生产性服务接包商在遵守跨国公司界面规则约定的前提下，自行设计生产性服务外包模块，各生产性服务接包商是独立自律的，不必考虑与整个系统的协调问题。

[②]　这里即是威廉姆森（Williamson，1985）所说的交易环境因素影响所导致的市场失灵，造成交易困难或失败。

为纽带、以知识能力要素和交易能力要素为主要能力边界的"制造与服务模块化网络"在现实中已经逐渐形成。"制造与服务模块化网络"实质上是一个集成制造和服务功能的协作式价值创造网络，它的产生是制造业与生产性服务融合的过程，而且两者的融合是通过生产性服务价值链向制造业价值链的渗透或嵌入来实现的（刘鹏、刘宇翔，2008），它比传统制造网络具有更强的资源整合、价值增值和组合创新功能。由于该网络具有混沌系统的特点（在第 3 章形成机理部分会详细论述），即内在随机性、初值敏感性和有序性三个特点，因此，此网络也可称为"制造与服务混沌模块化网络"。

概括来说，"制造与服务混沌模块化网络"的形成得益于有其深刻的产业背景及相应的经济、技术发展背景。

1.1.1 产业背景

全球"制造与服务混沌模块化网络"的形成得益于工业化进程中制造业服务化发展的趋势。工业化进程的推进，市场环境的变化使制造业的内部发生了较大的改变。高附加值的服务技术应用于制造业生产过程之中，如产品的研发、工艺流程的设计、质量控制、营销服务、售后服务等。这反映出新时代制造模式的一个重要特征，即为应对激烈的市场竞争和满足顾客多样化、个性化的需求，服务化的趋势在制造业发展过程中占有越来越重要的地位。具体来说全球制造业服务化的发展趋势具有以下几个特征。

1. 制造业服务化实际是技术资本、知识资本通过信息技术手段进入制造业生产的过程

知识资本和技术资本在制造业中被运用，大多是通过管理咨询、生产研发等生产性服务的投入来达成的。而信息技术具有对传统制造业进行技术改造的能力，它提高了制造价值链与生产性服务价值链的关联与相互需求的能力，进而引发了制造价值链结构的改变，使制造与服务的边界逐渐模糊。进一步，在弹性专精政策的需求下，信息技术也可从制造价值链中分离出众多非核心服务业务，利用服务外包满足制造业内部的中间需求，并把这些分离出来的服务业务扩展为技术密集、知识密集的生产性服务业。

2. 生产性服务是制造业价值链增值的主要源泉

无论是制造业价值链内部的生产性服务，还是外包给外部接包企业的生产性服务，这些服务的加入都会对最终制造业产品起到价值增值的作用。在现代制造企业的大生产中，企业利润的来源已经不在加工制造，而在制造价值链上、中、下游的生产性服务环节上。例如，价值链上游的市场研究、风险投资、产品概念形成与测试、竞争分析；价值链中游的产品质量品控、设备租赁、维修、保险、会计、人力资源；价值链下游的分销、广告、物流等。生产性服务提供了最终产品增加值中的很大一部分，所以一个制造业企业在市场中的竞争地位在很大程度上与其在制造价值链中的生产性服务环节的多少有很大的关系，据统计，某些跨国公司产品中这种高知识含量的生产性服务投入所产生的增值已占到总增加值的70%以上。

3. 生产性服务是形成制造企业产品差异化和企业之间进行非价格竞争的重要手段

传统比较优势理论强调企业资源禀赋的差别造成了生产要素占有的差别，并由此产生相对生产成本的大小，生产成本进而决定一个企业在市场中的竞争地位。然而在当代激烈的市场竞争中，产品差异化的非价格竞争已经取代了传统的价格竞争方式。现代科技的发展，大规模生产线的运用，各种先进制造方式如敏捷制造、精益生产等，使不同企业的产品在物理属性方面的差距很小甚至基本不存在任何差距。在这种背景下，一个制造企业如何与竞争对手拉开差距，主要依靠制造价值链中大量生产性服务的投入。由此可见，生产性服务的投入是造成现代制造企业产品差异化的重要手段。

1.1.2 经济背景

经济环境的变化对全球"制造与服务混沌模块化网络"的产生与演进有巨大的促进作用，其作用可以归纳为以下几个方面。

1. 经济全球化带来的资源全球范围流动

经济全球化带动了技术、资本、劳动力、信息等各种资源在全球范围内的重新配置与重组，这种现象使生产、投资、研发等在世界各国、各地区之间相互融合、相互依赖、相互竞争和相互制约，世界已经逐渐趋于一个完整的资源统一配置的市场。根据 18 世纪末英国经济学家李嘉图所提出的比较优势理论，在资源全球配置的大框架下，一个国家应当生产和出口自身优势最大的产品，而进口自身优势最小的产品，这种资源配置的理念对出口和进口的两个国家都是有好处的。交易成本理论也具有相似的观点，在生产要素给定的情况下，跨国公司有三种选择：一是自己生产；二是从现货市场购买；三是实行外包。跨国公司的所有者将根据交易成本和生产成本的比较来做出相应的决定。虽然借助市场购买也许是解决资源优化配置的好办法，但在市场中存在着信息不对称、市场风险的不确定性、各种机会主义行为等，这些原因使跨国公司寻求资源的内部一体化。但当完全内部一体化高于竞争的交易成本时，寻求外部外包合作伙伴将是最好的资源配置方案。

目前，国际分工已不仅仅是第一、第二和第三产业的分工，它已经深入同一产品生产的不同流程或工序阶段，这种状况可以从一个产业的投入产出过程中窥见一斑，就像施振荣先生的"微笑曲线"所解释的那样，典型制造产业的价值链分为信息收集和分类，研究和开发、适量生产、生产适销、引进、装备与市场开发七个环节，这七个环节对生产要素的要求差距很大。信息收集和分类、研究和开发主要与知识资本有关，是技术含量较高的生产性服务环节；生产、生产的进销存、引进、装备主要与资本和劳动力有关，是与产品制造有关的制造业环节；市场开发与知识资本有关，也是技术含量较高的生产性服务环节。因此，制造与服务日益融合，它们正共同服务于生产产品的同一环节，它们相互关联加强且基于产业链而逐步走向深度的融合。正如谢尔普所说："制造业是'砖块'，而服务业则是把它们黏合在一起的'水泥'。"尤其是像生产性服务中的研究开发、市场营销、融资服务、数据分析服务、客户管理服务等，更是起到衔接制造业价值链上下游的"黏合剂"作用。因此从以上分析可知，比较优势理论和交易成本理论要求全球资源的优化流动配置，而通过生产性服务嵌入制造业价值链的活动所带来的制造业与服务业的相互融合必然推动全球"制造与服务混沌模块化网络"的产生。

2. 协作成为企业获得竞争优势的重要途径

波特的行业价值链理论认为，对最终目标顾客所生产的产品和服务的价值是由供应链上所有合作伙伴共同努力的结果。如今的市场竞争已经非常激烈，即使最有实力的跨国公司也不可能垄断产品生产的所有环节，而只能根据自身资源特点和资源的占用情况，选择行业价值链的某一环节作为企业的战略环节，所以，一方面，一些大型跨国公司为突出核心能力相继实行了业务归核化战略，外包了无关或不擅长的生产性服务业务；另一方面，很多生产型服务企业为了改变传统单打独斗的竞争策略，从而通过承接跨国公司所外包的生产性服务业务而形成以行业分工为合作纽带，以弹性专精为策略，以能力为边界的全球"制造与服务混沌模块化网络"。该网络中的企业通过资源共享、知识的溢出效应等整合并共享其他企业的资源优势，所有参与企业的无形边界得到扩展，企业的能力得到了进一步的增强。

3. 市场需求的转变

随着经济的不断发展和消费者收入水平的不断提高，催生了新的重大的市场需求，这种需求需要产业之间的合作与协调才能满足消费者的需求，这是因为消费者的需求已由对单一产品或单一服务的需求转化为复合性、系统性的需求，从对基本产品功能的需求转向了非功能性的需求，这一切也带来了市场不确定性程度的增加及可预测程度的减少。

工业时代向信息经济时代的转变，顾客消费行为在变得多样化和复杂化的同时，企业之间的竞争也在加剧，表现在社会产品供应量迅速增加，许多产品供过于求，产品更新换代加快，产品的生命周期缩短，市场变得动态而难以预测，市场竞争进一步激化。同时，高福利、高工资、高消费政策的推出，使消费者有了更多的消费时间和更多的可支配收入，消费者变得更加理性，其消费需求则更趋于个性化与多样化。购买选择更为精明，要求也更为苛刻。这种形势，要求企业为顾客提供综合的、个性化的"产品＋服务"组成的产品系统，这成为企业获得高附加值及保持持久竞争优势的关键。然而，制造业企业往往提供给消费者的是具有物理功能的产品,尽管模块化降低了产品的生产成本,但只有将服务融入产品之中才能既满足消费者复合的、系统化的需求,又能增加产品附加值。在这样的背景下,跨国公司将部分生产性服务模块外包给相应的弹性专精生产性服务接包企业,既有相应的成本优势,又可以在短时间内通过"拼插"或"组装"成各种各样的个性化的"产品+服务"产品,通过提供这种面向产品全生命周期的服务,推动了生产性服务向制造业价值链的嵌入,从而形成了全球"制造与服务混沌模块化网络"。

1.1.3 技术背景

1. 信息技术的快速发展

传统的观念认为,生产性服务具有无形性、不可分割性、不可存贮性、生产和消费的同时性等诸多特性。在传统的生产性服务贸易中,很多生产性服务要在同一地点和同一时间进行生产和消费,例如跨国公司要进行跨国生产性服务贸易,这些服务只能通过在服务输出国 FDI 的方式进行提供,或由服务输出国的跨国公司分公司来实施。但在网络信息社会,由于信息技术的出现,这种状况发生了根本性的变化,信息技术的出现不仅造就了一个巨大的信息产业,而且信息技术的加入也使生产性服务本身的特性发生了一定的改变。

首先,生产性服务本身的无法存贮性及无形性发生了改变,这是由技术创新带来的。传统观念认为服务是一种低资本投入、高劳动密集型和附着于其他行业之上的一种低值附加品,然而由于近些年来科学技术的发展,越来越多的知识密集型生产性服务产品大量出现,例如研究与开发、存货管理、质量控制、财务管理、人事管理、市场研究与开发、广告和法律服务等。这类生产性服务表现出高技术、高附加值等诸多不同特性,并且这类生产性服务还可以附着在有形的介质体上,如各种光盘、U 盘、录像带、VCD、云端存储等,从而实现了从无形性向有形性的转变。同时也解决了生产性服务产品不可存贮的问题。

其次,信息通信技术的发展使生产性服务的不可分割性发生了变化,生产性服务可以以信息技术为分割媒质体,例如跨国公司价值链运作中的很多流程可以通过信息技术被分解成一个一个的小模块部分，然后将这些小模块部分进行信息和知识的编码，从而实现数字化存储、处理和运输。如目前某些跨国公司，对市场调查、产品定位、存货控制等很多环节可以由不同地域的合作公司来完成，最终由跨国公司通过一定的规则对外包出去的生产性服务模块进行统一管理和规划。随着信息和知识在生产性服务中所占的比重越来越大，信息技术的发展使计算机对信息和知识的存储和处理能力大大提高，很多原先不容易被分解的生产性服务变得易于分解和整合，这些都为生产性服务的模块化奠定了现实的基础。

最后，生产性服务产品消费和生产的同时性也发生了变化。如前所述，生产性服务所附着的有形载体不但可以实现时间和空间的分离，而且可以通过邮寄、网络传输、远程服务等方式解决生产性服务生产和消费的同时性问题。同时，信息技术的大力发展使计算机对信息进行处理与传输的成本降低了，这就直接降低了跨国公司进行生产性服务外包的成本，无形中增加了生产性服务的可转移能力。并且，信息技术对生产性服务所包含的信息处理速度的加快，促进了跨国公司进行生产性服务外包的规模效益和范围经济的实现，使得跨国公司可以将制造业价值链中的生产性服务业务流程中具有共性的部分外包给更具有竞争力、成本更低的东道国专业生产性服务公司。

2. 不同行业的混业经营

最初的混业经营原意出现于金融行业，它是指金融企业（包括银行、证券、保险等）以一定的组织形式在货币市场或资本市场所进行的交叉经营活动。

后来它的含义被延伸扩展到制造业和服务业之间。在服务业内部，混业经营日趋普遍，不仅银行、证券、保险之间存在混业经营，软件、移动通信、物流、互联网服务、信息咨询等也慢慢趋于融合。制造业和服务业之间的融合也越来越明显，制造业通过以下两种方式向制造性服务转化：一是为原来的制造产品增加更多的服务含量，使制造产品更加趋于现代学者所定义的整体产品的内涵。菲利普·科特勒（2016）将产品的整体概念用五个层次来表述，即"核心产品、形式产品、期望产品、延伸产品和潜在产品"。其五个层次的内涵如图 1-1 所示。制造业产品通过逐渐向形式产品、期望产品、延伸产品、潜在产品的不断延伸，使服务在制造产品价值构成中的比重不断上升，甚至成为价值构成的主体。二是为某一制造企业提供服务的内部生产性服务部门，起初仅服务于本制造企业，而后其所生产的生产性服务除了满足本企业的生产之外，剩余产能还可服务于行业内的其他企业，甚至于还能服务行业之外的企业。这种情况就要求该企业的生产性服务产品是标准化的，即"可拼插"程度要高，使其能与其他制造企业互相兼容。

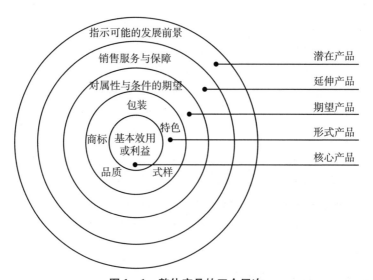

图 1-1 整体产品的五个层次

资料来源：菲利普·科特勒：《营销管理》（十四版全球版），王永贵译，中国人民大学出版社 2016 年版，第 355 页。

　　当然，这种制造业与服务业混业经营的出现从经济学的视角也是具有很大合理性的。众所周知，生产要素、专业技术以及相应的制度是具有资源稀缺性的，这种稀缺性的约束使社会经济存在一个限制边界，即经济学中所说的生产可能性边界。可能性边界的范围是由上述涉及的资源生产的各种产品的最大数量组合而成。这意味着如果在一定的时间内制度这种资源的性质不发生变化，那么无论我们如何增加生产要素、专业技术能力等，社会的总生产量也无法得到实质性的提高，这是因为存在着制度的限制性边界。由此可知，如果不改变制度限制，那么对于单纯的制造业而言，即使把其拥有的生产要素资源和专业技术资源全部利用起来，而且能最合理地运用它们，也只能生产制度边界内（最多生产制度边界上）的产品组合，而绝不可能生产制度边界外的产品组合，如图1-2所示。

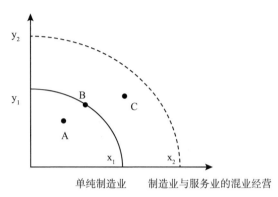

图1-2 混业经营的经济学意义分析

资料来源：笔者自行绘制。

图1-2中的A点是单纯制造业内的生产产出，x_1y_1曲线上的B点代表该行业内通过生产要素和专业技术能力的最合理利用所产生的最大产出。由于制造业这种制度的约束，因此不可能获得曲线x_1y_1之外更高的生产产出水平。可见x_1y_1曲线是单纯的制造业在生产要素资源和专业技术资源最优利用情况下的最大产出水平。而若想继续获得更大的生产产出，则必须要突破制度限制的约束。现实中出现的混业经营其实质就是一种制度的变迁，实现了制度限制的突破。在这个过程中，通过制造模块与服务流程模块的各种拼插组合，降低了企业内部的交易成本，获得了组合创新能力，从而促使制度的边界向外移动，移动到混业经营这种制度在经济社会中得以正式确立为止，即从x_1y_1曲线移动到x_2y_2曲线，x_2y_2曲线所决定的生产要素和专业技术要素的生产自由化程度更高，从而使在x_2y_2制度所决定的社会经济产出相比于x_1y_1制度来说得到了大大的提高。由此可见，混业经营是比单纯的制造业更有效率的制度安排。这在客观上也促进了生产性服务流程的模块化，因为这样才能使生产性服务拼插于制造业之中，这也促使了跨国公司以生产性服务流程模块化为基础、以生产性服务模块化外包为手段、以制度要素为能力边界的"制造与服务混沌模块化网络"在现实中的逐渐形成。

1.2 研究目的和意义

1.2.1 研究目的

近年来,随着发达国家制造业的全球化国际转移,为制造业服务的生产服务业也出现了国际化转移的趋势。在国内,出现了国外制造业价值链环节、国外生产性服务业价值链环节及国内生产性服务业价值链环节的相互渗透与相互融合,以有形实体产品及无形生产性服务模块化为基础、以跨越式产权为纽带、以知识能力要素和交易能力要素为边界的全球"制造与服务混沌模块化网络"已经形成。我国"十四五"规划明确提出以服务制造业高质量发展为导向,推动生产性服务业向专业化和价值链高端延伸;聚焦提高产业创新力、聚焦提高要素配置效率,推动生产性服务业创新发展;聚焦增强全产业链优势,提高生产性服务业发展水平;推动现代服务业与先进制造业深度融合,深化业务关联、链条延伸、技术渗透,培育具有国际竞争力的生产性服务企业。相较于发达国家而言,我国的本土生产性服务企业一直被锁定在全球价值链的低端环节,其对本土制造业的推动作用也较弱。因此,在全球"制造与服务混沌模块化网络"形成的背景下,研究我国本土生产性服务企业如何通过嵌入全球"制造与服务混沌模块化网络"提升自身的成长绩效具有重要的价值。

1.2.2 研究意义

1. 理论价值

当前学术界对跨国公司价值链分解、生产性服务外包所形成的全球"制造与服务混沌模块化网络"的研究非常少,虽然学术界对制造业模块化网络有深入的研究,但因"制造与服务混沌模块化网络"与一般制造业模块化网络的设计规则、网络特性等有很大不同,这造成"制造与服务混沌模块化网络"在应用原有的制造业模块化网络理论时表现出了比较大的局限性。本书的思路遵循"形成机理"—"网络特性及设计规则"—"网络能力"—"网络嵌入"—"成长绩效"的分析路线，研究内容是对现有的网络能力理论、网络嵌入理论、模块化网络理论、企业成长理论的有益补充。

2. 实践价值

相对于国际发达国家而言，我国的本土生产性服务企业仍处于较弱的劣势，其对制造业的推动作用也是比较有限的。长此以往，则可能被一直锁定在全球价值链的低端环节。本书从全球"制造与服务混沌模块化网络"的形成机理及其混沌特性出发，紧紧围绕该网络的网络特性及其设计规则，从中总结出影响本土生产性服务企业提升成长绩效所必需的网络能力、网络嵌入（结构嵌入和关系嵌入）两种主要因素，并研究其单独及交互作用时对本土生产性服务企业成长绩效的影响，研究结论可为我国本土生产性服务企业的成长提供有效的战略指导，进而促进我国生产性服务业及制造业产业结构的升级。

1.3　研究思路与研究内容

1.3.1　研究思路

本书认为影响本土生产性服务企业成长绩效的包括内因、外因两种因素，因此将本土生产性服务企业的网络关系（外因）与网络能力（内因）结合起来研究它们对成长绩效的影响。首先，从全球"制造与服务混沌模块化网络"的形成机理、阶段及其混沌性出发，研究了全球"制造与服务混沌模块化网络"的网络特性及设计规则，在此基础上，研究了本土生产性服务企业为提升成长绩效所必需的网络能力的四个维度、关系嵌入性的三个维度、结构嵌入性的三个维度；其次，对本土接包企业的网络能力、关系嵌入性、结构嵌入性对其成长绩效的单独及交互影响作用进行理论和实证的探讨；最后，本书为中国生产性服务企业如何提升成长绩效提供了一些战略性的建议。本书的研究思路图如图1-3所示。

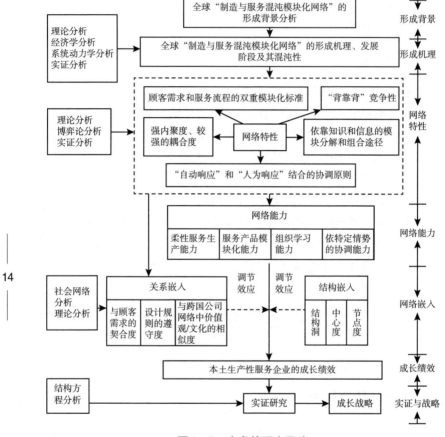

图 1-3 本书的研究思路

资料来源：笔者自行绘制。

1.3.2 研究内容

1. 文献综述部分

首先对模块化、企业层面的模块化、模块化网络的研究进行文献回顾与梳理，本书认为当前模块化网络所研究的主要领域仍是以实体产品分解为基础而形成的制造业模块化网络，由于生产性服务业的产品特性、产品生产流程、顾客的参与性等特性与制造业有很大的区别，原有的制造业模块化网络理论显现出了其局限性。其次是关于生产性服务业与制造业关系的研究综述，从三个方面进行综述：一是研究生产性服务业的内涵；二是研究生产性服务业与制造业两种产业之间的互动关系；三是研究生产性服务业与制造业两种产业之间的互动机理。研究综合了生产性服务业内涵研究的两种视角，认为生产性服务业是作为一种中间投入的生产要素，其往往具有知识密集或资本密集或技术密集的特征；认为生产性服务业与制造业之间的四种关系体系是层层递进的关系；认为在生产性服务业与制造业互动机理的研究中，虽然形成了五种不同但相互有交叉的视角，但这五种视角的解释或多或少都存在一些问题，而只有模块化网络的视角可以囊括现有观点的所有分歧。最后是对网络嵌入研究的文献综述，分析了网络嵌入性的概念与包含维度，且对关系嵌入、结构嵌入、认知嵌入影响企业成长绩效的研究进行了综述，认为当前网络嵌入性研究仍集中于企业个体行为的外围，而缺乏与行为主体的企业个体行为建立相应的有效关联。在现实中，网络嵌入性对企业成长绩效的影响在很大程度上与企业的战略选择、执行和运营等密切相关。因此，非常有必要考虑企业自身能动性的影响。本书认为，由于全球"制造与服务混沌模块化网络"网络结构特点的影响，研究本土生产性服务企业在该网络中的关系嵌入应当比研究结构嵌入更容易获得有价值的结论。

2. 全球"制造与服务混沌模块化网络"的形成机理、各阶段的特点及其混沌性研究

本部分包括以下三个方面的内容。

（1）对于全球"制造与服务混沌模块化网络"形成机理的研究。首先，本书回顾了跨国公司形成过程。认为跨国公司形成的原因是科学技术发展，如第二次工业革命中的蒸汽机、电动机等技术具有资本密集的性质，生产企业进行生产的固定成本很高，为了产生规模经济与范围经济效应，生产企业的产量必须达到很高的水平。因此，生产企业具有将更多原材料和中间产品生产环节包含进企业生产价值链的动机，因此，层级制的组织结构很快成为市场的主流。其次，由于能源技术发展的受挫及信息技术的发展，资本聚集作为形成企业规模经济主要因素的地位开始削弱，知识和信息资源替代固定资产投入成为决定企业边界的重要因素。信息性科学技术的发展会使跨国公司进行纵向模块化分解，而消费者需求的多样化则会使跨国公司进行纵向和横向的模块化分解。跨国公司在开始进行模块化分解时，为了保持自己核心业务的竞争力，会将非核心的辅助性业务模块化外包给国外其他公司，另外，原先有一些服务于跨国公司的战略合作生产性服务企业，为了继续为跨国公司在新兴的海外市场提供配套服务，它们也会随着跨国公司业务的转移而转移业务。以此为基础，最终，一种以生产性服务模块化外包为基础，以跨越时空地理位置为特征，以能力要素为边界的全球"制造与服务混沌模块化网络"就形成了。

（2）对全球"制造与服务混沌模块化网络"发展的各阶段特点进行了研究：一是萌芽形成阶段；二是产生阶段；三是发展阶段；四是成熟阶段。本书在这一部分运用价值链理论和经济学方法对于这四个阶段的特性做了详细的分析与论述。

（3）"制造与服务模块化网络"的混沌性分析。运用混沌性系统定义分析了"制造与服务模块化网络"具有的两个混沌性特性：确定性的非线性系统、初始条件的敏感依赖性，运用系统动力学理论对"制造与服务模块化网络"的混沌性进行了论证，并进一步搜集样本，运用结构方程模型中的中介性调节方法进一步对"制造与服务模块化网络"的混沌性进行了检验。

3. 全球"制造与服务混沌模块化网络"的网络特性及设计规则研究

（1）对全球"制造与服务混沌模块化网络"形成的基础——生产性服务模块化原理进行了相应的分析，并认为跨国公司生产性服务模块化的三维结构是研究全球"制造与服务混沌模块化网络"形成框架的基础。

（2）对全球"制造与服务混沌模块化网络"的五个特性：顾客需求和生产性服务流程的双重模块化标准、强内聚度和较强的耦合度、依靠知识和信息的模块分解和组合途径、"自动响应"和"人为响应"结合的协调原则、"背靠背"竞争性等进行了一一的分析。分析包括：①在"顾客需求和生产性服务流程的双重模块化标准"特性分析部分，在进行半结构化的焦点访谈的基础上，确认了质量功能展开（QFD）方法可以将顾客需求与生产性服务产品模块化设计联系起来，并以此为基础，构建了跨国公司生产性服务模块化中顾客需求与流程分解的整合图，以此图为标示，详细解释了"顾客需求和生产性服务流程的双重模块化标准"特性。②在"强内聚度、较强的耦合度"特性分析部分，在总结、梳理关于系统耦合度、内聚度的相关理论基础之上，构建了全球"制造与服务混沌模块化网络"中的耦合要素图，并在此图分析的基础上，认为全球"制造与服务混沌模块化网络"中的节点模块是由一个个具有自身目标的生产性服务企业组成的，所以该网络与一般跨国制造业模块化网络一样，仍具有较强的内聚度。但由于 I'（信任）这一设计规则的出现，相比较于一般跨国制造业模块化网络，这会使更多的信息保留在节点模块之间，使其耦合度变成较强的耦合度。③在"'自动响应'和'人为响应'结合的协调原则"特性分析部分，首先，分析了"自动响应"和"人为响应"的内涵。其次，分析了三种影响全球"制造与服务混沌模块化网络"中响应状态的因素：不确定性、复杂性和模糊性。并认为当系统复杂性、不确定性及模糊性交错出现时，会造成系统对"人为响应"需求的增加或减少交替出现的状态，所以在全球"制造与服务混沌模块化网络"运行的过程中，通常会表现出"自动响应"和"人为响应"相结合的协调原则特性。最后，对全球"制造与服务混沌模块化网络"中"自动响应"与"人为响应"的运营机理进行了分析，认为跨国公司通过生产性服务延迟制造机制、顾客多样化需求的响应协调机制实现了"自动响应"和"人为响应"的结合协调。④在"依靠知识和信息的模块分解和组合途径"特性分析部分，首先，分析了生产性服务作业流程中的最小模块化单位：生产性服务要素。其次，在此基础上，分析了全球"制造与服务混沌模块化网络"之中依靠信息和知识进行模块化分解与组合的方式，认为在进行生产性服务模块化分解时，应先优化生产性服务流程环节，使各个生产性服务作业流程环节与几种专业知识相对应，当模块组之间仍有多余的联系信息时，将其移入"自动响应"与"人为响应"规则。最后，再由各种生产性服务作业流程模块的联结成为生产性服务模块，再由各种生产性服务模块联结实体制造模块完成整个跨国公司生产流程呈现。⑤在"'背靠背'竞争性"特性分析部分，首先，通过将"背靠背"竞争与

"面对面"竞争进行对比分析更深入认识了"背靠背"竞争的特点。其次，分析了全球"制造与服务混沌模块化网络"中生产性服务模块供应商之间"背靠背"竞争的两种形式，即标准的"背靠背"竞争和生产性服务模块设计和生产的"背靠背"竞争。

（3）详细分析了全球"制造与服务混沌模块化网络"的设计规则。设计规则包括三个部分：界面结构规则、界面联系规则和界面标准。首先，运用合作博弈理论对界面结构规则进行了论述；其次，分析了全球"制造与服务混沌模块化网络"界面联系规则的三个层次，并运用博弈论中的复制动态相位图论证了全球"制造与服务混沌模块化网络"与制造业模块化网络设计规则的不同之处；最后，运用晋升博弈模型分析了全球"制造与服务混沌模块化网络"的接口标准与以实体产品生产为基础的制造业模块化网络相比，具有更大的自由度，会在一个固定标准上下范围之内进行浮动，而不仅仅是一个单一的客观标准。

（4）全球"制造与服务混沌模块化网络"网络特性及设计规则的实证应用。以实证应用加深对全球"制造与服务混沌模块化网络"网络特性及设计规则的理解。

4. 全球"制造与服务混沌模块化网络"中本土生产性服务企业的网络能力研究

首先，依据第4章所分析的全球"制造与服务混沌模块化网络"具备的五个网络特性，归结出本土生产性服务企业应具备的网络能力维度：生产性服务产品模块化能力、柔性服务生产能力、依特定情势的协调能力、组织学习能力。其次，对网络能力的四个维度进行了具体的分析，内容包括：①从顾客需求和服务流程的双重模块化标准及强内聚度、较强的耦合度这两个特性出发，总结出生产性服务产品模块化能力包含顾客需求分析能力、设计能力、整合能力三个子维度。②从强内聚度与较强的耦合度、"自动响应"和"人为响应"结合的协调原则出发，总结出柔性服务生产能力包含外部组合能力、内部变化能力和潜在柔性能力三个子维度。③从强内聚度与较强的耦合度、"自动响应"和"人为响应"结合的协调原则出发，总结出依特定情势协调能力包含设计规则适应与调整能力、合作伙伴关系协调能力两个子维度。④从"背靠背"竞争性、依靠知识和信息的模块化分解和组合途径出发，总结出组织学习能力包含获取能力、共享能力、组织记忆与半显性规则形成能力三个子维度。最后，分析了网络能力对本土生产性服务企业成长绩效影响的机理，并提出了网络能力影响成长绩效的假设。

5. 全球"制造与服务混沌模块化网络"中本土生产性服务企业的结构嵌入与关系嵌入研究

（1）分析了本土生产性服务企业在全球"制造与服务混沌模块化网络"中的结构嵌入，确定了"制造与服务混沌模块化网络"结构嵌入性的三个维度：中心度、结构洞和节点度。并就这三个变量在网络能力影响成长绩效中的调节作用进行了相应的分析，提出了相应假设。

（2）首先，分析了本土生产性服务企业在全球"制造与服务混沌模块化网络"中的关系嵌入，并提出了该关系嵌入的三个维度：顾客需求关系嵌入、设计规则嵌入、文化与价值观嵌入。其次，确定了三个维度所包含的子维度，认为顾客需求关系嵌入分为顾客介入广泛度和顾客介入深度两个维度，设计规则嵌入是单一维度变量，文化/价值观嵌入包含影响深度和广泛度两个维度。最后，提出了关系嵌入中的三个子维度在网络能力影响本土接包企业成长绩效中的调节作用假设。

6. 实证研究

（1）确定了中心度、结构洞、节点度、关系嵌入、网络能力、成长绩效的测量方法或测量量表。

（2）进行样本的预测试，删除了一些效度和信度不好的题项，确定了正式问卷。

（3）用结构方程模型对前面提出的假设进行假设检验，得到了一些非常有意义的结论和启示。

7. 中国本土生产性服务企业的成长战略部分

对我国本土生产性服务企业如何提升其成长绩效，分别给出了本土生产性服务企业自身的成长战略、政府配套的成长战略以及社会组织配套的成长战略。

1.4 研究方法

1.4.1 社会网络分析法

利用社会网络分析法中的强连接、弱连接、结构洞、中心度、节点度等理论,并结合模块化网络中的界面规则、界面结构与界面标准等理论,研究生产性服务企业在全球"制造与服务混沌模块化网络"中的网络嵌入特性。

1.4.2 系统动力分析法

在对全球"制造与服务混沌模块化网络"的混沌性进行分析时,通过系统动力学理论建立模型,利用 Matlab 程序仿真推演出该网络所具有的有序随机性、初值敏感性等混沌性特性。

1.4.3 博弈论分析法

在对全球"制造与服务混沌模块化网络"的设计规则进行分析时,利用合作博弈模型、晋升博弈模型、复制动态相位图等对界面结构规则、界面联系规则、界面标准进行论证。

1.4.4 实证分析法

在对全球"制造与服务混沌模块化网络"的混沌性进行实证时,使用了结构方程模型中的有中介的调节模型;分析全球"制造与服务混沌模块化网络"网络特性与设计规则的实证应用时,使用了结构方程模型中的有调节的中介模型。本书最后以网络嵌入(包含结构嵌入与关系嵌入)为调节变量,构建网络能力影响本土生产性服务企业成长绩效的实证模型,并运用结构方程分析网络能力、网络嵌入对生产性服务企业成长绩效的单独及交互影响作用。

1.4.5 规范分析法

在论述全球"制造与服务混沌模块化网络"的形成机理与发展阶段、网络特性、该网络中本土接包企业的网络能力维度时，采用文献梳理法借鉴前人的研究成果，并运用经济学推演、理论分析等规范分析方法。

1.5 创 新 之 处

本书的创新之处主要包括以下几点。

（1）对中国本土生产性服务企业的研究离不开全球"制造与服务混沌模块化网络"，过去的研究没有将该种网络与制造业模块化网络进行区别，本书详细分析了全球"制造与服务混沌模块化网络"所具备的与制造业模块化网络不同的网络特性和设计规则，因此使本书的结论具有更大的科学性。

（2）自哈肯森（1987）最早提出网络能力的概念以来，许多关于网络能力的研究一直用固定维度来作为网络能力构建的标准，这种对网络能力维度的固化理解无疑已不能满足指导企业创新活动的需要，我们应当知道不同的网络环境中所需要的企业网络能力维度应当是有所不同的。本书在深入研究全球"制造与服务混沌模块化网络"网络特性及设计规则的基础上，提出了本土生产性服务企业网络能力的四个维度及其子维度，丰富了当前网络能力研究的内容，并可为中国本土生产性服务企业通过构建网络能力提升成长绩效提供指导。

（3）目前，关于关系嵌入的维度并没有一个公认的研究结论，且对不同网络情景下关系嵌入维度的研究也远远不足。本书在分析全球"制造与服务混沌模块化网络"网络特性及界面规则的基础上，分析了本土生产性服务企业在"制造与服务混沌模块化网络"中关系嵌入的维度及其子维度，不但丰富了当前关系嵌入研究的理论，且可对中国生产性服务业通过实施关系嵌入来提升成长绩效提供相应指导。

（4）过去的研究要么将本土生产性服务企业与外部的网络环境分割开来进行研究，要么没有注意到"制造与服务混沌模块化网络"与一般制造业模块化网络的区别，因此给出的策略和建议具有一定的局限。本书将关系嵌入、结构嵌入作为环境调节变量，运用结构方程模型，实证了网络能力、关系嵌入、结构嵌入对成长绩效的单独及交互影响作用，并据实证结论得出了一系列成长战略，因此有较强的现实应用价值。

第 2 章 文献综述

2.1 关于模块化、企业层面的模块化、模块化网络研究的文献综述

大概有三个方面的文献与本书的研究相关，即模块化、企业层面的模块化和模块化网络。

2.1.1 关于模块化的研究

1. 模块化的定义

最早对模块化的研究始于 20 世纪 30 年代，当时的人们发现制造业中的某些标准单元可以相互替换或组合，认为这就是模块化。后来，模块化研究的领域不断扩展，包括企业的运营管理、企业组织架构的设计、企业产品开发等领域都出现了模块化研究的身影。

西蒙（Simon）在 1962 年所写的《复杂性结构》一文中，通过对生产手表的工艺流程的论述，表达了模块化的思想，这可以认为是最早的模块化研究，但在该文中并没有给出具体的模块化定义。后来，乌尔里希（Ulrich，1995）对模块化进行了研究，他认为模块化是"将功能要素与实际产品中的实体要素一一对应"。他认为模块化结构具有很大的优点，这种优点是组件与功能一一对应所产生的，这种优点有利于产品的模块化分解，有利于各模块自身功能的发挥。但该概念仍是停留在产品层面，与企业管理的联系相距较远。直到 1997 年与 2000 年，美国

的克拉克（Clark）和鲍德温（Baldwin）先后发表了《模块化管理》《设计规则——模块化的力量（第一卷）》等论文与著作，才比较系统地论证了模块化理论。此时，模块化理论的迅速发展开始引起经济管理学界的关注，经济管理学界的研究者们开始运用模块化理论研究企业组织架构的设计，以及战略联盟和虚拟化组织等。这时模块化的内涵和外延都得到了很大的扩展，模块化在经济管理领域表现出用于解决复杂系统问题的一种新方法和新手段。如青木和塔基泽（Aoki & Takizawa，2002）认为模块化是将一个复杂系统分解的方法，分解的结果是产生近似自律的各个子系统。鲍德温和克拉克（Baldwin & Clark，2002）认为模块化产生的前提是劳动或知识的分工，这种分工要求将一个复杂的系统分解为相互之间独立的部分，但这种独立并不是绝对的独立，它们之间可以通过一定的接口标准重新组合成一个完整的系统。日本学者青木昌彦、安藤晴彦（2003）在对汽车工业进行研究时，清晰定义和发展了模块化理论。他认为模块是一种具有半自律特性的子系统，在其自身内部隐藏了每个模块设计所必需的信息；在外部，通过标准的界面结构和一定的设计规则，它可以与具有同样结构的其他模块相联系，进而构建成更加复杂的系统。模块化包括模块化分解和模块化集中两个方面，模块化分解指在一定的设计规则约束下，一个复杂的系统可以分解成各个独立的半自律性的子系统；模块化集中是指在一定的联系规则指导下，各个独立的半自律性的子模块可以结合起来，进而构建更复杂的系统。桑切斯和马奥尼（Sanchez & Mahoney，1996）认为模块化是一个不断调整的动态过程，它可将一个复杂系统进行分解，也可以在一定规则的指导下进行反向整合。

国内学者童时中（2000）认为模块化有狭义的和广义的两种概念。他认为从狭义的角度来讲，模块化是指产品在模块化时，所组成的产品具有多层次的模块化结构，以及模块之间具有尺寸互换性或功能互换性；从广义的角度来讲，模块化是指系统的构成具有明确的层次性，其构成单元即模块具有典型性和通用性。具体的系统可指通用单元组成的事物，例如企业生产中的流水线，以及企业的组织架构、虚拟化网络组织等。芮明杰和刘明宇（2006）指出，纵观模块化的发展历程可以看出，模块化始于产品设计的模块化，中间阶段是产品生产的模块化，最后是产业组织的模块化。模块化生产是新的生产方式的革命，这种革命产生的结果是从生产工艺到产品功能，最后再到组织结构都发生了非常大的变化。这种变化将导致产品生产价值链、供给价值链和知识链呈现网状簇群结构，其结果是，企业能够生产出更具多样化、个性化的消费产品。闵宏（2017）在对之前模块化概念进行分类梳理的基础上，认为模块化是在"一体化整合"与"专业化分工"概念基础上提出的一个概念，是近代复杂系统"近可分解性"概念的发展。

2. 模块化的意义

卡尔·乌尔里希和董嘉伦（Karl Ulrich & Karen Tung，1991）认为模块化的意义在于：易于使产品的配件生产达到规模经济性；产品的部件更易于换代升级；不同的模块之间的组合可以产生更多产品种类，从而扩大范围经济；由于模块之间的互换通用性，所以可仅生产有限种类的模块，因此缩短了生产的时间；由于最终产品更易于分解和集成，因此减少了产品设计的难度，同时也降低了产品测度的难度；通过不同模块之间的组合可以产生更多功能的产品，从而可以满足消费者多样化的需求。索赛尔等（Sosale，1991）认为模块化的意义包括：第一，实现结构的变化。这主要通过模块化操作来实现，模块化的操作包括排除、替代、归纳、分割、移植、增加等，从而达到增加产品所需功能的目的。第二，实现产品的多样化。通过模块的不同组合实现产品具有不同功能，从而满足不同消费者的需求。桑切斯（Sanchez，1999）甚至认为第一次革命是工业革命，第二次革命是信息革命，而第三次革命就是模块化设计的出现，它将改变现有企业之间的竞争规则。青木和塔基泽（2002）认为模块化通过将复杂系统划分为模块，节省了信息处理和信息传递的成本。鲍德温和克拉克（2002）认为模块化降低了构成单元或任务之间相互作用的次数和程度，减少了产品设计的难度和次数，降低了生产循环的次数。这些将使企业有能力管理复杂性产品的生产。在解决新产生的问题时，模块化无须显著改变其他模块就能产生包容性的解决方法，这些会降低产品开发的风险，增加产品开发的确定性。青木昌彦、安藤晴彦（2003）通过研究"硅谷模型"后认为新生企业在研发各模块时通过"背靠背"竞争产生了不同的研究成果，当对这些研究成果进行事后的比较、选择时，将产生较大的选择价值，这种选择价值不仅能够弥补"背靠背"竞争中各企业重复投入的研发和资源浪费成本，还会在很大程度上提高行业整体的研发水平。沃尔什、董和图默（Walsh，Dong & Tumer，2018）认为模块化的意义是通过模块之间的有效组合精简产品设计、优化组织结构流程，可以使企业对企业组织结构设计进行有效的控制，带来企业组织架构的柔性。

2.1.2　企业层面的模块化研究

企业层面的模块化研究是 2.1.1 节中产品模块化研究的深化和延续，这一类的研究主要是研究生产流程的模块化，进而研究企业组织结构的模块化。可以认为，模块化的过程是一个渐次的过程，首先进行的是产品模块化，其次发展到生产流程模块化，最后需要进行相应的企业组织结构模块化。即研究的思路是：首先是产品的模块化分解；其次是根据模块化分解的产品，进行相应的生产流程（工艺）的模块化；最后为了更好地管理模块化之后的各个产品模块及各个生产流程模块，企业组织也必须进行相应的模块化。在本部分，我们对生产流程（工艺）的模块化、企业组织结构的模块化的研究进行综述。

在生产流程模块化研究方面，卡尔·乌尔里希和董嘉伦（1991）以生产流程（或称工艺流程）为对象进行研究，他提出了生产流程模块化的六种方式，并归纳出生产流程模块化的具体方法和途径。威廉（Wilhelm，1997）认为当产品已经模块化时，可以对生产装配的流程进行模块化，这是对资源进行配置的一种最优方式。在这一类研究中，比较深入的是席林（Schilling，2000）的研究，他将模块化理论引入管理学之中，并对企业管理中的模块化理论进行了尝试和探索，他的研究是企业层面模块化研究的里程碑。该类的研究成果主要包括产品生产时的生产流程模块化，以及为生产模块化产品做组织结构保障的企业组织结构模块化。生产流程的模块化就是将产品生产流程之中的某些环节（如研发、市场调研、配送等）独立出来，从而形成一种半自律的、具有自组织特性的模块的过程；企业组织的模块化是将企业的组织结构按照模块化分解的原则分解成若干个小的组织模块，这些组织模块之间的关系由界面联系规则进行制约。卡穆福（Camuffo，2002）认为，进行模块化生产的企业不需要生产一个产品的全部工序，通过对产品生产流程进行模块化分解，非核心的或对竞争能力贡献不大的模块环节可以外包给外部的其他企业，或者从市场上直接采购。所以，通过这种策略，企业可以关注于产品核心环节模块的生产，在降低产品生产成本的同时增强了企业的竞争能力。国内的学者雷如桥等（2004）通过研究认为，产品模块化是在遵循系统整体设计规则的大前提下，且该产品需具有可分解性。所生产的产品模块可以通过"即插即用"功能与其他模块产生联结，从而组合成多样化的产品，这即是模块化产品"柔性制造"的内涵。与产品模块化相对应，制造工序也需模块化。赵卫东（2005）从流程的能力观出发，分析了流程能力模块之间的关系，他给出了模块化组织流程的运作机制及其管理方法，并以海尔公司的流程管理为例，说明模块化组织流程可快速组合、系统运作的特点。苟昂和廖飞（2005）认为运用产品模块化或功能模块化的思想来解构企业价值链，这是企业自身进行模块化的方式，模块化的结果将形成一体化的模块化组织。夏辉等（2011）以国际快递行业作为研究对象，提出了对国际快递企业服务流程进行模块化分解和模块化整合的方法，他将国际快递企业的服务流程分为取件、中转、配送、全球业务信息管理平台、增值服务五个模块。通过对这些模块之间关系的探究，他将这些模块之间的关系重新进行了组合，更好地提升了国际快递行业的服务功能。桑切斯和马奥尼（1996）认为为了保障产品设计的模块化，必须以企业组织结构设计的模块化作为前提。因此，可以认为产品设计的模块化促进了企业组织结构的模块化。桑切斯（1999）从企业经营战略和企业竞争战略的角度展开研究，他认为模块化对企业的产品和企业的组织架构都有重要影响，企业能否在市场竞争中胜出，很大程度上取决于产品、组织架构的有效模块化管理水平。鲍德温和克拉克（2000）认为，企业实施模块组织的精髓在于给予各个子模块化单位以真实的战略选择权，这将通过互补的方式形成组织中共有的竞争能力。撒特（Thatte，2013）认为，在某些行业，由于产品模块化和生产工艺流程模块思想的影响，企业这种一体化的组织结构正在被非层级化的组织结构取代，这些非层级化的组织结构表现出松散耦合和模块化的特性，我们可以称之为模块化组织。这些模块化组织是通过三种松散耦合方式联结起来的：组织联盟、相互契约、可替换的工作安排。郑（Tee，2019）在企业模块化的界定方面，借用产品模块化的概念，认为如果一个组织内部门间依赖程度较小而部门内依赖程度较大，则可以认为该组织是企业模块化组织。

可见，模块化企业的本质是构建一个具有高度自律性、灵活性、创新性的经营实体。对于企业自身来说，其组织结构模块化是在产品模块化和生产流程模块化之后才产生的，也就是说，首先有企业生产的产品的模块化，其次是对生产产品的生产流程进行模块化，最后是将组织架构分解为部门或职能的模块化；企业外部模块化的过程，表现为企业通过产品外包、产品代加工与别的企业形成战略联盟等形式形成模块化网络。

2.1.3 关于模块化网络的研究

模块化所生产的具有标准接口的产品，使一些企业的产品和企业组织模块化部分与别的模块化组织兼容，更容易嵌入大的企业生产价值链环节中去。当多个企业进行模块化生产和采取相对应的企业组织模块化时，相互的兼容与融合会推动整个产业结构发生变革，从而产生模块化网络。

在模块化网络的内涵上，各位学者基本达成了一致的意见。如桑切斯和马奥尼（1996）认为由于产品设计与产品生产的模块化，必须有企业组织结构模块化来做保障，当多个模块化企业共同完成一件产品的生产时，它们之间通过产品生产的相互联结就构成了模块化网络。达夫特和列文（Daft & Lewin，1993）认为模块化网络是一种新型的产业组织模式，它基于组织柔性和学习曲线效应的原理，通过模块化企业之间的内部互联以及自组织、自协调而产生的。席林和圣仕玛（Schilling & Steensma，2001）认为模块化网络是保障实现产品生产模块化的一种网络组织形式，这种网络组织具有松散耦合的特性。在从普通产品生产过渡到模块化产品生产的过程中，科层式的组织形式逐渐被一种松散耦合的网络组织形式替代，它是经过对以前组织各种要素的柔性整合而产生的，这种网络组织形式就是模块化网络。

在模块化网络产生的动因方面，学者们也做了大量的研究。黄和库西亚克（Huang & Kusiak，1997）研究了产业模块化的动力机制，他们认为产业模块化是拉动力、推动力和催化力三种力量联合推动的产物。其中，消费者需求的多样化是拉动力；企业自身能力的差异、技术选择的不同、多种多样的投入品是推动力；竞争的激烈程度、技术变迁的速度、能否获得相应的技术标准是催化力。席林和圣仕玛（2001）以美国 330 家制造企业作为研究对象，他们研究异质性的需求及产业输入这两个因素对模块化网络产生的影响。结果表明，市场竞争的程度、技术变迁的速度、标准的可靠有效度是影响模块化网络形成的主要原因。朗格洛伊斯（Langlois，2003）认为，技术分工的出现使模块化成为可能，通过分工，企业中可以独立的业务单元被剥离出来，从而形成一个个独立的模块化网络；萨利霍夫、萨利霍瓦（Salikhov & Salikhova，2015）认为，为了建立有效信息交流的通道，成员企业在相互平等的基础上组成了模块化网络，这种网络的形成有助于降低企业获取信息的成本，由于知识密集型企业信息的获取量更大，所以这种网络结构更有利于知识密集型行业。

在模块化网络模式结构的研究上，学者们从技术、设计、外包等不同的视角研究了其所具备的不同模式结构。周鹏（2004）将模块化网络的模式分为两种，即分散型网络模式和核心型网络模式。在分散型网络模式中，没有一个居于中心地位的领导企业来完成整个网络中的模块整合任务，各个成员企业根据其自身资源优势承担整个产业价值链中的某一个环节的模块生产活动，当各个成员企业都依此规则生产时，整个的生产过程非常类似一个虚拟的流水线，通过这个流水线可以连续生产并集成产品提供给消费者；在核心型网络模式中有一个承担领导职能的企业居于核心位置，它协调各个成员企业之间的活动并分配给各成员任务。各成员企业在完成自己的职能分工后，将活动产出的模块产品交付给核心企业，核心企业对各模块产品进行功能集成和产品集成。席林和圣仕玛（2001）在他们的研究中分析了企业模块化网络的产生模式框架，在他们的研究中，他们认为模块化网络包含三种产生模式：企业通过外包产生、通过替代性工作安排产生、通过与其他企业的战略联盟产生。第一种企业通过外包产生，即企业保留自身比较专业的业务，而将一些非核心、非擅长的业务通过签订合同的方式外包给外部的专业化公司来完成，这种模式既可以使企业能专注于核心竞争力，又可以利用外部专业公司实现规模经济和范围经济；第二种通过替代性工作安排产生，即通过雇用合同工或临时工的形式来使生产具有弹性，这种模式不但可以进行柔性生产，而且可以使企业快速引进新知识；第三种是与其他企业的战略联盟，当企业由于各种原因不具有某种核心竞争能力时，

29

这种形式可以使企业快速获得这种核心竞争能力，并规避风险。林登和索美伊（Linden & Somaya, 2003）从企业和市场之间的交易关系角度，将企业组织模式分为内部模式、零件交易模式和设计授权交易模式。内部模式是指企业将生产环节内化在企业内部，即企业自行设计自行生产；零件交易模式是企业将附着在零件里的发明出售给外部的模块系统集成商；设计授权交易模式指企业不仅把附着在零件里的发明出售给外部的模块系统集成商，还指导其进行模块化的整合。另外，他们还比较了这几种模式的交易效率，认为设计授权交易模式可以提供更多的激励措施，更能提高组织效率和创新概率。青木昌彦等（2003）认为，模块化网络内部包含两种信息：一种是有关系统的信息；另一种是有关个别模块的信息。系统信息是有关系统中所有模块之间活动的信息，并反映系统环境特征；个别模块的信息是有关某模块设计、生产等方面的信息。个别模块的信息只有该模块自身知晓，对其他模块是保密的。系统根据系统信息进行系统中的模块化集成，最终产生三种模式：金字塔形模式、信息同化型模式和信息异化型模式。王和陈（Wang & Chen, 2008）认为模块化网络包括两种形式：一种是核心企业协调型；另一种是中小企业集群型。第一种模式是指有一个核心企业居于居中的协调位置，各个模块生产商设计生产各自所负责的模块，最后统一交付给核心企业，核心企业将各模块集成为最终的产品；第二种模式是指大量的中小模块生产商和模块集成商集中于某一地理区域，共同从事某产品的设计与生产，它们之间通过分工关系所结成的网络是中小企业集群型模块化网络。如高新技术产业"模块集聚地"——硅谷就是由 IT 行业内大大小小的企业在模块化分工后形成的。

当前的学者也对模块化网络的特性展开了研究，余东华、芮明杰（2007）认为，模块化网络使企业的组织结构由传统的金字塔型趋于扁平化，随着管理层级的减少，沟通的效率得到了提升。所以模块化网络具有开放性、自组织及扁平化的独特特征。李海舰、聂辉华（2004）认为模块化网络中企业通过将自身不擅长的业务外包给其他的子模块供应商或与其结成动态战略联盟，通过这种方式，企业可以将自身的精力集中在自身擅长的业务领域上。当环境发生变化时，企业可以通过增加或减少外包与联盟来动态改变企业的组织边界，在全世界的范围内整合资源，在减少交易成本与生产成本的基础上赢得竞争优势，所以可以认为，模块化网络中企业与市场的边界是模糊的。辛哈（Sinha，2014）认为模块化网络是基于消费者需求而建立的，当模块化网络位于的行业市场存在某特定的需求时，在模块化网络中的协调机制以及市场供求机制的作用下，模块化网络的领导企业会组织网络中最能满足此种需求的企业模块供应商，从而有针对性地满足市场上的这些特定需求。

关于模块化网络的运行机理，学者们对这一问题也展开了相应的研究。其一，资源配置方面。青木昌彦、安藤晴彦（2003）认为模块化网络有四个方面可以提升资源配置的效率：一是模块化网络需要调整时，不需要调整全部系统，而只需要调整有关的局部模块信息即可，这样就节省了调整的费用；二是通是"背靠背"竞争所产生的选择价值；三是"背靠背"竞争的淘汰赛促使各模块供应商不断创新；四是通过模块化的操作可以实现系统的不断创新。胡晓鹏（2004）认为分工和模块化之间存在相互作用的关系，分工是模块化产生的基础，分工使系统内部演化为一个一个独立的模块单元，并促使企业组织结构向模块化方向演变。反过来，模块化也促进了分工的进一步深化。昝廷全（2003）认为，解决系统复杂性的一个有效方法是模块化分工，它可以将企业的生产可能性曲线提高到一个比较高的专业化水平。范爱军等（2006）以贝克尔—墨菲的修正模型作为研究工具，他分析了模块化网络对分工体系产生的影响，其研究结果认为，模块化网络通过提高人力资本积累的速度促进了知识的增长。并且，由于模块化网络降低了系统内部各模块供应商之间的知识联系，所以降低了分工所带来的协调成本。罗珉等（2005）认为，模块化减少了管理中对系统整合的需求，模块化网络中公开的设计规则降低了网络中企业的资源专用性，并提高了网络中信息的透明度，这可以使企业相互合作生产互补性的模块化产品部件。标准化降低了供应商与客户之间的相互依赖性。他们通过数量控制来避免资产专用性增强引起的双边锁定。其二，柔性生产方面。鲍德温等（Baldwin et al.，2000）将模块化操作归为以下几种方式：分离模块，即用新的设计模块代替旧的设计模块；删减某个模块；增加系统中没有的且对系统有作用的模块；归纳多个模块中共同的要素并将之组织成一个新的模块或一个新的层次；将模块纳入一个"外壳"之中，使它即使独立于原来系统之外也能起到作用并使整个系统的柔性能力增加。席林和圣仕玛（2001）认为模块化网络是一种中间性网络组织，其具有柔性能力特性，模块化网络中的领导企业可以在全球范围内整合资源，从而降低了生产成本并减少了交易费用。另外，由于模块化网络是一个开放性的平台，有利于形成开放创新的文化，从而降低企业中对员工的管理和监督成本。其三，竞合机制方面。罗珉（2005）认为，在某一个行业中，存在着很多具有相似性或同质性程度较大的模块化网络，在该网络中，关键模块供应商控制稀缺的技术和稀缺的资源，这些因素导致非关键模块供应商之间的竞合关系非常突出，并导致网络中的关键要素向有能力的企业积聚，实现了资源之间的重新组合。青木昌彦、安藤晴彦（2003）认为模块化操作使模块化网络中的模块任意组合成为了可能，"背靠背"竞争的淘汰赛有利于系统选择最优秀的子模块，而那些低效率、高成本的模块供应商就被剔除了，这种自然选择的结果将利用模块之间的差异化组合生产多样化的产品，重构了市场边界。张伟、陈凤者（2007）利用博弈论方法作为工具，对模块化网络中的竞合进行了研究，他认为可以采取一些有效的措施维持模块化网络的稳定结构，如加强模块供应商之间的相互交流、加大对信任和承诺背叛的惩罚力度、提高合作方的合作预期收益、均等投入等。其四是治理结构方面。刘茂松等（2005）认为模块化网络中仍将存在竞争行为，但可以从规则角度予以规范。传统的规制对象是"自然垄断行业"，但对模块化网络的规制，应是以模块为基准重新划分产业链，从而实现在"自然垄断环节"的有效规制。并且规制的政策也应由对传统行业中的对市场结构的规制改变为对垄断行为的规制，并且不仅要规范企业行为还要规范政府行为。促使政府运用公开、公正的激励性制度安排，如制定价格上限、特许投标、标尺竞争等制度。池田信夫（Ikeda Nobuo，2001）认为，当创新产生溢出效应时，这种溢出效应会被网络的外部性所放大。越是知识和技术密集型的产业，技术和产品设计越容易被竞争对手复制和模仿，这时就需要制定明确的产权保护机制，这是为模块化发展保驾护航的重要措施。其五是价值创新方面。朱瑞博（2006）设计了一个模块化网络内价值创新的整合框架，他认为模块化网络内的模块供应商之间的协同效应是模块化网络内价值创新的源泉。这种协同效应的实现是模块供应商之间通过木桶原理实现专业化的分工以及相互之间的互补性合作来实现的。徐宏玲（2006）利用瀑布效应，从三个方面论述了模块化网络中的价值创新机理：一是在消费者需求导向之下，企业对生产规则进行协调；二是模块供应商为获得舵手企业的地位而追逐生产控制权；三是由于模块化使生产价值链迂回加长从而产生规模报酬递增。骆品亮等（2007）研究了模块化网络中的知识内涵，并提出了创新知识链概念模型，他认为模块化网络内知识创新的核心要素包括五个基本活动和四个辅助活动。五个基本活动包括知识的获得、甄选、形成、内化和外化；五个辅助活动包括领导、协调、控制和测评。余东华等（2007）通过分析模块化网络中知识流动的动力机制、知识之间的耦合过程，从而提出了模块化网络中知识流动的模型，这个模型由四个阶段组成，包括知识创造、知识转移或扩散、知识共享、知识整合。吴昀桥等（2019）认为为了适应组织由传统边界清晰的形态向基于组织价值链所形成的边界模糊形态转换的需要，众多组织模块以松散耦合方式形成模块化网络，这种二元组织的整体性是为了确保生产运营和研发等活动的有效性而展开的权力配置。

2.1.4　关于模块化、企业层面的模块化、模块化网络的研究述评

上述研究的主流观点，是组织模块化产生的前提是产品的可分解性。模块化的演进遵循"技术模块化—产品模块化—生产流程模块化—企业组织模块化—产业网络模块化"的发展道路。研究对象主要是对以实体产品制造为基础形成的模块化网络。

近年来，随着发达国家制造业的全球化国际转移，为其制造业服务的生产服务业也出现了国际化转移的趋势。在国内，出现了国外跨国公司制造业价值链环节、国外生产性服务业价值链环节以及国内生产性服务业价值链环节的相互交融。那种以有形实体产品以及无形生产性服务模块化为基础，以跨越式产权为纽带，以知识能力要素和交易能力要素为边界的"混沌模块化网络"已经形成。从前面的综述可知，虽然当前学术界也对模块化网络的产生动因、模式结构、网络特性、运行机理等方面进行了大量的研究，但其研究对象仍主要是以实体产品分解为基础形成的制造业模块化网络，而对以有形实体产品模块耦合无形生产性服务模块为基础而形成的混沌模块化网络的研究较少，由于这种模块化

网络在顾客参与程度、模块内的内聚度、模块间的耦合度、模块分解与集成的原则、模块化的对象等方面都存在很大的差别,原有的基于实体产品可分解性的制造业模块化网络理论在新型混沌网络的应用上显现出了很大的局限性。唯有厘清该种网络的网络特性才能认清制造业与生产性服务业之间关系的本质,才能为我国本土生产服务企业增强竞争能力和提升成长绩效提供有效的战略指导。

2.2 关于生产性服务业与制造业关系的研究综述

目前有关生产性服务业与制造业关系的研究主要集中在以下两个方面:一是生产性服务业与制造业之间的互动关系是什么样的,其关系本质是什么;二是关于生产性服务业与制造业互动关系产生的原理与机制。另外,鉴于本书研究本土生产性服务企业的成长战略,因此,有必要对生产性服务业内涵进行相应的综述。

2.2.1 关于生产性服务业内涵的研究

生产性服务业的概念最早是由美国经济学家格林菲尔德(H. Greenfield,1966)在1966年提出的,他认为生产性服务业是指在市场中的中间性投入服务,这种服务可用于商品和服务的进一步生产。之后的学者基本从两个视角展开对生产性服务业内涵的研究:一是产业属性的视角;二是投入产出的视角。在产业属性的视角方面,格鲁伯和沃克(Gruber & Walker,1993)认为,生产性服务业在融入制造业生产价值链之中时,由于提高了资本投入及生产性服务本身所具有的知识密集性,因此可以提升制造业的全要素生产率水平。迪贝拉迪诺和奥内斯蒂(Di Berardino & Onesti,2021)认为生产性服务业是一个具有技术性且服务于别的产业特点的产业,其技术性服务具有规范性和科学性的特点。穆勒和曾克(Muller & Zenker,2001)认为生产性服务业通过市场的方式向制造企业提供产品和服务支持,而生产性服务本身是一种特殊性质的创新产品,它们可以作为要素与顾客的知识进行整合与创新,最终提升自身及相关客户的知识能力和创新水平。原毅军、郭然（2018）认为生产性服务业集聚对制造业升级的促进作用是依靠导入知识资本和人力资本来实现的，生产性服务业本身既是知识共享者，也是产业内外知识贯通的媒介。在投入产出视角方面，勃朗宁和辛格曼（Browning & Singelmann，1975）认为生产性服务业不同于一般的消费服务业，它主要为公共机构如政府及其他企业进行服务。里德尔（Riddle，1996）认为生产性服务业是工业企业的中间性投入，它属于整个商品交换的一部分。汉森（Hansen，1990）认为生产性服务业是一种起中间投入作用的行业，它连接其他企业产品的生产或服务的生产，其定义包括上游的活动和下游的活动。

2.2.2　关于生产性服务业与制造业互动关系的研究

生产性服务业与制造业之间的关系应该是怎样的呢？很多的学者对此进行了研究，并形成了四种关系体系，即需求论、供给论、互动论和融合论。

1. 需求论

克洛特（Klodt，2000）认为和制造业相比，生产性服务业处于一种从属地位，当制造业经济增长之后，才会产生对生产性服务业的需求。圭列里和梅利西亚尼（Guerrieri & Meliciani，2005）认为只有当制造业充分发展之后，制造业才能产生对生产性服务业的需求，所以可以认为没有制造业的发展壮大是没有生产生服务业的产生和发展的，所以他们主张在整个产业关联体系中，制造业处于主导地位，而生产性服务业处于依附地位。张世贤（2000）通过相关研究认为，工业化发展到一定阶段之后，制造业市场逐渐成熟，这时才能产生对生产性服务的需求，生产性服务业才能获得高的要素投入回报，生产性服务业的市场才得以建立。

2. 供给论

卡考默里奥卢和卡尔森（Kakaomerlioglu & Carlsson，1999）认为如果制造业想要提升生产效率，必须首先发展生产性服务业，当一个地区的生产性服务业比较薄弱时，是不可能形成有竞争能力的制造业的。丹尼尔（Daniel，2004）认为生产性服务业通过自身的专业性参与社会化的分工，通过迂回价值链生产，延长了制造业的生产链，通过这种生产价值链的迂回生产方式降低了交易成本，促进了制造业效率的提升。刘奕、夏杰长和李垚（2017）以中国2005～2013年地级以上城市的生产性服务企业作为研究对象，研究了生产性服务业集聚和制造业升级之间的关系，他们检验了生产性服务业与制造业之间的链条联系和传导路径，研究结果表明生产性服务业的集聚可以带动中国的制造业企业在全球价值链体系中的攀升。

3. 互动论

帕克和陈（Park & Chan，2006）认为生产性服务业之间是相互关联、相互促进的关系。一方面，制造业的繁荣发展会带来对生产性服务业的需求；另一方面，生产性服务业的大力发展也会通过融入制造业价值链的方式促进制造业生产效率的提升，促进制造业技术的进步。埃斯瓦兰和科特瓦尔（Eswaran & Kotwal，2002）认为生产性服务业和制造业二者是高度相关和高度补充的，一方面，制造业企业的生产创新会引发生产性服务业企业的过程创新；另一方面，生产性服务业企业的需求又可引发制造企业的生产创新。顾乃华（2005）以我国体制转型环境为研究背景，考察了生产性服务业和制造业之间的互动关系，他认为在经济转型期，除了应关注生产性服务业通过作为中间投入品从而增强制造业生产效率之外，还应重视制造业对生产性服务业产生的外溢效应。埃斯瓦兰和科特瓦尔（2002）认为生产性服务业和制造业二者是高度相关和高度补充的：一方面，生产性服务业企业产生的需求会引起制造业企业对其生产模式进行创新；另一方面，制造业企业生产模式的创新也会促使生产性服务企业对服务生产过程进行创新。顾乃华（2005）在体制转型背景下研究我国生产性服务业和制造业之间的关系，他通过研究认为，在我国经济制转型背景下，生产性服务业和制造业是相互影响的。作为一种中间投入品的角色，生产性服务业可以提升制造业的产出效率，而制造业生产效率的提升也对生产性服务业产生溢出效应。

4. 融合论

伦德瓦尔和博拉斯（Lundvall & Borras，1998）认为随着网络信息技术的快速发展，生产性服务业和制造业逐渐呈现相互融合发展的趋势，二者之间的价值链环节相互交织，边界越来越模糊。戈德哈尔和伯格（Goldhar & Berg, 2010）通过研究认为生产性服务业和制造业出现逐渐融合的状态。这种融合状态表现在生产性服务业在不断发展过程中逐渐出现了制造业的特征，如自动化、标准化等；同样，制造业在发展过程中也逐渐呈现了生产性服务的特性，如敏捷性、弹性化、定制化等。陈宪、黄建锋（2004）从分工的视角研究生产性服务业和制造业之间的关系，他们的研究结论为，在生产性服务业和制造业动态演进的过程中，二者之间出现了一定程度的融合并呈现进一步加强的趋势，在这一过程中，信息技术成为生产性服务业与制造业融合的"黏合剂"。

2.2.3 关于生产性服务业与制造业互动机理的研究

国内外学者根据生产性服务业与制造业互动发展的特征，基于不同的分析视角对生产性服务业与制造业之间互动的机理做了较为深入的理论分析。这些分析视角包括分工与交易成本费用视角、价值链分解与建构视角、投入产出视角、共生视角和空间集聚视角。

1. 分工与交易费用视角

马尔库森（Markusen, 1989）建立实证模型，在实证模型中将生产性服务业作为一个中间产品引入进来，分析了生产性服务业对制造业增长的促进机制。他们认为之所以生产性服务在制造业生产中扮演如此重要的角色，是因为大部分的生产性服务都是知识密集型的，并且这些生产性服务本身具有规模报酬递增的特点，是造成制造业产品差异化的基础。弗朗索瓦（Francois, 1990）通过数学模型推导研究专业化和规模报酬递增的关系，他的研究结论为，随着制造业市场的扩张，制造业企业的数量和生产规模都会变大，这将促使制造企业将生产过程细分成一个一个的子环节，有些非核心的子环节被外包给外部的专门生产厂商，这种外包模式既提高了生产过程之中间接劳动相对于直接劳动的比例，也提升了制造业生产的专业化程度。维奈尔斯（Venables, 1993）通过研究认为，当生产性服务业的规模达到一定的规模经济时，将促使交易成本降低、信息流通的速度加快，这些因素降低了制造业的制造成本。

在生产性服务业和制造业协同集聚的过程中，知识和信息两大生产要素扮演了很重要的角色，是它们有效地实现了上述两大产业的融合。

陈宪、黄建锋（2004）认为生产性服务业的发展得益于社会分工的深化，随着市场需求的多样化及市场竞争程度的激烈化，追求专业化和竞争力成为企业普遍追求的一个重要战略选择，以前作为企业内部的研发、设计、会计、咨询、营销等服务职能部门逐步分离出来，这就是分工所带来的产业的变化。张琰、芮明杰和刘明宇（2012）通过研究发现生产性服务外部化、规模经济效果，以及制造企业的人力资本专业化水平呈现正相关关系；基于信任的长期合作关系以及生产性服务企业数量的增加有助于减少外部化交易费用，推动生产性服务外部化水平。刘朝阳（2017）通过实证模型研究生产性服务业促进制造业生产效率提升的方法，研究以交易成本、生产成本、管理成本作为中介变量。研究结论表明，中国生产性服务业促进了制造业效率的提升，这是通过降低制造企业的管理成本和交易成本的中介作用来实现的，尤其是在新型生产性服务业和金融业中更为突出。冯泰文（2009）运用面板数据研究生产性服务业和制造业之间的关系，他收集了中国制造业 28 个行业的面板数据，以生产制造成本、交易成本为中介变量，验证了生产性服务业对制造业效率的提升作用，其中以金融业的影响作用最为明显。

2. 价值链分解与建构视角

弗朗索瓦（1990）认为是技术的进步促使制造业的价值链产生垂直方向的分离，分离出来的生产性服务作为一个新的行业在社会分工中被独立出来，通过这一方式也建立了制造业与生产性服务业的相互联系。皮拉特和韦尔夫尔（Pilat & Wölfl, 2005）认为，在生产性服务业和制造业逐渐融合的过程中，一开始生产性服务业和制造业在价值链分配环节上发生的是纵向变化，后来随着市场环境的变化及社会的进步，生产性服务业和制造业在价值链分配环节上开始发生横向变化。克莱诺（Klenw, 2009）的"迂回生产理论"研究中国和印度全生产要素生产率的过程中，认为当将生产性服务环节嵌入制造业价值链中时，结果可以提高制造业价值链的生产效率，且迂回生产的过程越长，生产效率越高。玛索（Marceau, 2002）通过研究认为，生产性服务业和制造业在价值链上相互融合、相互渗透从而实现的制造产品与服务的完美结合，这种结果拓展了产业的内涵。同时，生产性服务业也通过这种方式提升了制造业的市场竞争力。

在国内，杨仁发、刘纯彬（2011）从现象、动因、实质、模式的角度研究了生产性服务业和制造业之间的融合。他们认为，生产性服务业与制造业价值链环节之间价值要素的相互渗透是融合的现象；技术创新的驱动是融合的动因；生产性服务业和制造业的价值链分解及整合是融合的实质；生产性服务业嵌入制造业基本活动价值链之中，这是关系性的融合，生产性服务业嵌入制造业辅助活动价值链之中，这是结构性的融合，这是两种不同的融合模式。刘明宇、芮明杰、姚凯（2010）认为生产性服务业分别以关系性和结构性两种方式嵌入制造业价值链之中，这将形成两种不同的网络关系。在制定相关政策时，应考虑两种嵌入关系的类别不同、经济特征不同，这样才能使生产性服务业和制造业形成协同演进的关系，实现产业升级。路红艳（2009）认为生产性服务业属于技术密集和知识密集的行业，它的发展对制造业产业结构的升级具有重要的促进作用。她又认为生产性服务业对制造业产业结构的优化作用是通过两种行业之间价值链环节的功能互补和融合来实现的。童洁、张旭梅和但斌（2010）从价值链的角度研究生产性服务业与制造业融合发展的模式，一共总结出三种模式：互补性融合模式、内生性融合模式和共生性融合模式。刘鹏、刘宇翔（2008）基于波特的价值链理论，并结合产业层面的研究，从产业价值链分解与整合的角度，细致分析了生产性服务业与制造业之间相互融合的机理。

3. 投入产出视角

艾西尔（Ethier，1982）将 D–S 垄断竞争模型看作一种生产函数，研究通过严格的公式推导之后得出结论，生产性服务作为制造业生产的一种中间投入品，当增加这种中间投入品的种类时，可以使制造业内生的比较优势增加，从而促进制造业的发展。琼斯（Jones，1992）以加拿大的生产性服务业和制造业作为研究样本，研究利用投入产出模型得出结论，两种部门之间存在相互依赖、相互作用、高度互补的关系。弗朗索瓦和沃尔兹（Francois & Woerz，2008）使用了经济合作与发展组织（OECD）1994～2004 年的混合面板数据作为样本，实证了生产性服务业和制造业之间的关系，并得出生产性服务业可以提升制造业竞争力的结论。威廉·科菲（William Coffey，2000）认为生产性服务业不是消费性服务业，其生产的服务产品不是用来直接进行消费的，而是作为一种其他行业生产的中间性投入。皮拉特和韦尔夫尔（2005）的研究以OECD作为研究对象，其样本数据类型包含了投入产出表、贸易出口数据、职业统计数据、结构化数据、无类型数据等多种数据类型。通过对这些数据类型的测算，他们得出结论：生产性服务业正向影响制造业的产出效率。吕政等（2006）认为生产性服务业与制造业之间的互动关系表现如下：一方面，生产性服务作为一种中间投入品在制造业生产投入中所占的比例越来越大；另一方面，制造业表现出服务化的特性，同时服务制造化的趋势也日渐明显。刘书瀚等（2010）基于投入产出分析法对中国生产性服务业与制造业之间的关系展开分析，分析结果表明，在生产性服务业作为一种中间投入品的前提下，生产性服务业对制造业的中间投入及制造业对生产性服务业的中间需求都表现出不断增长的趋势。虽然中国生产性服务业与制造业之间的互动关系达到显著水平，但关联效应仍然较低。孙晓华等（2014）收集了我国省级层面的面板数据，并以适应性预期的动态两部门模型作为研究工具，研究的结论是中国的生产性服务业对制造业的推动作用显著，生产性服务业产出增加100%可带来制造业产出提高219.5%。张亚军等（2014）将区域投入产出模型的结构分解技术应用于服务业与制造业的关系研究中，研究发现，与生产性服务业相比，制造业对经济增长拉动的贡献度较高。原因是生产性服务业在制造业中的嵌入大力促进了制造业的发展，但反过来，制造业对生产性服务业的溢出效应不太明显。

4. 共生视角

里德尔（Riddle，1996）认为工业、农业、服务业之间的关系类似三个共生的生物群落，其中，生产性服务业扮演了一种产业黏合剂的作用，它将其他两个群落连接了起来，使这三者之间形成了一个有机的共生群落。帕克（Park，1994）利用1975年和1985年两个不同的年份的样本数据，考察了生产性服务业和制造业之间共生关系的特点和变化趋势，并利用投入产出表对选定的太平洋区域国家进行了研究。实证结果表明，尽管生产性服务业首当其冲地受到创造就业机会的影响，但其创造和维持高水平就业的能力，主要取决于生产性服务业与制造业之间的联系。生产性服务作为制造业的一种中间投入品，其发展水平对于提高制造业的竞争力是非常重要的因素。陈和帕克（Chan & Park，1989）利用跨国家的样本数据研究生产性服务业和制造业之间的关系，他们收集了 26 个发展水平不同的国家（地区），利用投入产出表得出结论：生产性服务业与制造业之间存在明显的共生关系。

孔德洋、徐希燕（2008）认为生产性服务业与制造业之间是相互促进、相互依存的关系，并从生态群落的角度总结出二者互动共生的模型：中心型互动共生模型、金字塔互动共生模型、平行型互动共生模型，以及嵌套型互动共生模型。唐强荣等（2009）以组织生态学中的创建率和种群密度作为研究工具，对中国生产性服务业和制造业之间的关系进行研究。他们的研究结论发现在创建率和种群密度两个指标上，生产性服务业和制造业都存在着显著的关系和不显著的协同演化。庞博慧（2012）以共生演化模型作为研究工具，研究生产性服务业和制造之间的共生模式。他的实证结果表明，生产性服务业与制造业之间的共生关系并不是对称的共生模式。从共生作用系数的角度来讲，制造业对生产性服务业的共生作用系数要明显小于生产性服务业对制造业的共生作用系数。胡晓鹏、李庆科（2009）通过指标设计引入产业共生思想，进而运用投入产出表，通过动态比较，认为产业共生关系是一个从非均衡到均衡的过程，开始时是生产性服务业强烈依赖于制造业的非均衡共生关系，第二步将进入制造业依赖于生产性服务业的非均衡共生关系，最后是生产性服务业与制造业达到对称共生的关系。刘浩、原毅军（2010）用全要素生产率作为参变量构造了研究中国生产性服务业与制造业共生行为模式的面板数据，实证分析的结果表明，中国生产性服务业和制造业之间的共生状态并不是对称型的，从依存度的角度来讲，制造业对生产性服务业的依存度要小于生产性服务业对制造业的依存度。

5. 空间集聚视角

安德森（Andersson，2004）以瑞典的生产性服务业和制造业作为研究样本，经过研究后认为，生产性服务业与制造业之间是一种协同定位的关系，它们的区位关系之间是互为函数。生产性服务业的区位一般定位于经济发展较发达的城市，制造业则围绕在该城市的周围，以方便利用生产性服务业所提供的服务。段樵和伍凤仪（Tuan Chyau & Ng，

2003）分析了中国自改革开放以来，长江三角洲地区、珠江三角洲地区以及香港地区生产性服务业与制造业的协同趋势。他们认为，自 20 世纪 90 年代以来，香港地区聚集了大量的生产性服务业，形成了生产性服务业的中心，而长江三角洲地区、珠江三角洲地区集聚了大量港资制造企业，它们环绕在香港的周围。通过运用计量经济学模型，他们认为地区经济的发展水平、城市化水平、城市的规模、与香港的地理距离等是影响制造业围绕香港集聚的因素。比利亚尔和里瓦斯（Villar & Rivas，2001）深入研究克鲁格曼中心—外围模型，并在该模型的基础上，加入了生产性服务业这一部门变量，构建了生产性服务业—制造业集聚模型，运用数值模拟运算后得出结论：生产性服务业和制造业的区位会受到信息技术因素以及贸易因素的影响。

陈建军、陈菁菁（2011）基于空间维度的分析和理论推演，建立了联立方程模型，联立方程模型的结论支持生产性服务业与制造业之间的协同定位关系。然而，这种协同定位关系对于大城市和小城市还是有所区别的。在大城市中，首先要发展生产性服务业的集聚，才能促进制造业的升级；而小城市城要先发展制造业集群，才能吸引生产性服务业在本区域集聚。盛丰（2014）分析的生产性服务业空间集聚的作用共有两个方面：一方面，生产性服务业的集聚发展对本地区制造业的发展升级有非常明显的作用；另一方面，生产性服务业集聚还会促进周边地区制造业的发展升级，这主要是通过空间外溢效应实现的。刘叶、刘伯凡（2016）以"城市群"为研究对象，通过动态面板回归模型，探讨生产性服务业与制造业协同集聚对生产效率的影响。该研究收集了 2003 ～ 2011 年我国 22 个城市的相关数据，研究的结论为，在这些"城市群"中，生产性服务业与制造业的协同集聚正向影响制造业全要素生产率的提升，这种影响作用主要是依靠技术进步来实现的。张虎等（2017）利用空间计量经济模型研究生产性服务业与制造业的协同集聚产生的溢出效应及空间相关关系。他们的研究结论为，生产性服务业与制造业的空间相关关系的相关度并不高，但二者之间会产生空间溢出效应。技术创新、知识溢出、层级分工程度这三个变量会正向影响生产性服务业与制造业的协同集聚。王佳、陈浩（2016）收集了我国 283 个地级城市的生产性服务业与制造业的面板数据，他们从生产性服务业专业化水平及多样化水平两个角度展开研究，认为生产性服务业对制造业效益的影响取决于城市规模。当生产性服务业的专业化水平较高时，制造业集聚从城市规模扩大中获得的边际效益会较低；当生产性服业的多样化水平较高时，制造业集聚从城市规模扩大中获得的边际效益会较高。

2.2.4 关于生产性服务业与制造业关系研究的述评

在本部分撷取了当前与本书研究有关的生产性服务业的研究成果，主要为三个部分：生产性服务业的内涵的研究、生产性服务业与制造业互动关系的研究、生产性服务业与制造业互动机理的研究。

在生产性服务业内涵的研究中，当前主要有两种视角：一是产业属性的视角；二是投入产出的视角。在本书对生产性服务进行业界定时，综合了以上两种视角，即认为生产性服务业是作为一种中间投入的生产要素，其往往具有知识密集、资本密集或技术密集的特征。

在生产性服务业与制造业互动关系的研究中，形成了四种关系体系，从以上论述可以看出这四种关系体系并非平行并列的关系，而是层层递进的。在制造业刚刚迅速发展时，制造业会产生对生产性服务业的需求，亦即制造业的快速发展是生产性服务业产生的原因，这是需求论。而随着生产性服务业的发展，其本身具有的智力性及资本性特征逐渐明显，在制造业生产过程中的创新作用越来越不可缺少，从而成了制造业创新的有力推进器，这就是供给论。再进一步发展，制造业的不断发展必然会需求更多的生产性服务；而生产性服务业的快速发展也会相应提升制造业的生产能力和创新水平，从而二者形成互补共生的关系，这就是互动论。最后，由于信息技术和网络技术的迅速发展，当工业化进程进入高级阶段时就会呈现两种产业的相互交融，表现为生产性服务业与制造业之间的价值环节相互交叉，二者的产业边界越来越模糊，两大产业将共同催生新型产业结构和创新发展模式的产生，这就是融合论。本书秉承第四种观点，认为生产性服务业和制造业之间是一种共融共生的关系，二者相互交叉，互相融合，在这一过程中信息技术及现代网络技术的发展起到了重要作用。

在生产性服务业与制造业互动机理的研究中，形成了五种虽然不同但相互之间有交叉的视角。分工与交易费用的视角从社会分工与交易成本的角度来解释生产性服务业与制造业互动的机理，当分工产生的收益大于因分工产生的成本的时候，分工这种形式就会一直持续下去。基于这个原理，生产性服务业的出现降低了制造业的交易费用。生产性服务业从而也成为一个独立的行业，由此可见分工与交易费用的视角是从互动机理产生的原因角度来进行解释的。价值链分解与建构的视角从价值链角度分析了生产性服务业与制造业的相互融合，这一角度应当说比互动机理产生的原因角度更能说明制造业与生产性服务业互动的机理，但对于价值链互动之后所产生的结果是怎样定义的仍然很模糊，因此该角度目前仍停留在理论的探讨上，二者互动之后产生的产业边界模糊融合如何界定仍缺乏相应的探讨，应当知道价值链分解与重构是价值网络形成的基础，不能仅仅局限于价值链的研究。投入产出视角研究生产性服务业与制造业之间所存在的投入产出关系，其出发点是生产性服务业是制造业的"供应商"，制造业是生产性服务业的"客户"，从宏观经济关联的角度来解释二者之间的关系。共生视角的研究和投入产出视角相比，它也探讨了两个行业之间的关联，但在投入产出分析的基础上引入了二者之间动态发展和协同演化的思想。空间集聚视角和投入产出视角相比，它不仅探讨两个行业之间的关联，而且比传统的投入产出分析多了一个空间关联维度，但目前对这种空间关联的思想，很多学者还是有相反的看法。如巴格瓦蒂（Bhagwati，2010）认为当前互联网技术以及信息技术的不断发展，原先对生产性服务业和制造业有重要影响的地理位置要素被削弱了，信息技术及互联网的发展增强了生产性服务业的可交易性。麦克弗森（Macpherson，2008）将纽约中小企业作为研究样本，研究结果发现，这些中小企业自20世纪90年代中期以来对生产性服务的需求显著增加，并且由于信息技术及互联网络的迅速发展，这些制造企业的生产性服务采购表现出异地采购大大增加的特征，很多制造企业的生产性服务采购范围已扩大至全球范围。而当前研究出现的模块化研究可以解决这一研究所出现的问题，当把生产性服务业与制造业之间关系的研究归纳为模块化研究的范畴时，则既可以包含空间协同集聚的情况，也可以包含空间分散的情况，则所有情况都要纳入在一个统一的体系之中。

从以上分析可知，分工与交易费用的视角仅仅解释了互动机理产生的原因，并没有进行更深一步的解释；价值链分解与建构的视角从价值链角度分析了生产性服务业与制造业的相互融合，应当更进一步探讨二者通过价值链分解与解构所形成的价值网络的特点；投入产出视角、共生视角、空间集聚视角这三类的研究成果能较好地从宏观层面解释生产性服务业与制造业之间的互动机理，但缺陷是不能有效地解释生产性服务业和制造业互动的内在过程，因为缺乏中观层面（价值网络）及微观层面企业之间互动的理论剖析，且空间集聚视角的研究还没有达成统一的共识，而以上这些问题都可以从模块化及价值网络角度来得以解决，综合起来看就是模块化网络的角度。第一，模块化网络是一种价值网络，它可以很好地解决价值链研究视角研究的程度不够深入的问题；第二，如果能够把生产性服务业和制造业融合之后产生的模块化网络特性搞清楚，则完全可以诠释生产性服务业与制造业之间的互动机理，且可更进一步地从企业微观运营层次提出更具可操作性的实践建议；第三，模块化网络可以囊括与包容现有空间集聚视角研究中所带来的分歧，将它们统一在一个完整的框架体系之中。因此，应当说从模块化网络视角来研究生产性服务业和制造业之间的互动关系应该是未来发展的一个重要趋势。

2.3　关于网络嵌入研究的文献综述

网络理论中一个比较重要的理论是网络嵌入理论，它表现出企业在网络中所占有的位置，以及该企业与网络中其他企业之间的联系。以上两个方面的属性将决定企业在所嵌入的网络中能够利用和整合的资源有多少，并进而会影响企业的行为和绩效。

2.3.1　网络嵌入性的概念与包含维度

1. 网络嵌入性的内涵与作用

1944 年，波兰尼提出嵌入性的概念。他认为，人类的经济行为并不是仅仅嵌入经济制度之中，事实上，同时也嵌入于非经济制度之中。从根源或动机的角度理解，经济行为不仅有谋利的动机，还包括很多非经济的动机。40 年后，格拉诺维特（Granovetter）在《美国社会学》杂志发表了著名的《经济行动与社会结构：嵌入性问题》一文，该文从嵌入性的角度指出的交易成本经济学中的缺陷，重新推动了嵌入性理论的发展。该文指出，经济行动者之间的关系，以及经济行动者与所嵌入的网络中其他网络成员之间的关系会影响经济行动者的行动和行动的后果。其中，制度、人际关系网络等社会因素是影响经济行为及其结果的重要因素，所以，对经济行为的研究离不开社会性的背景知识，即现实中的行为主体的行为不可能不受社会背景的限制，不会不受到社会规范的制约。

乌兹（Uzzi，1996）等继承了格拉诺维特的嵌入性思想，他将社会网络理论和企业理论同时运用到对企业网络的研究之中，研究结果认为，企业在所嵌入的社会网络中结成的社会纽带将影响企业的经济机会，这种经济机会将决定企业的经济行为。海尔普勒（Helper，1990）以汽车行业作为研究对象，通过对汽车行业供应链进行研究，他发现汽车供应商与汽车生产商之间存在丰富的信息和隐性知识的交流和传递，在其中社会网络起到了很大的作用。而拉泽森（Lazerson，1995）以成功的商业网络作为研究对象，发现非正式的社会网络因素在促进网络中的知识转移及协调学习机制等方面发挥了关键性的作用。罗摩（Romo，1995）等将区域生产网络中的企业作为研究对象，研究发现，这些企业的行为并不像想象中的以经济利益最大化作为企业目标，它们更注重与合作伙伴之间建立并维持长期的合作关系。由此可知，单纯地从经济角度进行企业战略思考，在现实中这种行为是很少见的，更多的是将商业网络与社会网络嵌入在一起来考虑这一类问题。董津津、陈关聚（2020）在研究创新网络嵌入性的过程中发现，网络嵌入性指创新行为嵌入集群中的社会、市场交易关系当中，并受到企业间关系和整个网络关系结构特征影响的动态互动过程，企业的活动是在所嵌入的社会网络中通过互动过程产生作用的，网络嵌入性理论是连接经济学、社会学和组织理论的桥梁。

2. 网络嵌入性包含的维度

格拉诺维特（1992）将嵌入分为关系嵌入与结构嵌入，结构嵌入反映的是一个企业在一个网络中所处于的位置。结构嵌入性继承自经济学理论的网络分析理论，它一方面强调网络整体的结构与功能，研究网

络中所嵌入的各个成员之间是如何进行联系的，即所形成的互联结构是
什么样的。另一方面，它的研究对象也包括嵌入于网络中的单个节点企
业，研究这些节点企业位于网络结构的不同位置时所带来的企业绩效与
竞争能力的变化，它研究的变量包括：网络密度、中心性、结构洞理
论、结构对等性、结构自主性等。关系嵌入衡量交易的双方企业之间的
交易质量，表现为企业重视交易伙伴需要满足和目标达成的程度，以及
双方在信任、信用及信息共享方面的表现行为。具体来讲，是指当企业
嵌入某一关系网络之中时，网络中的一些因素，如对相互理解和支持的
期待、互惠互利的原则、对规则性行为的期望等，这些因素都会对嵌入
于网络中的这个企业的经济行为及决策产生一定的影响。关系性嵌入的
测度指标包括关系的方向、内容、强度及延续性等。格拉诺维特
（1973）在研究中提出了衡量双方关系强弱程度的指标，一共有四个，
即双方之间的互动频率、双方关系持续时间的长短、双方之间关系的亲
密程度、双方之间相互服务的内容。关系嵌入性通过双方之间合作时的
信任、对规范的遵守、关系紧密度、对未来收益的预期、资源交换的程
度、参与知识创造的动机等多个变量对企业当前的绩效及未来双方合作
的前景产生影响。

约翰尼松和帕西利亚斯（Johannisson & Pasillas，2002）在进行嵌入
性研究时，将嵌入性分为系统嵌入和实体嵌入两种类型。实体嵌入是关
于内容的嵌入，而系统嵌入是关于结构的嵌入。实体嵌入不仅指行动双
方在经济利益方面的嵌入，还包括在更深层次意义上的价值观或价值理
念方面的嵌入；而系统嵌入是指单个经济主体与其所嵌入的整体网络之
间的联系。单个经济主体可以嵌入整个网络中的不同位置。有些是处于
整个网络的次要位置，如处于边缘；有些处于整个网络的核心位置，如
网络中心。当单个经济主体处于比较有利的网络中心位置时，就可以吸
引网络中的很多其他企业与自身建立一定的联系。通常，结构洞位置也
是单个经济活动主体比较喜欢的位置，因为它处于连接其他不同经济主
体的必经地带。

祖金和迪马乔（Zukin & Dimaggio，1990）将嵌入的分类分为四种，
分别是结构嵌入、文化嵌入、认知嵌入和政治嵌入。结构嵌入是指组织
所嵌入的网络类型将影响企业未来的发展前景，组织在网络中所嵌入的
位置及在网络中与其他企业结成的关系决定了企业将来可能获得的潜在

机会；文化嵌入是指企业在网络中的战略、行为会受到网络中的集体价值观和网络规范的制约；认知嵌入是指企业的原有思想意识会对其理性预算产生影响；政治嵌入强调的是权力因素对行动主体决策的影响，如外部的政治、法律等外部制度都会对行动主体的行为产生影响。

哈利宁和托恩罗斯（Halinen & Tornroos，1998）认为嵌入性是指企业嵌入网络中时对网络中各种关系的依赖，他们将嵌入性分为空间嵌入、社会嵌入、市场嵌入、时间嵌入、政治嵌入、技术嵌入六种。社会嵌入、政治嵌入、市场嵌入和技术嵌入的定义与别的学者的定义非常相似。空间嵌入性指企业所嵌入网络的空间和地理范畴，如全球范围、国家范围某一目标市场区域等。时间嵌入是指企业所嵌入的网络关系不仅受到企业当前行为的影响，还受到企业在过去时间段与别的企业互动行为关系的影响。

杰索普（Jessop，2001）将嵌入性分为三种类型：第一种类型是经济关系的社会嵌入，这种类型是指经济行动主体嵌入的网络所具有的差异化和动态化特征将会对经济主体的能力和绩效产生影响；第二种类型是制度嵌入，这种类型是指当经济行动主体与合作伙伴结成战略联盟或结成网络时，联盟或网络的网络独特性及网络之中的学习机制对经济行为主体的影响；第三种类型是制度秩序的社会嵌入，是指经济行动主体在具有不同功能的离心社会的制度秩序中的社会嵌入。

安德森和福斯格伦（Andersson & Forsgren，2002）则基于企业价值链视角，将嵌入性分为业务嵌入性与技术嵌入性两个维度，并运用实证分析了业务嵌入性与技术嵌入性对绩效的影响。

哈格多恩（Hagedoorn，2018）在研究企业构建合作伙伴关系时，根据嵌入企业所处的环境、网络特性及双边关系的密切程度，将嵌入性分为三个层次：环境嵌入性、组织间嵌入性与双边嵌入性，这三个不同层次的嵌入性可被分别理解为企业行为选择受特定国家与产业环境、企业组织间网络的历史背景及合作企业间的双边关系影响的程度。

通过对网络嵌入性所包含的纬度的相关研究进行梳理之后发现，由于研究者们所具有的学科背景不同，因此他们从不同的学科背景角度解释网络嵌入的纬度，这些解释的内容远远超出了格拉诺维特对网络嵌入纬度的定义。目前，对网络嵌入纬度的研究已经呈现泛化的现象。很多学者在不同的情景条件下，并没有考虑情景的影响，就认为已经得出了一个可以通用的网络嵌入纬度结论，以哈利宁和托恩罗斯所提出的六种嵌入（即时间、空间、社会、政治、市场与技术）为例。例如在技术嵌入中，他们认为，企业及社会发展的不同阶段会产生不同的技术，企业未来的发展轨迹就嵌入这样的技术系统之中，因此，企业的未来发展前景和绩效在很大程度上依赖于特定阶段发展出来的技术。类似于这样的观点已经远远偏离了学者们对网络嵌入概念进行定义的初衷，模糊了人们对网络嵌入原义内涵的理解，可以认为这是对网络嵌入纬度理论的一种泛化。对网络嵌入纬度的解释与扩展变成了一个无所不包的"万金油"，看似可以对一切嵌入的现象做完全的解释，这种泛化的倾向不利于对网络嵌入理论的研究，因此，在本书中，笔者仍采用格拉诺维特将嵌入分为关系嵌入与结构嵌入的二分纬度法，并结合全球"制造与服务混沌模块化网络"的特点，在网络嵌入中加入了认知嵌入这一纬度。

2.3.2　网络嵌入对企业成长绩效影响的研究综述

企业资源基础论（RBV）以企业内部资源禀赋的差异来解释为什么不同的企业会有不同的绩效（Barney，1997），近年来，随着网络型组织的兴起，越来越多的管理专家认为不仅企业自身的资源和能力会影响企业的绩效，而且企业嵌入的外部网络环境也会影响企业绩效（Gulati，Nohria & Zaheer，2000）。他们提出企业在网络中的位置影响了企业的战略和绩效、创新实践、市场份额、资产收益率等（Powell et al.，1996；Hunt & Davis，2008，Rowley，Behren & Krackhardt，2000）。扎希尔和贝尔（Zaheer & Bell，2005）秉承了以往研究中优势网络位置可为企业获得额外利益的观念，在此基础上，他们将企业资源观与社会网络结合起来进行研究，认为占有优势网络位置（结构洞）的企业更能充分发挥其自身资源和能力优势，从而获得更高的成长绩效。

结合本书的研究目的，下面主要就关系嵌入、结构嵌入、认知嵌入对企业成长绩效的影响展开综述。

1. 关系嵌入对企业成长绩效的影响研究

关系性嵌入是指经济行动者是嵌入其所在的关系网络中并且受到关系网络的影响，该关系网络还决定了当事人的经济行为（Granovetter，

1985）。关系嵌入代表了企业与合作伙伴之间建立的交易关系的质量，即企业与合作伙伴之间关心对方目标和需要达成的程度，主要表现为信任和信息共享。目前关系嵌入影响企业成长绩效的研究主要分为两个方面：一是强联结关系嵌入提升企业成长绩效；二是弱联结关系嵌入提升企业成长绩效。

在第一类研究中，奥斯特加德和伯利（Ostgaard & Birley, 1996）以英国数百家企业为研究对象，这些企业的存续期在 2~10 年之间，他们的研究结论表明，企业成长需要拥有一个强联结的关系网络，即强关系可以促进企业的成长绩效。乌兹（Uzzi, 1996）以纽约服务行业作为研究对象，研究发现拥有强关系的企业能够成长得更快，因为这类企业能从网络合作伙伴那里交换到精炼的知识，因而能够成长得更快。他经过进一步研究还发现，强联结关系会提升企业与合作伙伴之间的信任程度及其他嵌入性成分，这有利于双方在相互合作之中产生新知识，或发现新方法。而新知识和新方法能够创造新颖的组合，而且对企业现有的资源产生成倍的放大效应，从而能够促进技术型企业的成长。

乌兹（1997）、纳哈皮特和戈沙尔（Nahapiet & Ghoshal, 1998）认为知识可以分为显性知识与隐性知识，显性知识可以通过市场交易购买，而隐性知识往往嵌入于某一企业内部，如果没有和该企业通过关系专用性投资，建立基于信任和路径依赖的强嵌入关系，外部企业很难获得该企业的隐性知识。因此，可以认为，强关系嵌入通过帮助企业获得隐性知识，从而促进企业的成长。

辛琳（2013）构建了关系嵌入绩效理论模型框架，通过实证研究认为，在关系嵌入影响企业绩效的机理中，是以组织学习作为中介变量、环境组织制造特征等因素作为调节变量来实现的。总之，关系嵌入对企业绩效的影响是正向的，关系嵌入越强，企业绩效越高，从而促进企业成长。

俞园园、梅强（2016）以产业集群为研究背景，研究了新创企业产业集群关系嵌入对企业绩效的影响，他们的分析结果显示，新创企业产业集群政治关系和商业关系嵌入越强，则对企业成长绩效的影响越大。

少振权、周飞和何美贤（2013）通过对珠三角地区产业集群内 161家制造企业的样本数据进行了实证，研究表明，企业在产业集群之中的关系嵌入正向影响供应链合作绩效，但是这种影响是间接的。具体表现在：企业在产业集群中利用伙伴公司的知识，能够获得本地知识溢出和集体学习所带来的优势，就可加速提升组织知识创新能力，降低技术风险及不确定性，从而促进了企业自身的成长。

周朋程（2019）以开放式创新和网络嵌入理论为基础，结合组织间依赖的相关研究，探讨关系嵌入和中小企业成长绩效之间的内在关联。通过对中小企业调研数据的实证分析发现，关系嵌入显著影响中小企业的成长绩效；关系嵌入在知识依赖与成长绩效之间发挥着中介作用，即知识依赖促进中小企业成长绩效需要借由关系嵌入得以实现。

在第二类研究中，学者们的观点与上述学者的观点不同，他们认为弱联结更有利于企业间的知识转移，从而提升企业的成长绩效。如格拉诺维特（1982）、乌兹和兰开斯特（Uzzi & Lancaster，2003）等，埃科尔斯等（Echols et al.，2005）在分析网络嵌入性在利基者（Niche）与绩效之间的调节效应时得出网络嵌入性与绩效存在低度负相关。他们的观点可以总结如下：对于促进企业成长而言，弱联结相比强联结更有力量。因为强联结的合作伙伴之间的知识背景、各方面的经验、技术能力等都很相似，它们之间的互动所带来的信息大部分都是冗余的，无法产生新的知识；而弱联结的合作伙伴之间在技术、知识、能力等方面差异较大，在它们之间互动的过程中往往会产生具有新价值的知识，这些知识对企业的成长是非常关键的，因此可以提升企业的成长绩效。

在以上所论述的关系嵌入影响企业成长绩效的研究中，可以看出，关系嵌入分为强联结关系嵌入与弱联结关系嵌入，两者都能以各自独特的机理对企业成长绩效产生影响。强联结影响企业成长绩效的观点认为，企业与合作伙伴之间的联结越是紧密，随着它们之间互动次数的增加，它们的行动配合就越来越默契，最终将提高相互之间的信任度，合作双方对交易不确定性风险的感知就会被降低，从而黏滞性知识的转移和共享会得以实现，最终会促进企业的成长绩效。弱联结影响企业成长绩效的观点认为，作为一种松散联结形式，弱联结承担了企业与外部网络中其他企业联系的通道，通过这个通道，企业可以联系到外部网络中与自身特征明显不同的其他企业，与这些外部企业的接触可以带来非常有用的异质性知识，这些知识会带来企业能力的提升和市场份额的提高，从而提升企业成长绩效。

2. 结构嵌入对企业成长绩效的影响研究

当前学者对结构嵌入影响企业成长绩效的机理研究大部分集中在网络位置的知识和信息获得效应上。

有些学者的研究认为企业在不同网络位置的结构嵌入会影响该企业获得信息的数量和质量，降低信息的不对称程度，从而使企业的决策效率和效果提高，促进企业成长。例如，认为当企业处于某个网络的中心节点位置时，由于该位置拥有获得信息优势，能通过多种来源和途径获得各式各样的信息，从而降低了信息的不对称程度（Uzzi，1997）。还有处于网络中心位置的节点企业具有更高的声誉和地位，利用这些便利条件可以使企业非常容易地获取有效的资源，从而促进企业成长。但也有一些研究认为结构嵌入的某些维度对企业成长绩效的影响需辨别不同的情景模式，甚至有时候与成长绩效之间不存在影响关系。

鲍姆和英格拉姆（Baum & Ingram，2000）认为，在一个网络中，当网络成员之间没有联系或联系较少时，一个企业通过占有网络中的结构洞位置，就可以从其他成员那里获得独特的信息。对于利用型学习模式（指收集能提供深层次知识的信息来优化现有创新）来说，高密度网络更有利于促进企业成长；而对于开发型学习模式（指收集关于不同替代方案的新信息来进行创新）来说，低密度网络更能促进企业成长。

科尔曼（Coleman，1988）认为，在一个水平网络中，企业和其竞争对手处于平等的网络地位，平等地参与市场竞争并采取机会主义行为。因此，在这种网络环境下，企业和竞争对手双方都会怀疑对方所提供的信息和动机的真实性。在这种情景下，高密度网络是有效的，因为它可以提供多种验证信息真实性的条件。而在一个垂直网络中，各个企业之间处于价值链上下游的不同环节，它们之间更多的是合作关系，而不是竞争对手。因此，很少有企业怀疑对方的动机和所提供的信息的真实性。在这种情景下，低密度网络是有效的，因为它可以通过增加企业所接近的其他企业的数量而获得更多的信息，从而提升企业的成长绩效。

肖和崔（Xiao & Tsui，2007）以中国四家典型科技型企业为研究对象，研究发现，有些企业为了维护自身的优势地位特意去保持结构洞的存在，甚至发生阻挠其他企业之间互相联系的行为，因此，"结构洞"理论在中国的国情下并不适用。在强调合作文化的企业中，"结构洞"并不能促进企业的成长绩效。相反，在这种情景下，企业所应该做的不是去制造"结构洞"，而是去填补"结构洞"，使各个企业之间处于一种相互联通的状态，从而促进企业绩效的良性增长。

范群林等（2010）认为，集群创新网络的结构嵌入性对集群企业成长绩效存在影响，他们认为，网络中介中心性以及节点度正向影响企业的成长绩效，而结构洞对企业成长绩效的正向影响关系并未达到显著程度。

关于结构嵌入对企业成长绩效的影响现在还没有一个定论，到底是中心度高的企业、网络密度大的网络中的企业更具有提高成长绩效的能力，还是中心度低的企业、网络密度小的网络中的企业、占据丰富结构洞的企业更具有提高成长绩效的能力，现在还没有一个确定的结论。伯特（Burt）提出了关于嵌入程度的问题，乌兹（1997）通过研究也认为，过度的网络嵌入会限制企业的视野，从而降低企业绩效，嵌入和企业绩效之间的关系类似于一个倒"U"型，因此企业在网络中的嵌入程度存在一个最佳点。桑普森（Sampson，2007）以企业集群为研究对象，从结构嵌入视角研究嵌入性与成长绩效的关系，并得出结论认为网络结构嵌入与成长绩效之间存在着倒"U"型关系。但总的来说，结构嵌入对企业成长绩效是有影响的，但其影响的程度及方向与具体的情景及不同网络的特征有关。

3. 关系嵌入与结构嵌入对企业成长绩效的影响

一些学者将关系嵌入与结构嵌入结合起来，研究其对成长绩效的影响。

罗利、贝伦斯和克拉克哈特（Rowley，Behrens & Krackhardt，2000）认为，结构嵌入和关系嵌入是相互联系、相互影响的。高密度网络为实现企业之间的信任机制提供了网络保障，但一个嵌入高密度网络中的企业如果已从该网络中获得了利益，那么该企业如果想再从强联结关系中获取进一步的收益是不太现实的。原因即为，在高密度网络中的结构嵌入已为该企业提供了重要的规范保障，再加强联结关系，只能使企业陷入过度嵌入的境地。所以说，在这种网络情景下，强关系是一种多余的治理结构。企业与其将更多的精力和时间花在发展强关系上，还不如去寻找建立新的网络关系。因此，在高密度网络中，结构嵌入和关系嵌入是相互影响、相互替代的。

钱锡红等（2010）以深圳市集成电路（IC）产业作为研究对象，经过实证分析后表明，当企业处于网络中心位置或嵌入网络中的结构洞位置时将有利于提升企业的创新能力，从而提升企业成长绩效；企业的间接联系也是提升成长绩效的重要因素，并且，间接联系对企业成长绩效的影响还依赖于企业在网络中的位置。当一个企业处于网络中心位置时，它从间接联系中获得的绩效收益比处于网络边缘位置的企业更少，而拥有丰富结构洞的企业要比拥有较少结构洞的企业从间接联系中获得更多的绩效收益。

简兆权等（2010）的研究结论表明，企业与供应商、顾客建立的关系镶嵌将正向影响企业绩效；在产业网络中，一个企业在与供应商、顾客形成的网络中的关系镶嵌越深入，则结构镶嵌对企业绩效的影响就越显著。企业加强产业内网络关系建设可以提升创新能力，从而提升企业成长绩效。

窦红宾等（2010）认为，企业所拥有的网络密度、联系强度、居间性、稳定性4个网络变量都对企业的创新能力有正向的影响，从而对企业的成长绩效也有正向的影响。

钱锡红等（2010）认为，占据网络中心和富含结构洞的网络位置有利于提升企业创新。企业的间接联系也是提升创新的重要因素，并且间接联系对企业创新的影响还依赖于企业的网络位置。当一个企业处于网络中心位置时，它从间接联系中获得的创新收益比处于网络边缘位置的企业更少，从而降低其成长绩效；而拥有丰富结构洞的企业要比拥有较少结构洞的企业从间接联系中获得更多的创新收益，从而可以提升其成长绩效。

孔晓丹、张丹（2019）从网络嵌入性视角出发，以上海市高端装备制造业专利数据为样本，使用多元分层回归方法实证检验网络结构嵌入性（中心度、结构洞）对知识流动和企业创新绩效间关系的调节作用，以及网络关系嵌入性（联系强度）对这一调节效用的进一步调节作用。研究结果表明：企业间的联系强度能正向调节结构嵌入性对知识流动和企业创新绩效间关系的调节作用。

从以往学者的研究中可以看出，关系嵌入与结构嵌入是互相关联的两种嵌入方式，这也可以解释为什么强联结和弱联结都会与成长绩效正向关，而在高度连接关系的网络结构中，为什么强联结反而对成长绩效具有反作用。

4. 认知嵌入对企业成长绩效的影响

通常认为，认知嵌入是来说明企业的认知来源和结果的，它的内容包含价值观、行为准则、文化背景和社会规范等。它使企业的行为会受到环境中的价值体系和规范的影响，企业在这种影响下会形成集体认可的价值观、规范、信仰等，这被称为认知语境（Adler & Kwon，2002，Reagans & McEvily，2003）。即形成在经验基础上对某一概念图式化的认知构造网络。

纳哈皮特和戈沙尔（1998）与蔡和戈沙尔（Tsai & Ghoshal，1998）的研究表明，企业在网络中的认知嵌入可以促进企业智力资本的产生和积累，从而可以提升企业的成长绩效。

易朝辉（2012）认为，当一个企业寻求缩小与网络成员之间的认知差异时，将会增加企业与网络成员之间的互动，这时，无论互动强度还是互动频率都有所提高，这将提高双方转移知识的动机。因此，可以认为，随着认知嵌入程度的提升，将提高企业从网络成员处获得知识的总量，从而促进企业成长。

张月月（2014）认为，在认知嵌入对代工企业成长绩效的影响中，显性知识获取是一个显著的中介效应变量；在结构嵌入和关系嵌入对代工企业成长绩效的影响中，隐性知识是一个显著的中介效应变量；在认知嵌入对代工企业成长绩效的影响中，隐性知识未起中介作用。

李伟等（2010）认为发展型组织文化对网络嵌入性收益无直接作用，外部知识保存能力和知识吸收能力在发展型文化对网络嵌入性收益的影响过程中起中介作用。

杨保军（2020）基于网络嵌入视角，研究老字号企业成长过程中的影响因素，研究表明认知嵌入对老字号企业成长绩效具有显著影响，说明老字号企业在区域的影响力、技术水平等都对企业技术创新能力产生影响，企业根据市场反应逐步提升技术创新能力。

认知嵌入的视角指出，认知嵌入是以嵌入企业与嵌入网络之间的价值观、规则、规范、共同的愿景为基础的，现有的文献基本都支持认知嵌入对嵌入企业的成长绩效有正向的影响，虽然有时候是通过一些中介变量起作用的。

2.3.3　对网络嵌入研究文献的述评

当前对网络嵌入的研究中，学者们都承认企业可以通过网络嵌入获得网络中的互补性资源，并最终会影响企业的成长绩效。在当前的研究中，尚有以下几点不足之处：

第一，在分析网络嵌入对企业成长绩效的影响效果时，当前网络嵌入性的研究仍集中于企业所处于的外围环境上，而很少与行动主体的个体特征相关联。事实上，在网络嵌入性影响企业成长绩效的过程中，企业自身所选择的战略、运营和执行等企业自身的一些情况也会发挥很大的作用。因此，非常有必要考虑企业自身能动性的影响。因为在同样的网络嵌入条件下，不同的企业成长绩效表现出较大的差异，造成差异的原因在于不同的企业利用嵌入关系而构建自身能力的差异，有的企业能够超前和预见性地利用嵌入关系构建和管理自身的能力，而有一些企业则缺乏这方面的能力。因此，从内因（企业能力）和外因（企业网络嵌入）双重的视角来研究全球"制造与服务混沌模块化网络"中嵌入企业的成长绩效是非常有必要的。

第二，现有的研究，有的认为在松散型的网络中，企业可以通过嵌入关系获得非冗余的信息从而带来中介优势，并最终提升成长绩效（Burt，1992）。有的则认为嵌入紧密型闭合网络可以通过促进伙伴间的信任和合作而提高成长绩效（Coleman，1988）。到底是中心度高的企业、网络密度大的网络中的企业更具有提高成长绩效的能力，还是中心度低的企业、网络密度小的网络中的企业、占据丰富结构洞的企业更具有提高成长绩效的能力，现在还没有一个确定的结论。对于全球"制造与服务混沌模块化网络"来讲，由于跨国公司作为设计规则的制定者，它在挑选和淘汰各个模块供应商方面具有绝对的权力，各模块供应商在界面规则的制约下进行活动，跨国公司处于全球"制造与服务混沌模块化网络"的中心，网络中很少有结构洞的存在，跨国公司的网络中心性也非常明显，因此，研究结构嵌入性不一定能得到很有价值的结论。但关系嵌入的研究应当对嵌入全球"制造与服务混沌模块化网络"中的本土生产性服务企业的成长具有战略性的意义，而目前关系嵌入对企业成长绩效的研究也没有一个公认的结论，那么什么样的关系嵌入对本土生产性服务的成长更有利呢？这应该是一个值得探讨的问题。

第3章 全球"制造与服务混沌模块化网络"的形成机理、阶段及其混沌性

3.1 全球"制造与服务混沌模块化网络"的形成机理

在本章的研究中，首先，我们从技术进步、交易成本、顾客需求等视角剖析跨国公司在服务外包的作用下是如何进行垂直分离和解构的，又是如何在纵向一体化分离和横向一体化集中同时完成的情况下形成全球"制造与服务混沌模块化网络"的；其次，我们分析"制造与服务混沌模块化网络"发展的各个阶段的特点、混沌性；最后运用系统动力学理论对"制造与服务模块化网络"的混沌性进行论证，并进一步搜集样本，运用结构方程模型中的中介性调节方法进一步对"制造与服务模块化网络"的混沌性进行检验。

在经济发展的不同阶段，技术、顾客需求和外部制度是不同的，与之相适应的跨国公司组织结构也在不断地演变。伴随着第一次、第二次工业革命及后来的信息革命的出现，技术开始加速变迁，生产力大大提升，个性化消费的兴起，跨国公司的组织机构也随之而变。

3.1.1 跨国公司的出现

弗里曼、卢桑（Freeman & Lousan，2007）对资本主义经济发展的阶段进行了划分，大致可以用五个阶段来描述：水利阶段、蒸汽机阶

段、电气化阶段、大规模生产阶段和信息通信阶段。我们也沿着这样的路线来分析跨国公司的出现背景。

在工业革命之前，所谓的企业是以家庭式作坊为主，用作生产的生产工具和运输工具基本由人力、畜力和风力等驱动，这种生产方式具有生产周期长、生产效率低、生产成本高等特点。18世纪60年代，资本主义国家发生了工业革命，各行各业的手工机器开始出现，随着机器生产的普遍应用，机器生产所使用的能源，如水力、风力、蓄力等开始越来越无法满足机器生产的需要。在此背景下，蒸汽机出现了，蒸汽机使机器生产的效率大大提高，规模经济开始初步显现。和工业革命之前的作坊式生产相比，企业纵向一体化和横向一体化的程度有所提高。19世纪70年代，西方国家进行了第二次工业革命，内燃机被发明出来了，汽车工业蓬勃发展，1913年福特汽车公司开发出了生产汽车的大规模流水线生产方式，随后，在资本主义国家，越来越多的行业开始效仿福特汽车公司建立纵向一体化的企业组织结构。此时，垄断组织便应运而生了，垄断组织的出现更有利于垄断企业降低生产成本，改善生产经营，提高劳动生产率。同时，垄断组织开始跨越国界，形成跨国公司。

可见，跨国公司形成的原因是科学技术的发展，如第二次工业革命中的蒸汽机、电动机等技术具有资本密集的性质，生产企业进行生产的固定成本很高，为了摊薄居高不下的生产固定成本，企业必须将产量提高到产生规模经济和范围经济的水平。所以，这些企业具有将上下游的生产价值链环节纳入企业自身体系的动机。因此，层级制的组织结构很快成为市场的主流。具有生产成本优势的大规模层级式组织通过向上游原材料生产领域和下游产品分销和顾客服务领域不断进行前向一体化和后向一体化的纵向扩长，以及将某些竞争能力较弱的生产企业进行横向兼并的横向一体化过程中，逐渐形成了横跨很多个行业部门、横跨很多个国家和地区的巨型跨国公司。

3.1.2　跨国公司生产性服务模块化外包及全球"制造与服务混沌模块化网络"的形成

第一次及第二次工业革命给企业的生产带来了巨大的技术变革，20世纪初期，人们酝酿着寻找更大的技术变革。1942年西方国家建成了第一座核电站，标志着人类进入了原子能时代。刚一开始，人们对核能充满了疯狂的热情，但这种热情很快降下来了，这是由于核能的两个天然缺陷：一是核能的安全隐患非常大；二是核能只能由转化为热能而间接发电，核能不能直接转化为电能或机械能。在核能这种新能源的发展前景一直未得到有效突破的前提下，闲置的科学技术资源开始集中于电信事业的研究，这造成了 IT 信息产业的空前繁荣。人们开始全面步入信息时代。

在信息时代，资本的地位开始削弱，信息和知识成为决定企业边界大小的一个重要因素。信息技术通过改善交易主体之间的信息不对称的情况和减少机会主义行为从而降低了市场交易费用，表现为：第一，信息技术使交易双方的信息更为对称，降低了企业搜寻交易伙伴的成本并提升了找到合适交易伙伴的效率。第二，信息技术如企业资源计划（ERP）、准时生产（JIT）等的运用降低了供应商的生产成本并提升了其供货能力，市场交易费用被降低了，企业借助外部专业化的生产厂商生产产品的某些部分比在企业内部的效率要高。同时，消费者需求变得更趋多样化，市场竞争更为剧烈，这些因素都促使跨国公司剥离非核心业务，进行纵向解体与横向解体，从而专注于核心业务。第三，在进入信息时代之前，跨国公司将知识的定价包含在企业内部，因这个阶段的知识交易效率较低，这种手段避免了对知识交易的直接定价，保证了跨国公司对剩余价值的获取。进入信息时代之后，通过接包进入跨国公司价值链环节的模块供应商通过模块化规则实现了对知识良好的包裹性，跨国公司再通过纵向一体化的方式去保护产品中的知识产权已没有太大的必要。正是由于以上原因驱动了跨国公司进行纵向解体，将模块外包给外部的专业化模块供应商。

跨国公司在各因素的影响之下进行纵向解体和横向解体的模块化分解也可用数量经济学的相关理论进行解释。在借鉴相关研究的基础上（Krugman，1991；程文，2011），首先，我们分析生产科学技术的发展和顾客需求的变化对跨国公司横向一体化的影响。

假设 1：设某地区有 n 个产业，对 n 个产业的总需求为 H，n 个产业总工资支出为 L，某产业 A 占 n 个产业总需求 H 的比例为 μ，假设其产业中平均工资为 1，即 w = 1。

假设 2：A 产业中的企业全部采用纵向一体化的企业组织模式，其数量为 d，产业的需求水平为 G，行业平均产量为 q，行业平均价格为 p，λ > 0 为边际成本，g 为固定成本，包括固定资产购置、折旧、企业的管理费用及治理成本等。

根据保罗·克鲁格曼（Krugman，1991）的研究，纵向一体化公司的最优定价为：

$$p = \lambda \cdot w \left(\frac{\sigma}{\sigma - 1} \right) = \lambda \left(\frac{\sigma}{\sigma - 1} \right) \qquad (3-1)$$

设需求函数为：$q = G \cdot p^{-\sigma}$，其中 σ 为两个产业产品之间的替代弹性。则：

$$q = G \cdot \left(\frac{\lambda \sigma}{\sigma - 1} \right)^{-\sigma} \qquad (3-2)$$

A 产业的需求总量等于该行业所有企业的总销售 $H\mu = dpq$，所以：

$$q = \frac{H\mu}{dp} \qquad (3-3)$$

由式（3-1）、式（3-2）和式（3-3）得：

$$G = \left(\frac{\sigma \lambda}{\sigma - 1} \right)^{\sigma - 1} \cdot \frac{H\mu}{d} \qquad (3-4)$$

在总需求是意愿总需求的情况下，H = L，所以式（3-4）可变为：

$$G = \left(\frac{\sigma \lambda}{\sigma - 1} \right)^{\sigma - 1} \cdot \frac{L\mu}{d} \qquad (3-5)$$

该企业的利润为：

$$\pi = p \cdot q - \lambda q - g = \left(\frac{\lambda \sigma}{\sigma - 1} - \lambda \right) \cdot G \cdot \left(\frac{\lambda \sigma}{\sigma - 1} \right)^{-\sigma} - g$$

$$= \left(\frac{\sigma \lambda}{\sigma - 1} \right)^{(1-\sigma)} \cdot \frac{G}{\sigma} - g$$

当 MR = MC = P 时，厂商供给，消费者购买。此时均衡，没有利润，即：

$$G = g \cdot \sigma \cdot \left(\frac{\sigma \lambda}{\sigma - 1} \right)^{(\sigma - 1)} \qquad (3-6)$$

据式（3-5）和式（3-6），可得：

$$d = L \cdot \mu \cdot \frac{1}{g} \cdot \frac{1}{\sigma} \qquad (3-7)$$

式（3-7）中，d 代表 A 产业中纵向一体化公司的数量，L·μ 代表 A 产业的劳动力在 n 个产业中占的工资总额，其值会随着生产科学技术（如手工机械—蒸汽机—内燃机、电动机—核能动力）的发展而不断变小，这即是所谓的机器取代工人，科技越发达，劳动力工资所占的比例越会下降。所以科学技术生产力越发达，产业组织更易趋向横向一体化，这是因为生产性的科学技术生产力会促进企业规模经济的提高。为达到企业一定规模经济的需求，企业往往会兼并生产相同产品的企业。最终结果将是生产相同产品的企业数量越来越少，而其规模会越来越大。σ 为两个产业产品之间的替代弹性，σ 越小则 d 值会越大。这是因为 σ 越小越代表两个产业产品之间的替代弹性越小，即消费者偏好越趋于多样化，市场上只有提供样式、功能、种类繁多的产品才能满足顾客的需求。这样就会促使纵向一体化企业横向解体为更多的产品生产厂商，从而满足市场中顾客的多样化需求。

我们再来论证生产科学技术的发展和顾客需求的变化对跨国公司纵向一体化的影响。

假设 1：设某地区有 I 个产业，某产业 A 中有 u 个纵向一体化企业、v 个专业化生产中间产品的企业、w 个专业化生产最终产品的企业。

假设 2：设纵向一体化企业的成本函数为 $C_1 = q + K_u$，其中设其边际成本为 1；设专业化生产中间产品企业的成本函数为 $C_2 = q + k_v$，其中设其边际成本为 1；设专业化生产最终产品企业的成本函数为 $C = K_w$，因其只有固定成本。

假设 3：专业化生产中间产品的企业和专业化生产最终产品的企业必须合作才能完成最终产品的生产，但现实情况是并不是所有的专业化生产中间产品的企业或专业化生产最终产品的企业都能成功找到合作伙伴。设成功达成合作协议的有 n 对，则 $n \leq \min\{v, w\}$，专业化生产最终产品企业成功找到合作伙伴的概率为 $\xi(r) = n/v$；专业化生产中间产品企业成功找到合作伙伴的概率为 $n/w = \xi(r) \cdot v/w$。

假设 4：假设专业化生产中间产品企业和专业化生产最终产品企业合作生产了 q 单位的产品成品，设产品在市场上出售的单价为 p，则产品总收益为 pq，其中的 $s \cdot pq$ 部分分配给专业化产品生产中间企业，$(1-s)pq$ 部分分配给专业化产品最终生产企业。

假设 5：在专业化生产中间产品行业中，假设其劳动力成本为 $L_v = \alpha + \beta x_i$，如果设该市场中工人的工资率为 w_1，则有 $\beta \cdot w_1 \cdot s = 1$。

据保罗·克鲁格曼（1991）的研究，市场均衡时由专业化中间产品生产企业和专业化最终产品生产企业合作生产的产品价格可表示为：

$$p_w = \left(\frac{\sigma}{\sigma-1}\right)\beta w_1 = \frac{\sigma}{s(\sigma-1)} \qquad (3-8)$$

市场中的需求可用函数 $q_w = G \cdot p_w^{-\sigma}$ 来表示，得 $q_w = G\left[\frac{s(\sigma-1)}{\sigma}\right]^{\sigma}$

专业化生产最终产品的企业所分配的利润：$\pi_w = \xi(r) \cdot G \cdot (1-s) \cdot$

$\dfrac{\sigma}{s(\sigma-1)}\left[\dfrac{s(\sigma-1)}{\sigma}\right]^{\sigma} - k_w$

专业化生产中间产品的企业的利润：$\pi_v = \dfrac{\xi(r) \cdot v}{w} \cdot \dfrac{G \cdot s}{\sigma} \cdot$

$\dfrac{\sigma}{s(\sigma-1)}\left[\dfrac{s(\sigma-1)}{\sigma}\right]^{\sigma} - k_v$

当 MR = MC = P 时，厂商供给，消费者购买。此时均衡，没有利润，即：

$$\xi(r) \cdot G \cdot (1-s) \cdot \frac{\sigma}{s(\sigma-1)}\left[\frac{s(\sigma-1)}{\sigma}\right]^{\sigma} = k_w \qquad (3-9)$$

$$\frac{\xi(r) \cdot v}{w} \cdot \frac{G \cdot s}{\sigma} \cdot \frac{\sigma}{s(\sigma-1)}\left[\frac{s(\sigma-1)}{\sigma}\right]^{\sigma} = k_v \qquad (3-10)$$

解式（3-9）、式（3-10）可得 $G^* = \dfrac{k_v w\left[s(\sigma-1)\right]^{(1-\sigma)}}{sv} \dfrac{}{\xi(r)\sigma^{-\sigma}}$

对于纵向一体化生产企业，$\pi = pq - \lambda q - k_u = \dfrac{G}{\sigma}\left(\dfrac{\sigma-1}{\sigma\lambda}\right)^{(\sigma-1)} - k_u$，

生产均衡时，仍有利润为 0，所以有 $G^{*\prime} = \lambda^{(\sigma-1)} \cdot \dfrac{\sigma^{\sigma}k_u}{(\sigma-1)^{(\sigma-1)}}$

因 G 为产业满足的需求水平，因此，整个行业纵向一体化的程度可用 $\dfrac{G^{*\prime}}{G^*}$ 来表示，当这个比值越大的时候，表示整个行业纵向一体化的程度越小，反之表示纵向一体化的程度较大。

所以可得：

$$\frac{G^{*\prime}}{G^*} = \lambda^{(\sigma-1)} \cdot \frac{k_u \cdot \xi(r) \cdot v}{k_v \cdot w} \cdot s^{\sigma} \qquad (3-11)$$

式（3-11）中，$\lambda > 0$ 表示边际成本，如果生产成本的货币币值与当地的工资水平一致，则企业的成本函数为 $C = w(\lambda q + k)$，其中 w 工资，k 为固定成本，我们一般用成本产出弹性衡量规模经济，可计算成

本产出弹性为：$E_c = \dfrac{\Delta C/C}{\Delta q/q} = \dfrac{w\lambda\Delta q}{w(\lambda q + k)} \cdot \dfrac{q}{\Delta q} = \dfrac{q}{q + \dfrac{k}{\lambda}}$，式中 λ 越大，则 E_c 越大，规模经济越小，所以 λ 与规模经济成反比。当生产科学技术提高时，不但节省了劳动力的成本，而且提升了单位劳动时间内的效率和劳动产出，所以 λ 与生产科学技术的提高成反比，即当生产科学技术提高时，λ 下降，$\dfrac{G^{*\prime}}{G^*}$ 下降，企业纵向一体化程度提高。

式（3-11）中，s 为最终产品的收益分配给专业化中间生产商的比例，$s < 1$，所以 $\dfrac{G^{*\prime}}{G^*}$ 与 s^σ 成反比，即 $\dfrac{G^{*\prime}}{G^*}$ 随着 σ 的增大而减小。前面已经论述，σ 为两个产业产品之间的替代弹性，σ 越小越代表两个产业产品之间的替代弹性越小，即消费者偏好越趋于多样化，所以随着消费者偏好多样化的增加，$\dfrac{G^{*\prime}}{G^*}$ 将变大，代表企业纵向一体化程度变低，即企业进行纵向模块化分解并外包给外部的企业。

而信息技术革命也会使式（3-11）发生一些变化。首先，无论是对于专门中间商生产企业还是对于最终产品生产企业，信息技术降低了这些企业进行合作伙伴搜索的成本，并扩大了合作伙伴搜索的范围，所以提升了这些企业找到合适交易对象的概率，即 $\xi(r)$ 会随着信息技术的提升而提升；其次，信息技术由于可以提供给中小企业更多市场交易的信息，提升了中小企业选择合作伙伴时的容易度，从而在中小企业在与大型企业进行谈判时，降低了大型企业的收益分配谈判优势，提高了中间投入产品供应商在谈判中获得的收益比例 s，所以 s 会随着信息技术的提升而变大；最后，信息技术，如 ERP、物产需求计划（MRP）、思爱普（SAP）、JIT 等先进生产系统与库存、原材料管理系统的应用提升了中间商的供货及时性和对供货质量的把控能力，这降低了固定生产成本中的主要部分——企业管理成本。所以专业化产品生产商与纵向一体化厂商的固定成本之比 $\dfrac{k_u}{k_v}$ 将随着信息技术的提升而增加。因此可知，随着信息技术的提升，$\xi(r)$ 变大，s 变大，以及 $\dfrac{k_u}{k_v}$ 也会变大，这将使 $\dfrac{G^{*\prime}}{G^*}$ 变大，代表企业纵向一体化程度变低，即企业进行纵向模块化分解并外包给外部的企业。

由以上分析可知，生产性科学技术的发展会带来跨国公司的纵向与横向一体化，信息性科学技术的发展会使跨国公司进行纵向模块化分解，而消费者需求的多样化则会使跨国公司进行纵向和横向的模块化分解。在生产性科学技术的发展受到阻碍时，资本的转移使信息性科学技术得到了大力的发展，而社会的进步也带来了消费者需求的多样化，这些趋势都造成了跨国公司的纵向及横向模块化分解。

跨国公司在开始进行模块化分解时，为了保持自己核心业务的竞争力，会将非核心的辅助性业务模块化外包给国外其他公司，这其中既有实体制造业务模块，也有很多是生产性服务模块业务，如将后勤、财务、呼叫中心、研究开发、软件设计、经营管理、金融财务分析、办公支持、售后服务等外化为一个投资项目，再模块化外包出去。另外，原先有一些服务于跨国公司的战略合作生产性服务企业，为继续为跨国公司在新兴的海外市场提供配套服务，它们也会随着跨国公司生产性服务模块化外包业务的转移而转移业务。而在新兴海外市场，掌握当地顾客知识和新的生产性服务知识的当地服务企业也会不断地加入生产性服务产业链条，这将使跨国公司生产性服务外包价值链迂回变长、横向变粗。所以，当生产性服务模块接包商及实体制造模块接包商按照跨国公司设定的界面标准进行产品生产，并按相应的接口标准连接生产的模块产品时，一种以模块化外包与接包为基础，以跨越时空地理位置为特征，以能力要素为边界的全球"制造与服务混沌模块化网络"就形成了。它以跨国公司业务流程的模块化分解与解构作为基础，重新设计跨国公司价值链中的价值模块体系，各个子模块生产企业生产的子模块既具有标准化和统一性的特征，同时又具备个体创新性与整体价值链的最优化和组合创新性。在该网络中，除制造模块接包企业以外[①]，生产性服务的接包企业可以以能力区分为三种类型。一是跨国公司，即模块发包企业，也称为舵手企业，它是整个系统的集成商，由其将模块生产的任务发包给各个模块供应商，各模块供应商按照设计规则生产各模块，最终由舵手企业对各模块进行整合，生产出最终的产品。二是继续为

---

① 其实，全球"制造与服务混沌模块化网络"中的制造模块接包企业也可分为专用型模块供应商和通用型模块供应商，因本课题主要以中国生产性服务企业的竞争力提升作为研究核心，所以这里对制造模块接包企业并未广述。

跨国公司在新兴的海外市场提供配套生产性服务的原跨国公司战略合作伙伴，它们由于长期提供跨国公司所需的配套服务，对跨国公司所制定的界面规则的理解力较强，生产性服务模块的创新能力也较强，可以生产专用性强、具有某些特定功能的创新生产性服务模块，因此它们被称为专用生产性服务模块供应商。三是刚刚进入跨国公司"制造与服务混沌模块化网络"的新兴海外市场中的本土生产性服务企业，相比较于专用生产性服务模块供应商，它们的服务技术创新能力较低，对界面规则的理解成熟度也较低，因此，仅能生产通用标准的生产性服务模块，这种标准的生产性服务模块的通用性很强，它可以嵌入多个跨国公司的产品中，且生产这种模块的供应商所需具有的资产专用性也较低。

在整个网络中，跨国公司制定整个网络的设计规则，并且由其对整个系统的运作进行控制，所以它一般是整个"制造与服务混沌模块化网络"的领袖企业。在价值链的上游，它以某种形式界定顾客的需求知识；在价值链的下游，进行知识整合和组合创新。因此，跨国公司对整个行业供应链具有很强的控制能力。专用生产性服务模块供应商是指自身具有生产某些模块的专用知识，这些知识具有诀窍性，并不为其他模块供应商所共知，它们利用自身的"隐性规则"对产品进行知识创新增值，其生产的生产性服务产品模块具有较高的技术创新门槛，从而具有一定的市场竞争力，尤其是核心专用生产性服务模块供应商，其市场势力有可能与跨国公司非常接近。通用生产性服务模块供应商是指生产通用生产性服务模块的供应商，该类模块具有通用性，所使用的知识为多家模块供应商所共知和掌握，所以生产该类模块的附加值也较低。在整个网络中，该类模块供应商进入网络的难度比较低，且退出网络的门槛也较低。所以，在市场中处于竞争很激烈的状态，它们往往通过其经验与规模经济优势来进行竞争，因此，竞争力较弱。

3.2 "制造与服务混沌模块化网络" 发展的各阶段及其特点

由前面的分析可知，信息性科学技术及消费者需求的多样化会使跨国公司进行纵向和横向的模块化分解。在竞争加剧及消费者需求趋于个性化的前提下,大量生产性服务业务会以模块外包的形式从跨国公司内部分离出来,而接包的生产性服务企业以接包的形式嵌入跨国公司的价值链,使得价值链各处节点中的协作企业数量增加,价值链的层级结构也更加复杂。具体而言,全球"制造与服务混沌模块化网络"的形成可分以下几个阶段。

3.2.1　萌芽形成阶段

全球"制造与服务混沌模块化网络"的演化是一个由点到线,再到面的变迁过程。生产性科学技术的发展会带来跨国公司的纵向与横向一体化,当时的跨国公司内部集中了价值链环节的各个节点,生产性服务被固化为跨国公司行政权力治理下的企业内部分工环节,此时也并不需要外部的生产性服务交易市场。在跨国公司各个制造环节之间,生产性服务主要发挥生产润滑剂的作用,其需求和供给完全是自给自足式的。然而当跨国公司这种一体化模式扩大到一定程度之后,这种过于细化的分工方式会带来大量的成本增加,而此时信息技术的发展及消费者需求的变化也要求跨国公司进行纵向及横向的模块化分解,并逐步将非核心生产性服务分解并外包,转而关注自身的核心价值链环节。外包的生产性服务既可以是生产价值链的支持性活动,也可以是生产价值链的基本性活动。由此,独立接包的生产性服务企业开始出现,并以提供生产性服务的方式重新嵌入跨国公司制造价值链之中,起到经济推进器的作用。其原理如图 3-1 所示。

嵌入跨国公司制造价值链的生产性服务企业相比跨国公司类似职能部门有着更高的专业化水平,提供支持性活动的生产性服务企业在嵌入跨国公司制造价值链后,通过向制造价值链提供更高智力的推进器,即通过这种迂回生产的方式提高了跨国公司的资源配置效率。提供基本性活动的生产性服务企业在嵌入跨国公司制造价值链后,通过合并同类项及注入更多知识智力因素,从而提升生产效率。而跨国公司得以通过这种服务外包的方式进一步专注于自身的核心制造价值链环节,提高了本身的市场竞争力。

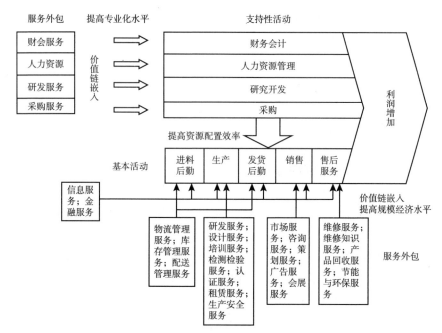

图 3 – 1　生产性服务嵌入跨国公司制造价值链示意

资料来源：笔者自行绘制。

从此，制造与服务模块化网络开始形成，其主要原理是跨国公司生产价值链条的迂回延长，通过分工细化增加协作，在增加了中间产品和服务数量的同时，降低了在跨国公司纵向一体化阶段所产生的规模不经济。

3.2.2　产生阶段

随着跨国公司生产性服务业务外包的进行，其价值链不同价值区段节点上的接包企业不断集聚，数量持续增加，从而触发价值链节点环节的动态孳生，使原有跨国公司价值链不同节点进化为"即插即用"的节点模块，这为"制造与服务模块化网络"的形成提供了组织基础。随着价值链节点之间的纵向重构与横向整合，最终使跨国公司价值链条上各环节序贯的上下游节点关系演化为空间网状关系。席林和圣仕玛（2001）及我国学者宗文（2011）也描述了这种过程的发生：在跨国公司进行生产性服务的模块化外包时，跨国公司紧密的纵向一体化结构会被耦合较为松散的模块化网络组织所取代，从而跨国公司的各个组成部分能够以一种非常灵活的形式联结起来。

一般而言，在进行生产性服务模块化外包之前，跨国公司会首先确定整个"制造与服务模块化网络"的设计规则，然后，跨国公司将生产性服务模块外包给外部不同的松散耦合模块供应商，各供应商必须在界面规则的约束下独立开展各自的活动，跨国公司不会对各生产性服务模块供应商进行过多的干预。在此阶段，因跨国公司在行业中的强势地位及双方合作中经验积累的缺乏，跨国公司与各生产性服务供应商之间的信息传递基本是单向流动的，即由跨国公司在对顾客需求及市场调研的基础上，预测顾客未来需求的种类、模式和数量，然后根据知识和信息及生产流程的要求确定设计规则并进行产品的模块化分解，并将分解后的生产性服务模块部分外包给外部的生产性服务供应商。各供应商独自进行接包的生产性服务模块设计，在各自的生产过程中，一旦环境发生了很大的变化，跨国公司需要对整个产品的开发思路重新进行调整，这时跨国公司需要并有权改变界面规则，而各生产性服务模块供应商只能接受规则。因此，此模式往往存在于"制造与服务模块化网络"发展的前期，更多的是实现的一种"分工"协同的作用，由于信息联系的单向性，创新的能力较低。其网络结构如图 3 - 2 所示。

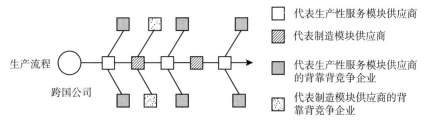

图 3 - 2 产生阶段"制造与服务模块化网络"结构

资料来源：笔者自行绘制。

产生阶段的"制造与服务模块化网络"具有以下几个特点。

（1）与跨国公司纵向一体化结构相比，产生阶段的"制造与服务模块化网络"已经是一种中间性组织，位于"看不见的手与看得见手"的握手地带，它内部的治理机制可以最大限度地减少买卖双方交易的不确定性。此网络内部的成员是独立经营的单位，根据资源和要素的比较优势承接相应的模块的生产与设计任务，各模块供应商之间的关系是以价格为基础的网络内部交易行为。这种交易体制将科层的层级控制转变为内部成员之间的合作与竞争。在科层制的管理体制下，权力结构刚性，层层的信息过滤，造成信息失真及内部成员对外部市场的变化反应迟钝。在此网络中，成员模块供应商是以核心能力要素为基础的模块化分工，成员企业具备异质性的资源，只需在界面规则的指导下即可利用自身的隐性知识进行创新，和科层制相比，与跨国公司的协调成本低，速度较快，对市场需求变化的反应更迅速。并且，只有在"淘汰赛"中获胜的企业才能具有选择价值，而这种获胜是以最终顾客需求的满足状况为导向的。由此可见，此网络中的激励制度设计是非常科学的，且激励的结果既减少了创新的不确定性，又是最终以顾客需求的满足为归宿的。

（2）产生阶段的"制造与服务模块化网络"是一种特殊的中间性组织，其特别之处就在于可以通过不同的模块供应商组合，增强整个"制造与服务模块化网络"的市场适应能力，这就是鲍德温·克拉克所说的"模块操作"，"制造与服务模块化网络"发展了，可以将原来的一些生产模块进一步分解外包给更多的模块供应商，或者去掉某个模块供应商之后再增加新的模块供应商，或者将用在这个领域的模块组织规则复制到其他领域，创造新的系统。熊彼特对创新的概念做出了理论贡献，用他的话来说创新就是"创造性地破坏旧的结合，实现新的结合"。通过"模块操作""制造与服务模块化网络"可以从组织上进行革新。从根本上来说，这种"模块化操作"的重组方式是一种能力要素的重新组合与分配，"制造与服务模块化网络"之间的竞争及网络内部成员模块的竞争促使了网络的不断发展，这种发展打破了"制造与服务模块化网络"的固有价值链，对价值链上的能力要素进行重新分配和有效整合。同时"制造与服务模块化网络"内模块供应商重组的过程也反映了内部各成员企业之间能力边界的交互变动过程，反映了承载能力要素的成员模块企业成长及衰退过程，成员企业的能力要素包括专门的隐性知识、品牌管理能力、市场开拓能力、服务不同顾客的诀窍，以及生产能力、研发能力、商业模式的创新能力等，"制造与服务模块化网络"不仅是构建一个把资本、知识、技术等组合在一起相互关系的系统，更重要的是它将每一个成员模块企业塑造成一个具有独特竞争力的自身进化模块，从而使"制造与服务模块化网络"成为能力要素不断进化的组织。在网络内部,通过"背靠背淘汰赛"的方式使成员模块与"制造与服务模块化网络""制造与服务模块化网络"与周围环境达到最佳的匹配。通过引入新的具有更大竞争力的成员模块企业,淘汰落后或能力衰退的成员模块企业,在成员模块企业之间形成互补与共同发展进步的竞争合作关系,增强对外部环境的应变能力。就像罗珉(2005)所认为的,在网络内部产生的隐性知识本身具有一种创造新知识的能力。这种新知识推动了"制造与服务模块化网络"功能结构的变化,同时"制造与服务模块化网络"内各模块供应商的能力要素构成和组合也随着环境的变化而变化,使得网络不仅能够适应环境的变化,而且能够完成自我创造的内在连贯性和多样性的进化。在此基础上,"制造与服务模块化网络"变成了一种具有自我生存、自我演化、自我进步的新型创新网络。

（3）产生阶段的"制造与服务模块化网络"能使跨国公司在价值层面提供有竞争力的产品并保持竞争优势,而这种优势就源于生产性服务在其价值链中的嵌入。接包的生产性服务企业通过嵌入跨国公司生产链条的某个环节,与跨国公司共同完成整个产品系统的生产。通过跨国公司的服务性制造、接包企业的生产性服务及终端顾客的参与协作,融合知识驱动型创新和顾客驱动型创新,实现分散化资源的整合和跨国公司价值链各环节的增值。跨国公司面向市场,及时了解顾客需求,对相应的满足顾客需求的产品进行模块化分解,分解为相应的模块,并将其中的生产性服务模块交付给相应的模块接包商进行生产,而生产性服务模块接包商在资源和要素比较优势的基础上进行生产性服务生产。最后,"制造与服务模块化网络"中的跨国公司根据消费者的个性化需求将实体产品和服务模块进行组合,形成差异化的产品,满足消费者个性化的多样需求。这种满足顾客个性化需求的措施之所以能以低成本方式实现,主要基于以下原因:第一,制造企业接包商可以进行大规模的制造业实体模块生产,从而实现了规模经济;第二,生产性服务模块可以在很多个实体产品里被组合,从而实现范围经济;第三,在满足个性化的需求时,实体产品模块和生产性服务模块之间又可以通过相互集成、相互增强,产生"1＋1＞2"的效果,从而最终形成集成经济。

3.2.3   发展阶段

当"制造与服务模块化网络"进化到发展阶段之后，会出现如图3-3所示的网络结构。表现为整个"制造与服务模块化网络"在跨国公司的协调下，各个生产性服务模块供应商依靠自身的"隐性规则"设计和生产各种生产性服务模块，并使所生产的模块符合跨国公司所确定的设计规则。在此阶段，当环境变化时，会体现出跨国公司与各生产性服务供应商之间更多的互动交流。这是因为随着生产性服务供应商对"制造与服务模块化网络"中设计规则理解得日益深入，尤其是它们之间及它们与跨国公司之间通过知识溢出所表现出来的学习效应，这些都使它们的服务生产能力不断提升。

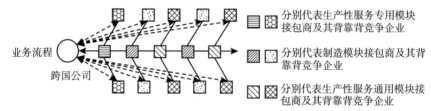

图3-3   发展阶段"制造与服务模块化网络"结构

资料来源：笔者自行绘制。

由于各生产性服务模块供应商自身的资源及占有的供应链战略环节的不同，组织学习的结果会造成它们之间层次的分化，这其实也是一种自然选择的结果，是为了使整个"制造与服务模块化网络"进行更加有效的产品生产，结合各生产性服务模块供应商的资源和能力所进行的一种自然选择分工。应当说"制造与服务模块化网络"内部各生产性服务模块供应商之间的分工是提高整个网络竞争力的重要途径：一方面，这种分工降低了该网络的管理成本和监控成本；另一方面，通过分工可以更好地关注顾客需求，提供给顾客更多的超越顾客满意的价值，企业自身也通过满足顾客的需求而获得了更丰厚的利润。最终"制造与服务模块化网络"形成了三大类成员：跨国公司、通用生产性服务模块供应商和专用生产性服务模块供应商。对于跨国公司而言，它是对整个"制造与服务模块化网络"进行需求定义和需求整合的企业，是整个

"制造与服务模块化网络"的系统设计商。它通过需求定义与需求整合来发挥其在整个系统中的指挥与协调作用；通用生产性服务模块供应商则是指利用规模经济、学习曲线等提升生产效率，从而生产具有劳动密集型特点的生产性服务产品的供应商；专用生产性服务模块供应商是指在显性规则的指导下，利用自身内部的"隐性知识"对跨国公司所定义的顾客需求进行"背靠背"创新的服务模块供应商，这种专用生产性服务模块供应商内部的独立知识创新可以改变整体系统的功能，从而更容易生产出创新性的产品。当然对于跨国公司制造价值链环节的外包也会形成制造环节的专用和通用的模块供应商，它们和生产性服务的模块供应商之间的关系呈现出在跨国公司价值链环节上的相互连接关系，如图3－4所示。

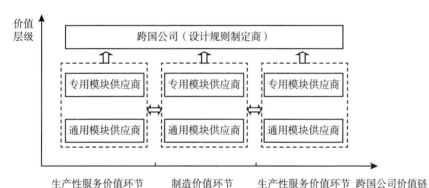

图3－4　全球"制造与服务模块化网络"中模块供应商之间的关系

资料来源：笔者自行绘制。

在"制造与服务模块化网络"内部各成员企业之间既要通过共同的网络平台共同享有资源，共同成长和进步，另外，它们之间也存在着相互竞争的关系，这就是青木昌彦（2001）所说的"背靠背"竞争模式。其实竞争并不仅局限在模块供应商之间，而且存在于模块供应商与跨国公司之间。竞争的范围包括网络界面规则、接口标准等各方面的竞争。竞争能优化设计规则，改进模块性能，降低模块生产成本。同时，竞争也是"制造与服务模块化网络"进行创新的一种重要手段，通过产生"选择价值"而保证了创新结果的循环增值，在很大程度上提高了创新程度。整个"制造与服务模块化网络"的掌控者，即跨国公司，通过对市场机会的分析，选择和自身网络资源相匹配的顾客需求，一旦这种需求被跨国公司以某种形式界定下来，就结束了"选择价值"阶段，进入"创造价值"阶段。需求价值创新的战略首先传递给专用生产性服务模块供应商，专用生产性服务模块供应商在"显性规则"的指导下，充分利用自身内部的"隐性知识"对顾客需求进行第一次知识创新增值。其次，需求价值创新的战略再传递到通用生产性服务模块供应商，通用生产性服务模块供应商通过其经验与规模经济优势使需求价值进一步增加，最终回馈到跨国公司。跨国公司经过整合与组合创新，相应的价值再一次得到增值，从而完成整个"制造与服务模块化网络"的"创造价值"阶段。最后，跨国公司集聚整个网络优势，通过公共关系、销售促进、广告等市场沟通策略和手段使最终增值的价值顾客化，从而结束"沟通价值"阶段，完成整个网络中创新知识的增值过程。更为重要的是，"制造与服务模块化网络"中价值增值的运作过程，并不仅表现在单次运作过程中，更体现在"制造与服务模块化网络"从产生至消亡的整个历史过程中，"制造与服务模块化网络"都可以利用已有的技术平台，保留住核心知识库，即利用生产性服务模块供应商升级与更新创造新的知识，增强了而不是破坏了原有的知识，这将使整个网络的知识以几何基数成倍放大。

通过产生阶段"制造与服务模块化网络"内跨国公司与两种模块供应商之间的互相学习及相互竞争，它们之间的相对位置会形成类似于"微笑曲线"这样的一种位势结构。"微笑曲线"是由中国台湾宏基集团创始人施振荣先生提出，并在 IT 业成功应用。"微笑曲线"揭示了一个现象：整个"微笑曲线"呈抛物线状，抛物线代表整个行业的价值链，在整个抛物线的左边，就是在行业价值链的上游环节，在这些环节生产产品的附加值较高，且随着向价值链上游延伸，附加值会越来越高；在整个抛物线的右边，即行业价值链的下游环节，随着品牌建立、销售渠道的建立，生产产品的附加值也会随着行业价值链向下游延伸而越来越高；在抛物线的中间部分，是劳动密集型的制造、装配环节，生产环节的这个部分所需的技术含量较低，产品附加值在整个抛物线中是最低的。波兰尼将知识分为编码知识和隐性知识（默会知识），编码知识分为嵌入编码知识和非嵌入编码知识，默会知识又分为客观默会知识和主观默会知识。通过前面"制造与服务模块化网络"中跨国公司及两类模块供应商的情况分析可知，跨国公司位于整条价值链的两端，在价值链的上游，以某种形式界定顾客的需求知识，在价值链的下游，进行知识整合和组合创新。无论是顾客需求知识的界定，还是对最终的知识进行整合或组合，无疑都需要主观隐性知识，其所创造的知识也是属于企业的嵌入性知识，该类知识对创新的贡献主要是通过组合正反馈与网络整合来实现的，可获得彭罗斯租金，是整个价值链中最赚钱的部分。对于专用生产性服务模块供应商而言，通过利用自身的"隐性知识"对顾客需求知识进行第一次创新增值，该隐性知识属于客观隐性知识（由背靠背竞争的特性所决），该类知识对创新的贡献主要是使专用生产性服务模块供应商之间的并行创新能产生更大的选择价值，可获得熊彼特租金，是整个价值链中次赚钱的部分。对于通用服务模块供应商而言，通过其经验与规模经济优势使顾客需求知识的价值进一步增加，其所使用的知识大部分属于显性知识、非嵌入性编码知识和极少量的客观隐性知识（与提高熟练程度的经验有关），该类知识对创新的贡献主要是经验与规模经济优势，仅能获得李嘉图租金，是整个价值链中最不赚钱的部分。它们所组成的微笑曲线如图3－5示。

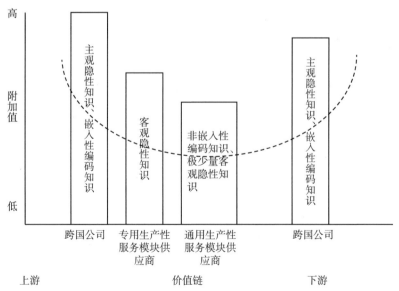

图3－5　"制造与服务模块化网络"中生产性服务企业的"微笑曲线"

资料来源：笔者自行绘制。

3.2.4 成熟阶段

在"制造与服务模块化网络"发展的成熟阶段,表现为跨国公司的外包价值链变得越来越长和越来越厚,即全球各地参与的接包企业越来越多,竞争也变得越来越激烈。在行业中,此时也不仅仅只存在一个"制造与服务模块化网络",在"制造与服务模块化网络"中不仅生产性服务(或制造)通用模块接包商和生产性服务(或制造)专用模块接包商有多个活动主体,同时也存在着多个跨国公司发包商,即存在多个舵手企业,它们之间同样也存在着非常激烈的竞争,其结构如图 3-6 所示。

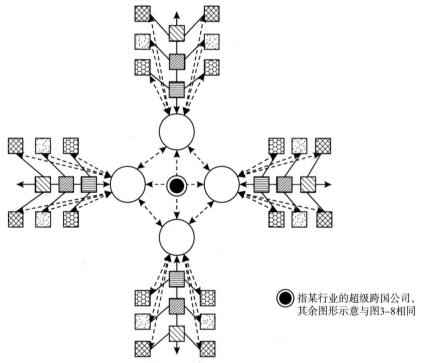

图 3-6 "制造与服务模块化网络"发展成熟期结构

资料来源:笔者自行绘制。

此时,跨国公司作为某个"制造与服务模块化网络"的舵手,它必须充当该网络未来发展的引路人。在跨国公司所处的某个"制造与服务模块化网络"中，在跨国公司与各模块接包商互动的过程中，会产生各类知识的扩散与转移，跨国公司会将先进的管理知识、技术开发知识、产品生产知识等溢出到整个网络系统，网络中的各个模块供应商也会把从自身环境中所反馈过来的异化的知识和信息进行比较和筛选之后，再反馈给跨国公司。当然在各模块供应商之间也有相关的信息交流和知识溢出。于是，通过这种知识产生、转移与扩散、共享、整合，使整个系统的界面规则、接口标准、结构等不断地被筛选，从而在与别的"制造与服务模块化网络"竞争中立于不败之地。下面具体分析知识产生与整合的过程。

波兰尼（Polanyi，1962）将知识分为显性知识（或称编码知识）和隐性知识两大类，在"制造与服务模块化网络"中，界面标准、结构等是看得见的设计规则，又称为明确的规则，是"制造与服务模块化网络"中的显性知识。存在于模块供应商内部的知识，即有关特定的模块生产技术与诀窍，是隐藏在模块供应商内部的隐性知识，它仅存在特定的模块供应商内部，是不为其他网络成员所共知的部分，根据这些隐性知识所做出的决策，可以被替代或事后再选择，同时也没有必要和该模块供应商以外的其他模块供应商所共享。

1. 知识产生阶段

"制造与服务模块化网络"内部的知识共有三类：显性知识、隐性知识和半隐性知识。其中显性知识的产生，即整个"制造与服务模块化网络"设计规则中的界面、标准、结构等知识的产生过程。这一类知识的产生需要经过社会化、外部化和整合化三个过程，社会化的过程是"个体隐性知识"到"双方隐性知识"的转化过程，因跨国公司产品生产流程之间具有较强的序贯性，生产性服务模块供应商和跨国公司价值链上下游的成员企业联系较为紧密，而生产性服务又具有较强的无形性及企业与顾客双方的主观参与性，在生产产品的过程中，跨国公司价值链上下游的企业会共同参与特定生产性服务产品的生产。而生产性服务模块化产品的接口标准在规范性上要远远低于实体的制造业产品，这些就决定了：第一，上下游的生产企业的多次合作（有可能是生产性服务企业与制造企业的合作，也有可能是生产性服务企业与生产性服务企业的合作）会形成二者之间配合得更加默契，隐性知识会在两者之间传递；第二，两者之间所传递的隐性知识有些是只适合此上下游企业的，有些是可与跨国公司价值链其他环节企业共享的。这种社会化的过程是跨国公司价值链上下游企业之间分享隐性知识的过程，它是由二者之间互相支持所决定的。外部化过程是挖掘隐性知识并将其发展成显性化的过程，在跨国公司价值链上下游成员企业之间互通的隐性知识，有一部分也是会适用于跨国公司价值链其他环节企业的，这一部分知识，会被跨国公司发掘，并与原来跨国公司所制定的界面规则进行整合，并交付于其他模块接包商试用，即完成了隐性知识的外部化和整合的过程，该过程同时也是隐性知识显性化的过程。

2. 知识转移与扩散阶段

知识转移与扩散的过程中，转移方的转移动机和能力、接受方的接受动机和能力、转移本身的渠道等是至关重要的（Štrach & Everett，2006）。而成熟阶段"制造与服务模块化网络"的模式非常有利于知识的转移和扩散。首先，"制造与服务模块化网络"内部的各个模块供应商作为整个网络的一个成员节点，它们在长期的合作、协调与交往过程中，形成相似的价值观和企业文化，这些可为网络间知识的流动降低转移成本；其次，"制造与服务模块化网络"内部有跨国公司的协调、设计规则的支持，这些机制在一定程度上克服了知识转移的黏滞性，因而在网络内部更容易传递和转移知识；再次，在模块供应商之间的知识转移多是水平式的，水平式的知识转移方式与层级式的知识转移方式相比，具有传递信息迅速、信息失真少等特点，无形中增强了知识转移的准确性和及时性；最后，整个"制造与服务模块化网络"中的模块化操作，如模块供应商的分离、替代、去除、增加、归纳和改变等，会为整个网络带来新的知识，保证了模块供应商内部隐性知识的更替及设计规则更趋合理性。

3. 知识共享阶段

"制造与服务模块化网络"的知识共享是指在该网络内部，成员企业分享与利用网络内的知识资源。各模块供应商在"制造与服务模块化网络"中的知识共享有以下动因：第一，对舵手企业即跨国公司来讲，跨国公司与成员企业之间的知识共享可以增进相互之间的信任，增加成员企业对它的知识、技术、能力等资源的依赖，增强协作能力，从而加大对外部环境变化的适应性，提高"制造与服务模块化网络"的凝聚力和创造力。第二，对于模块供应商而言，它们与"制造与服务模块化网格"中其他成员之间的知识共享可以检验自身所拥有的知识的含金量，提升在与上下游合作伙伴合作时的地位，使自身成为整个价值链的战略环节，从而在利益分配、对上下游节点的影响与控制方面占有更多的优势。

4. 知识整合阶段

知识整合阶段可分为两个层次：第一个层次是"制造与服务模块化网络"内各成员企业间知识的整合，即知识从跨国公司对顾客需求的定义开始，然后由专用模块供应商利用自身"隐性规则"进行第一次知识增值，再由通用模块供应商利用其规模经济与经验进行第二次知识增值，最后由跨国公司进行最终的知识整合，完成整个的知识循环与市场需求的相互对接。第二个层次是隐性知识与显性知识之间的相互整合，即通过编码化的方式将各模块供应商已有的隐性知识及它们之间互动所产生的大量新知识进行显性化，跨国公司通过对这些分散的知识信息进行处理，使单一的（有时是多数的）模块供应商之间的联系规则不断被筛选，从而进化发展。

前面分析了在成熟阶段"制造与服务模块化网络"内部的知识产生与整合的过程，一方面，会激发"制造与服务模块化网络"内部的各模块供应商，促使它们不断突破原有的创新路径，从而化解了整个"制造与服务模块化网络"创新路径依赖的风险；另一方面，"制造与服务模块化网络"中的跨国公司也会从知识的产生与整合过程中获取新的设计规则知识，从而应用在整个界面规则、结构与标准的更新之中，使整个"制造与服务模块化网络"的设计规则在保持相对稳定性的同时，保持创新和不断进取的动态性，克服了"制造与服务模块化网络"创新能力刚性的"陷阱"。当然，由于在整个行业中，各个"制造与服务模块化网络"所占有的资源和能力是不同的，在成熟阶段的知识产生与整合过程中，有的"制造与服务模块化网络"中的跨国公司学习能力和整个网络的知识流动与整合速度较快，因此，该"制造与服务模块化网络"会在行业中的地位逐渐攀升；而有些"制造与服务模块化网络"中的跨国公司学习能力和整个网络的知识流动与整合速度较慢，则它们在整个行业中的地位就会逐渐下降，它们的生存空间也会越来越小，最后，这些生存空间变小的"制造与服务模块化网络"中的跨国公司会被迫接受占有更多行业价值链战略环节的"制造与服务模块化网络"中的设计规则，它们的"制造与服务模块化网络"进而退化为对方的一个子网络。当更多的子网络聚集在占有优胜者周围的时候，优胜"制造与服务模块化网络"中的跨国公司就变成了某行业的超级跨国公司，其地位如图3-6所示，从而微笑曲线也变成了图3-7所示的形式。

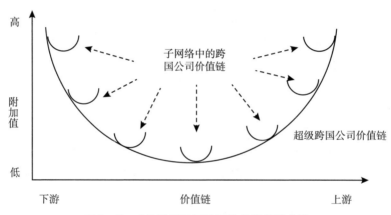

图3-7 成熟阶段跨国公司价值链微笑曲线

资料来源：笔者自行绘制。

3.2.5 小结

嵌入跨国公司价值链的生产性服务企业相比跨国公司类似部门的职能有着更高的专业化水平，在嵌入外包供应商所提供的生产性服务之后，跨国公司价值链获得了更多的智力资源。其机理是通过价值链的迂回生产，间接提高了跨国公司价值链之中的知识资本水平和人力资本水平，不但提升了跨国公司生产产品的创新能力，而且通过合并同类项获得了规模经济，提高了生产效率，降低了产品的价格水平。这些都有助于跨国公司竞争力的提升，并促使跨国公司进一步专注于核心价值链环节，将不擅长的生产性服务业务外部化。跨国公司制造业与生产性服务业通过产业链的相互渗透与融合，形成供需循环的内在联动机制。这造成了生产性服务业向跨国公司制造业的渗透和制造业向生产性服务业的延伸，从而形成"制造与服务模块化网络"。这种网络的形成是基于制造价值链与生产性服务价值链的融合，能带来巨大的经济效益。

随着跨国公司生产服务外包的不断进行，外包的种类不断增加，外包的数量也在持续扩大。按照斯密定理，当对某一类产品的需求扩大到一定程度时，各种专业化的生产者就会出现。因此，随着市场范围的扩大，生产性服务接包商之间的分工和专业化程度也在不断提高，出现了通用生产性服务模块供应商、专用生产性服务模块供应商，这有效提升了生产性服务业的升级。而生产性服务业中的知识智力资本、人力资本和服务效率的提高，又会促进跨国公司制造业的发展，促进制造业的升级。而制造业的升级又会产生更多数量的生产性服务外包需求，从而使"制造与服务模块化网络"过渡到成熟阶段。以此，制造业升级和生产性服务业的升级进入一个积极的正循环模式，其机理在于生产性服务模块嵌入跨国公司价值链，这提高了第三产业在产业布局中所占的比重。同时，生产性服务模块具有高知识、高信息技术、高创新等特点，当生产性服务中的知识资本、人力资本向跨国公司制造价值链嵌入时，会使跨国公司价值链的弯曲度改变，实现价值链的软化，促进产业升级，如图3-8示。

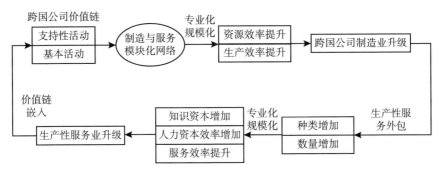

图3-8　跨国公司制造业升级和生产性服务业升级之间的互动关系

资料来源：笔者自行绘制。

3.3 "制造与服务模块化网络"的混沌性分析

3.3.1 混沌系统的理论

虽然从 20 世纪中期就已经开始对混沌问题展开了研究，但到目前为止，学者们对混沌仍未达成一个公认的定义。一般可以认为，混沌是在确定性的基础上产生的具有无规则和随机性特点的现象。德瓦尼（Devaney，1986）假设在一个测度空间 T 中，存在一个映射：f：T→T，如果这个映射能满足以下条件，则该映射可以认为是混沌的（Devaney，1986）：

（1）如果 $\delta > 0$，那么对于任何 $x \in V$ 与任何 $\varepsilon > 0$，x 的 ε 邻域 E 范围之内具有 y 及 n（n 为自然数），满足条件 $d(f^n(x)，f^n(y)) > \delta$。

（2）对 V 上的任意开集 X 与 Y，存在 $k > 0$，$f^k(X) \cap Y = \Phi$。

（3）f 的周期点集在测试空间 V 范围内表现出稠密特征。

上述定义表明，混沌系统在分解时，是无法分解为相互之间没有任何关系的子系统的。混沌系统并不是一种完全的无序，它本身具有一些规律性的表现，上述定义中的周期点稠密就表明了这种特征。

混沌系统的特征可以概括为以下三个方面。

第一，内在随机性。在短期时间内混沌系统的演化过程具有规律性，而在更长时期内，系统会呈现随机性的特征，这是因为系统内在不确定性的长期作用所导致的。

第二，初值敏感性。不同的系统起始初值，将通过持续演进使系统的发展具有不同轨迹。

第三，有序性。从外部表现来看，混沌系统看似是随机波动的、毫无秩序的，但其实混沌系统内部仍然是有序的，是一种无序之中的有序，它体现了矛盾的对立与统一，有序性是在混沌系统的随机波动之中体现出来的。

3.3.2　"制造与服务模块化网络"的混沌性

从前面的 3.2 节中我们可以了解"制造与服务混沌模块化网络"发展的阶段历程，而这些阶段历程也揭示了"制造与服务模块化网络"的混沌特性。

（1）"制造与服务模块化网络"中跨国公司与各接包的模块供应商之间的关系表明该网络是一个确定性的复杂非线性系统。混沌性并不是由外部的随机干扰因素干扰系统产生的，它的产生原因是系统内部的一些非线性因素，或者被认为是系统本身随机的非线性波动所产生的。随机性是无规律的、很难准确预测的行为。混沌理论对混沌特性的研究表明，当一个非线性因素存在于一个确定系统之中的时候，当这个非线性因素产生扰动时，系统就会产生内在随机性，但这种随机性是在一定控制参数范围内波动的，所以可以称为是确定性的混沌。在"制造与服务模块化网络"中跨国公司是发包商，其制定了整个网络系统的设计规则，接包的各生产性服务模块供应商只有按照网络的设计规则进行运作，才能嵌入该网络系统之中，因此可以认为设计规则的存在使该网络成为一个确定性的系统。但是在该系统中存在非线性因素，这主要是由生产性服务模块的特性决定的。众所周知，生产性服务具有无形性、过程参与性、效用评价的主观性等特点，这就使生产性服务模块供应商与价值链上下游的合作者之间（上下游的合作者可能是其他的生产性服务模块供应商，也有可能是制造模块供应商）的耦合标准不是一个确定的、标准化的标准，在这一点上与制造企业的模块化网络存在根本性的区别。这种耦合标准虽然也具有一定的规范，因为生产性服务产品无法完全标准化以及上下游合作双方对生产性服务产品的主观感受、价值观、对满意度的期望值等有所不同，所以这些因素就造成了生产性服务产品供应商的接口标准会在一个固定标准上下范围之内进行浮动，而不仅仅是一个单一的客观标准。且这种浮动是无规律性的，可以认为是一种非线性的扰动因素。因此可知，"制造与服务模块化网络"是一个在确定性系统之中具有非线性因素的混沌系统。

（2）"制造与服务模块化网络"具有对网络初始条件的敏感依赖

性。混沌系统的另外一个特征是系统的长期行为与系统开始发展时的初始条件具有很大的关联，这种情况被称为初始条件的敏感依赖性。也就是说，"制造与服务模块化网络"将敏感地依赖于初始条件。如果同一个"制造与服务模块化网络"从两个差值非常小的初始值开始发展，在刚开始发展时，二者之间的差别并不大，但随着时间越来越长，二者之间的差别也会越来越大。这种初始条件就是跨国公司所制定的设计规则，在最初开始时，即使设计规则有比较小的差异，那么在"制造与服务模块化网络"长期发展的过程中，因不同的设计规则将决定有不同类型的生产性服务企业嵌入该网络中，在跨国公司与不同类型的生产性服务供应商长期作用下，以及生产性服务模块供应商与上下游的合作者长期合作过程中（前面已分析，此时存在非线性参数的作用），网络中具有的溢出知识也会变得不同。因为设计规则也不是一成不变的，"制造与服务模块化网络"中的跨国公司也会从知识的转移与扩散中获取新的设计规则知识，从而应用在整个界面规则、结构与标准的更新之中，所以溢出知识的不同也会使设计规则之间的偏离进一步加大，在这种正反馈的作用之下，久而久之，初始条件的微小差异将造成最终结果的差别非常大。虽然系统在发展的初始阶段，初始值的较小差别造成的结果差别非常小，但随着时间变化，这种差别会被不断放大，最终导致系统结果之间的巨大差别，这就是混沌系统发展的初值敏感依赖性。因此，我们从"制造与服务模块化网络"的演进进程可知，跨国公司的存在是"制造与服务模块化网络"形成的必要条件，跨国公司本身各方面条件所凝聚成的制定合理的设计规则能力是影响"制造与服务模块化网络"演进路径的重要因素。

下面我们运用系统动力学理论对"制造与服务模块化网络"的混沌性进行进一步的论证。

在"制造与服务模块化网络"中存在着维持网络正增长与负增长的两种因素，即鼓励因素和抑制因素。鼓励因素是嵌入"制造与服务模块化网络"中可以获得其中各种知识的溢出，使嵌入企业利用网络平台加快发展速度，获得更好的企业绩效，此鼓励因素会吸引各种生产性服务企业嵌入"制造与服务模块化网络"之中，使网络成员数量不断增加；抑制因素是生产性服务模块供应商之间"背靠背"竞争的淘汰赛，一些企业如果无法在选择性价值的竞争中胜出，则会被淘汰，此抑制因素将会使网络成员数量减少。经过一定的数学抽象和变换后，我们可以用以下方程来表示：

$$\frac{dX(t)}{dt} = uX(L - X) \qquad (3-12)$$

式（3-12）中，$X(t)$ 代表 t 时刻"制造与服务模块化网络"中的企业数目，u 代表跨国公司的凝聚能力，L 是"制造与服务模块化网络"能够容纳的最大企业数目。假定第 t 时间内网络中企业数为 N_t，则 N_t/L 为第 t 时间内的相对企业数。显然，相对企业数的最大值就是 1。以此可以得出更为简洁的 logistic 函数方程，即：

$$x_{t+1} = ux_t(1 - x_t) \qquad (3-13)$$

式（3-13）中各量的取值范围为：$t = 1, 2, 3, \cdots, \infty$；$x_t$：$[0, 1]$；$u$：$[0, 4]$。$u$ 为控制变量，代表跨国公司的凝聚能力，可以以设计规则来表示。"制造与服务模块化网络"形成的前提是占有行业价值链战略环节地位的跨国公司存在，它必须具有制定适当设计规则的能力，以吸引更多的生产性服务模块供应商进入该网络。设计规则 u 有三种能力：一是吸聚能力，可以吸引更多的企业进入网络；二是扩张功能，不断沿行业价值进行纵向和横向的扩张；三是自组织能力，即沿着发包链条将设计规则依次传递下去的能力。在上述方程中，u 的取值为 $[0, 4]$，因 $u > 4$ 之后方程会出现发散现象，也就失去了意义。

可以得出其解析为：

$$x(t) = \frac{x(0)}{x(0) + (1 - x(0))e^{-ut}} \qquad (3-14)$$

从式（3-14）中可以看出当"制造与服务模块化网络"长期演化时，即当 $t \to \infty$ 时，$x(t) \to 1$，这表示具有设计规则的"制造与服务模块化网络"不可能无限膨胀下去，当达到一定程度时，交易和管理成本的上升及规模不经济性将使该网络维持在一个极限值之下。

式（3-14）是一个非线性系统动力方程，方程的解随 u 的变化而变化。下面我们通过编写的 Matlab 程序来观察当 u 为不同值的情况下 x_t 与 n 的关系。

先画出当 u 取固定值时（比如假定 $u = 0.82$），x_0 为 $[0, 1]$ 之间的随机值，迭代次数设为 300 次时的变化趋势，即 $x_t - n$ 图，Matlab 画出的图如图 3-9 所示。另外，我们也可以用迭代图来画出 x_t 和 n 的关系，当 u 作为一个确定的数值时，以式（3 - 13）中的公式做映射函数，画法如下：首先，做出 y = x 这条直线作为映射的基，这是因为我们要把上一次的迭代结果作为下一次迭代的输入值；其次，通过映射函数在 y = x 上做投影，第一次的投射为初值 x_0，然后依次类推，通过交替做横线和竖线从而实现一直不断的迭代。从而得出 x_0，x_1，x_2，x_3，…，x_i，…，其中 x_i 就形成了点的轨迹。图 3 - 9 的四幅图中，左边两幅是 $x_t - n$ 图（左上图的 x_0 约为 0.35，左下图的 x_0 约为 0.18），右边两幅是映射迭代图。从图中可以看出，当初值不同时，系统经过一段时间的发展将趋于一个稳定的点，这个点即是原点。

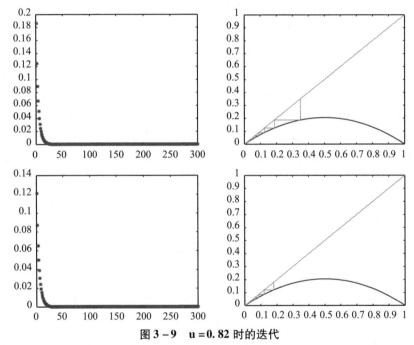

图 3 - 9　u = 0.82 时的迭代

资料来源：笔者测算所得。

当改变 u 的取值为 1.82 时，系统迭代图变为图 3 - 10 所示。系统经过一定次数的迭代后趋向于另一个稳定的收敛点，约在 0.444 附近。即无论系统取什么样的初值，一般都会趋于一个稳定的点 0.444 左右。

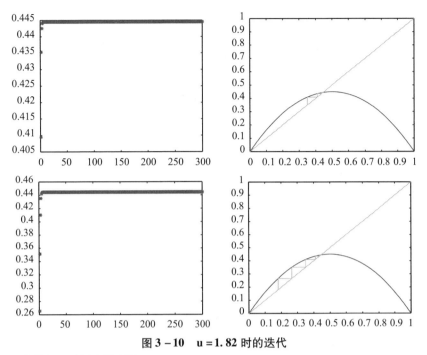

图 3 - 10　u = 1.82 时的迭代

资料来源：笔者测算所得。

如果继续增大 u 的值至 3.17，当系统进行迭代时发现 x_t 不再是一个稳定的平衡值，它不断在两个稳定数值之间波动（0.80 与 0.52）。这说明系统的非线性特征开始显现。反映到实际意义上，即"制造与服务模块化网络"开始出现 2 倍周期的波动（见图 3 - 11）。

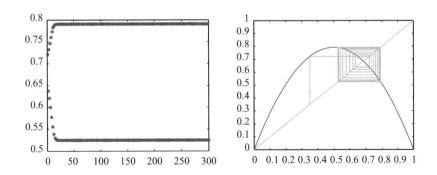

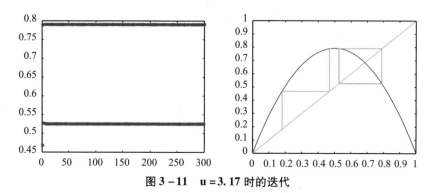

图3-11 u=3.17时的迭代

资料来源：笔者测算所得。

　　如果继续增大u的值至3.47，此时系统经过一定次数的迭代后表现为在4个稳定的值之间波动，反映到实际意义上，即"制造与服务模块化网络"开始出现4倍周期的波动（见图3-12）。

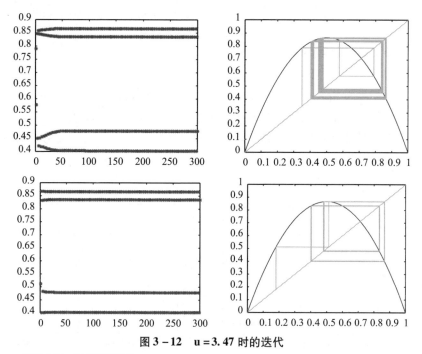

图3-12 u=3.47时的迭代

资料来源：笔者测算所得。

如果继续增大 u 的值至 3.67，系统经过一次次的迭代后，没有趋向可观察到的稳定点，看到的结果类似杂乱无章的随机分布点（见图 3-13）。

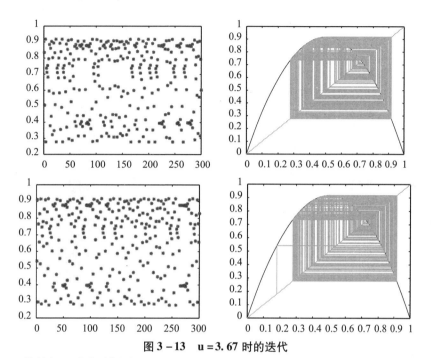

图 3-13　u = 3.67 时的迭代

资料来源：笔者测算所得。

可见在上述一系列的图示中，系统的迭代结果及收敛值都与 u 有很密切的关系，那么 x_t 和 u 之间存在一个什么样的关系，我们通过 Matlab 运算可以得出它们之间的关系，如图 3-14 示。

从图 3-14 中可以看出，在 u∈（0，1）时，系统经过一次次的迭代之后是收敛的，会趋于一个稳定的平稳点 0 点。在 u∈（1，3）时，系统经过一次次的迭代后也是收敛的，但会趋于一个非零的稳定值。在 u∈（3，3.5699）时，系统经过一次次的迭代后开始出现倍周期分岔情况，其中在 u∈（3，3.449）时，系统迭代为 2 倍周期分岔，在 u∈（3.449，3.544）时，系统迭代为四倍周期分岔……当 u 值不断变大时，分岔呈 2 倍周期增加，混沌程度逐渐增加，所以可以看出在 u∈（3，3.5699）的范围内，不论初值 x_0 是多少，经过一次次的迭代之后，系统的稳定值将在 2，4，…，2n 种可能性状态中跳跃。随着 n 的越来越大，随机性越来越大，在此范围空间，虽然当 n 大到一定值时，系统接近呈现无序的随机运动状态，但可以看出其实是无序中呈现的有序，其有序范围仍不会脱离 2n 倍周期分岔。在 u 达到 3.5699 时，分岔周期变为∞，表现为极大的随机性，此时可以认为系统进入了完全混沌状态。

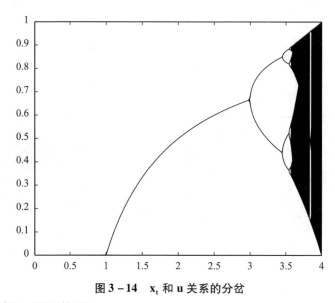

图 3 – 14 x_t 和 u 关系的分岔

资料来源：笔者测算所得。

如前所述，u 为控制变量，代表跨国公司的凝聚能力，可以其制定的设计规则来表示。当 u ∈（0，1）时，表明跨国公司制定的设计规则较差，无法在"制造与服务模块化网络中"吸聚到优秀的生产性服务企业，那么在这种条件下，即使暂时会吸引一些生产性服务企业嵌入跨国公司价值链条，但是此时 x_t→0，也就是说最终"制造与服务模块化网络"是会趋于消亡的。而当 u ∈（3.5699，4）时，分岔周期变为∞，跨国公司"制造与服务模块化网络"进入了完全混沌状态。此时，初值的微小差异，经过若干次迭代后的结果可谓相差万里，这就是初值的敏感性。这也说明当跨国公司制定的设计规则太强时，对接包的生产性服务企业的约束过多，前面已经分析到由于生产性服务具有无形性、过程参与性、效果评价的主观性等特点，因此生产性服务企业与上下游接口企业之间的接口标准必须在一定的标准范围内进行浮动，而过强的设计规则会制约接口标准的浮动，当接口标准无法正常浮动时，则网络内这种非线性因素的影响力就会加大，从而使"制造与服务模块化网络"的发展稳定性大打折扣，出现呈现 2n 周期波动状态。在极端情况下，过强的设计规则将接口标准固定在一个极小的范围内或向一个固定值无限趋近时，"制造与服务模块化网络"的发展前景呈现完全的不稳定，即完全混沌状态；而当 u 保持一个适当的值时，比如 u∈（1，3）时，此时跨国公司制定的设计规则松紧度适中，接包的生产性服务企业既可有效利用"制造与服务模块化网络"中的平台资源，又有一定的接口标准活动自由度，此时设计规则下生产性服务模块供应商与上下游合作者的接口标准达到了很好的匹配，网络得以稳健发展；当 u∈（3，3.5699）的情况下，u 越偏离 3，则说明跨国公司制定的设计规则越强，所给出的生产性服务企业接口标准空间余地越小，因此网络开始出现不稳定性，呈现 2 倍、4 倍、6 倍……的周期分岔。因此，可以看出，跨国公司应制定松紧适度的设计规则，使设计规则与接口标准之间的平稳保持在一定的范围内，比如尽可能地保持在 u∈（1，3）的范围内，如果达不到则尽量保持在 2 倍或 4 倍周期分岔，也就是说尽量减少周期分岔的可能性，这样才能使跨国公司"制造与服务模块化网络"稳健发展。

从以上分析可知，由于接口标准这种非线性因素的存在使跨国公司"制造与服务模块化网络"具有了混沌系统的特征，因此跨国公司"制造与服务模块化网络"也可以被称为全球"制造与服务混沌模块化网络"。

3.3.3 "制造与服务模块化网络"混沌性的实证

前面我们已经利用系统动力学的理论证明了设计规则 u 及非线性参数接口标准对整个系统发展的影响，但系统动力学方法只是应用数学理论对全球"制造与服务混沌模块化网络"进行的一种高度概括，那么是否可以用实证的方法对上述混沌理论进行论证，这是本节探讨的一个问题。

　　生产性服务模块供应商之所以嵌入全球"制造与服务模块化网络"中的目的就是利用网络中溢出的各种知识来提升自身的创新绩效。由于网络中跨国公司制定的设计规则的存在以及生产性服务模块供应商自身整合知识的能力存在差异，这些也会影响生产性服务模块供应商利用知识的效果。在全球"制造与服务模块化网络"中存在两种规则：一种是跨国公司预先设计的设计规则，包括结构、界面、标准等，用于维持整个网络的运行；另一种是生产性服务模块供应商内部可以自由设计的规则，称为隐性规则，这种规则是生产性服务模块供应商内部自行决定的。可以认为，生产性服务模块供应商在全球"制造与服务模块化网络"中提升创新绩效的机理是这样的一个过程，即首先进行网络内各种知识的搜寻，然后在网络设计规则的制约下利用自身的隐性规则对知识进行整合吸收和利用，最终达到提升自身创新绩效的目的。在这一过程中，涉及的变量包括设计规则、隐性规则利用能力、知识搜寻和创新绩效，下面逐一进行分析。

1. 变量的界定

　　设计规则：设计规则是跨国公司在网络构建的初期基本已经确立的，为整个网络成员所共同知晓，影响各模块供应商之间整合和协调的规则，它包括界面、结构和标准等。在"制造与服务模块化网络"中跨国公司制定的设计规则不能太弱，如果太弱，则成员供应商没有一个确定的规则可以依据，整个网络形同一盘散沙，由于成员之间缺少有效的协调与整合，整个网络也无法有效率地进行产品的生产；反之，跨国公司制定的设计规则不能太强，前述已经分析，过强的设计规则会将生产性服务企业与上下游合作伙伴的接口标准固定在一个极小的范围内，由于生产性服务本身所固有的特性，因此此时的生产效率也是低下的。所以合适的设计规则应是处于"适度"的一个范围。如果设计规则为 u，经过数学方法的处理，设计规则的适度性可以表示为（$5 - |u - \bar{u}|$），其中 $\bar{u}$ 代表 u 的平均值。

　　隐性规则能力：是指生产性服务模块供应商在遵守设计规则的前提下，利用自身的资源进行独自创新的能力。在跨国公司制定整个"制造与服务模块化网络"设计规则的背景下，可以认为生产性服务模块供应商的"隐性规则能力"是指其具备的一种在"规则性"和"适应性"

之间做出协调安排及平衡处理的能力。其中"规则性"是指行为保持连贯性，遵守跨国公司制定的设计规则，从而保证创新系统的稳定性；"适应性"是指行为不断进行试错性探索，敏于变革、勇于冒险，从而保证创新系统的柔性。

知识搜寻：位于"制造与服务模块化网络"中的生产性服务企业进行创新的手段就是在网络中进行知识搜寻。在当前学者的研究中，知识搜寻涉及不同的搜寻方式，如宽度搜寻和深度搜寻（Laursen & Salter，2006；郭文钰、杨建君，2020）、前瞻型搜寻和反应型搜寻（Zhang & Duan，2010）、经验搜寻和认知搜寻（Yayavaram & Ahuja，2004；吴建祖、曾宪聚，2010）等，而使用反应型搜寻与前瞻型搜寻更符合生产性服务企业在"制造与服务模块化网络"中搜寻方式的特征。所谓前瞻型搜寻是指企业立足于未来市场发展的方向和客户的潜在需求，积极探索新的技术知识或市场知识；反应型搜寻是指企业在现有技术知识或市场知识的基础上进行渐进性的知识搜寻，以实现对现有知识的整合优化；在自身资源既定的前提下，生产性服务模块供应商必须做到上述两种知识搜寻方式的平衡。学者们认为，单一的搜寻活动易使企业落入"能力陷阱"或"失败陷阱"（Miller，Fern & Cardinal，2007），从而不利于提升创新绩效。所谓知识搜寻协同是指秉承辩证统一的思维范式，结合竞争环境及企业目标，对前瞻型搜寻和反应型搜寻做出相互平衡和有效协调的战略安排。

创新绩效：本书研究中用创新绩效代表"制造与服务模块化网络"的稳定性，当网络中的生产性服务企业创新绩效都较高时，就可以认为"制造与服务混沌模块化网络"发展稳健。

2. 研究假设

（1）知识搜寻协同对企业创新绩效的影响。当前的研究普遍认为单一的知识搜寻方式不一定会一直对创新绩效有利。对于反应型知识搜寻来说，它的优势是：由于是在原有的技术和熟悉的领域内搜寻，因此反应型搜寻具有搜寻成本低、可靠性高、搜寻时间短等诸多优点，这些都有助于企业创新（Leone & Reichstein，2012）；但它同样也具有一些缺陷：过度的反应型搜寻会使企业陷入"知识冗余"或"能力陷阱"（Fleming，2002），"知识冗余"将使企业产生搜寻路径依赖，被锁定于熟悉的合作伙伴之中，无法接触到外部的新知识；"能力陷阱"会导致搜寻目光短视和认知偏见，忽略外部的新机会和新知识，这些都会降低企业创新绩效。同样，对于前瞻型搜寻，它的优势是：通过更积极地拓展外部知识搜寻程度可以引入大量新的、具有禀赋差异的知识元素，为企业提供了更多可能的新知识组合和重大创新机会（Kafouros & Forsans，2012）；而它的缺陷是：过度的外部知识搜寻会导致企业的搜寻成本上升，并且由于外部的知识来自不同文化背景、价值观念的不同企业，这也会导致对这些异质性知识的整合协调成本上升（He & Wong，2004；曹勇等，2016），从而对创新绩效产生负面的影响。所以企业需要跳出单一搜寻"陷阱"，开发不同搜寻方式协同工作。当前有学者通过实证证实了开发性搜寻和经验性搜寻的互补可以共同提高企业新产品数量（Katila & Ahuja，2002；王元地等，2015）。因此，我们假设：

H_1：前瞻型搜寻与反应型搜寻的协同对创新绩效有正向的影响。

（2）隐性规则能力的中介作用。虽然前面假设了搜寻协同能够正向影响企业创新绩效，但这种影响机制尚未明确。一个有效的机制应当是内嵌于组织的一种方式或过程，通过其可平衡搜寻协同并进而增进创新绩效。企业通过知识搜寻建立的与不同知识源之间的合作增加了企业进行协调的难度和成本。知识差异性、知识复杂性以及不同利益的冲突易导致企业的搜寻失灵，而"隐性规则能力"作为接包的生产性服务模块供应商的一种元能力可以很好地避免搜寻失灵问题，它在不同搜寻任务协调、转换成本控制、搜寻行为平衡激励方面具有特殊的优势。当前的学者对"隐性规则能力"尚无确定的内涵表达，而"隐性规则能力"与"情景双元""知识治理能力""双元能力"有非常相似的内涵，即在一定的制度环境约束之下进行自主创新的能力。因此，综合上述概念，本书认为"隐性规则能力"是基于"制度性"与"适应性"原理，它依靠规范制度、柔性设计、支持、信任来培育和创造一种制度和流程，从而产生一种元能力（Gibson & Birkinshaw，2004；Anderson，Potočnik，2014）。其中，"制度性"是基于跨国公司所设定的设计规则，然后通过设立公开、公平、奖惩一致性的标准和程序激励员工达成设计规则设定的目标；"柔性设计"引导鼓励员工追求更有雄心的创新目标；"支持"通过在组织内部建立互相支持的流程与资源以保证员工创新目标可以最大限度地实现自由；"信任"通过建立程序透明和企业文化以保证员工创新目标之间的互相支持。这种元能力可以激励员工做出如何在不同的知识搜寻方式之间分配资源的判断，因此可以从根本上缓解不同知识搜寻之间的矛盾从而使它们之间的协同效应得以有效发挥，避免了将不同搜寻任务交由不同的组织单元执行产生的协调成本，或通过时间分离交由一个部门完成所产生的交替更迭等转换成本（Raisch & Birkinshaw，2008）。因此，从上述论述中可知，知识搜寻协同可以经由"隐性规则能力"实现企业创新绩效的提升。所以可提出如下假设：

H₂："隐性规则能力"在知识搜寻协同和创新绩效的关系中发挥中介作用。

（3）"设计规则适度性"的中介性调节作用。设计规则是跨国公司制定的，且是网络中合作伙伴共同接受的行为模式和规范共识，它具有协调成员关系、保持网络稳定的作用。在"制造与服务混沌模块化网络"中，过弱或过强的设计规则都不利于提升生产性服务模块供应商的创新绩效。当网络中的设计规则过弱时，无法有效协调成员之间的关系，成员之间无法达成行为与理念的默契与共识，这就造成生产性服务企业在进行知识搜寻时，前瞻型知识搜寻的应用条件不成熟，而只能进行一般的反应型知识搜寻；当网络中的设计规则过强时，由于生产性服务产品的特点是与单一或过于刻板的知识标准相矛盾的，因此，过强的设计规则会造成对使用前瞻型知识搜寻有过多的限制，从而使生产性服务企业与合作伙伴之间很难达成理想的共识，无法达到前瞻型知识搜寻的效果。如萨卡—赫尔姆豪特（Saka–Helmhout，2010）认为网络成员之间的默契程度越高，越有可能在行为和认知上达成共识，进而有利于更为核心的知识在它们之间进行转移。拉维等（Lavie et al.，2012）认为随着网络成员之间默契程度的提高，网络成员间会建立更高的信任、承诺、沟通度等，这会带来组织成员之间的交流频率提升及知识共享深度的增加。因此，当设计规则太弱或太强，由于进行前瞻型搜寻具有成本过高、风险较大的特点，企业往往会选择更多地使用反应型搜寻，这样就会使企业的不同知识搜寻协同无法完美达成，最终也会导致效率不高、创新绩效难以提升的结果。当跨国公司制定的设计规则适中时，网络组织成员间的信任度、承诺度、行为默契度也会有较高的提升，网络中不确定因素随之减少，企业在这种氛围中完全可以根据自身的需要既可以应用前瞻型搜寻，也可以应用反应型搜寻，不同搜寻方式的协同得以充分发挥，从而可以取得更好的创新绩效。因此，我们可以假设：

H_{3a}：设计规则适度性对知识搜寻协同与创新绩效的关系具有调节作用，设计规则越适度，知识搜寻协同对创新绩效的影响就越大。

"设计规则适度性"对知识搜寻协同影响创新绩效的调节作用是通过中介变量"隐性规则能力"来实现的，"隐性规则能力"作为组织的一种元能力，它在企业中通过创造一种制度和流程来鼓励员工做出如何在不同的知识搜寻方式之间分配资源以及进行不同知识的整合。当设计规则的适度性较低时，网络中的信任程度或默契程度较低，企业前瞻型搜寻的概率也较低。在这种情况下，外部搜寻的环境条件非常容易判断，企业只需要较低的"隐性规则能力"即可完成不同搜寻模式之间的协同。而当设计规则的适度性越高时，企业既可以进行前瞻型搜寻也可以进行反应型搜寻，那么二者之间的比例应当如何设定，以及何时进行前瞻型搜寻，何时进行反应型搜寻，另外还有前瞻型搜寻和反应型搜寻的知识如何进行融合等一系列问题都需要企业具有较高的"隐性规则能力"才能解决，进而才能产生较高的创新绩效。因此，我们可以假设：

H_{3b}：设计规则适度性对知识搜寻协同与创新绩效关系的调节作用通过"隐性规则能力"的中介实现，即设计规则越适度，知识搜寻协同对"隐性规则能力"的影响越大，相应地对创新绩效的影响也越强。

综上所述，本书的理论假设模型如图 3 – 15 所示。

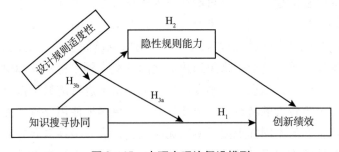

图 3 – 15　本研究理论假设模型

资料来源：笔者自行绘制。

3. 样本与数据

样本的收集主要在生产性服务业比较发达的广东、山东、浙江、江苏、北京、天津六个省市，样本涉及的行业有物流服务、信息服务、软件服务、会计服务、数据分析、市场研究、研发、金融等。样本的获得主要通过现场调研的形式收集，共有两种收集样本数据的方式：一是在课题研究的前期，课题组已经利用社会关系网络以及与政府相关部门的支持对相关企业进行了访谈，在访谈中进行了多层次（高层、中层、基层）员工的访谈，以确保该企业内部多年内都具有"一致性""适应性""信任""支持"四个维度，最终确定23家企业并向其发放问卷，再请这些企业推荐其所嵌入的创新网络中具备以上四个维度（程度高低上可能不同）的3～5家企业，并通过这23家企业介绍的方式进行访谈，留置问卷，并在留置问卷的两周内进行电话回访，询问问卷作答情况，同时再次对问卷中不明晰的问题进行解答。二是利用两所大学的工商管理学硕士（MBA）及高级工商管理硕士（EMBA）资源，在进行问卷辅导确认其企业内具有以上四个维度的基础上，要求由其单位中具有高层职务，或市场部、研发部门的负责人进行填写。以上两种方式共发放300份，调研共历时5个月，共回收问卷199份，问卷回收率为66.3%。

4. 变量测量

为了提高调研问卷的信度和效度，本书借鉴了当前国内外研究中比较成熟的量表，由于部分是英文文献量表，为了确保在中国环境下量表的效度和信度，首先请两名本领域的专家将英文量表翻译成中文量表，其次再请另外两名本领域的专家将中文量表翻译回英文量表，并对其中的差别反复研究、仔细核对。最后根据本书研究的特点、中国的国情对量表做了稍许修正，形成最终中文量表（见表3-1）。

表 3-1　　　　　　　　各测量题项的信度

变量	测量题项	信度系数	组合信度
反应型搜寻	我们企业追求现有市场知识的改进与完善	0.624	0.736
	我们企业追求现有技术知识的进步与完善	0.708	

变量	测量题项	信度系数	组合信度
反应型搜寻	我们非常注重知识搜寻与现有知识的整合	0.659	0.736
	我们的知识搜寻更多地是为了满足当前的需要	0.568	
前瞻型搜寻	我们企业经常主动探索新的技术领域	0.576	0.678
	我们企业经常主动探索新的市场知识	0.612	
	我们企业可以承担新知识搜寻所带来的成本	0.609	
	我们企业可以承担搜寻新知识所带来的风险	0.552	
设计规则	在合作过程中,我们与合作伙伴之间的默契必须在网络规范的范围内予以达成	0.754	0.867
	我们与合作伙伴合作过程中,大多数情况下,我们之间有明确的共同程序可以遵循	0.597	
	我们必须遵守与上下游合作伙伴之间制定的默定规则,这对于满足顾客的需求非常重要	0.627	
	我们企业的行为不能超出网络既定的规范	0.634	
	我们对网络中既定的工作原则和工作程序非常认可	0.762	
隐性规则能力	我们公司管理系统的各部分是与网络中的既定规则协调一致的	0.657	0.771
	我们公司员工的工作目标是一致的,因为网络中既定的规范能够避免工作目标的冲突	0.608	
	我们公司管理系统可以阻止我们将时间浪费在网络既定规则之外的活动上	0.571	
	我们公司管理系统鼓励员工挑战过时的传统	0.514	
	我们公司的管理系统非常灵活足以应对市场的快速变化	0.723	
	我们公司的管理系统进化很快并能应对商业领域的最新变化	0.516	
创新绩效	我们的服务效率得到了很大的提高	0.719	0.704
	我们为客户企业带来了更多的服务价值	0.610	
	我们为客户企业提供了更多的服务功能	0.664	

资料来源:笔者测算所得。

在参考学者们研究的基础上（He & Wong，2004；芮正云、罗瑾琏，2016），本书研究中测量反应型搜寻侧重于现有知识的延伸、整合和利用；测量前瞻型搜寻侧重于新知识的开发、探索及其力度。在参考常红锦、杨有振（2016）对网络惯例的测量，何等（He Z L et al.，2004）对联系规则测量的基础上，本书从制度认可性、规范的约束性两个方面测量设计规则。在参考当前学者对双元能力、知识治理能力测量方法的基础上（Gibson & Birkinshaw，2004；Clercq et al.，2013），本书从制度性和适应性两个方面来测量"隐性规则能力"。在参考当前研究的基础上（吕君杰，2012；张琰，2012），从服务效率、服务价值、服务功能三个维度对服务创新绩效进行测度。表 3 - 1 是删除了信度较低的题项后所保留的有足够信度的题项。由于本量表参考了当前学者的成熟成果，并根据专家的意见及预调研的结果进行了调整，因此问卷也具有较高的内容效度。通过 Harman 单因素测试后，主成分分析所抽取的五个因素解释了总变异量的 64.362%，第一个因子仅解释了变异量的 17.334%，这说明没有单一因素能解释绝大部分变异量，研究数据的同源误差问题并不严重。

5. 数据分析与假设检验

首先，依据曹（Cao Q，2009）的计算方式，先求出前瞻型搜寻和反应型搜寻差的绝对值，再用 5 减去二者的绝对离差来测量知识搜寻协同水平，该值越高表示协同水平较高，并将该值转化成了标准 Z 分数，我们以 X 表示。同样也将 U［代表设计规则适度性，和设计规则 u 的关系为 $U = (5 - |u - \bar{u}|)$］和 W（代表隐性规则能力）标准化为 Z 分数，然后将标准化后的 U 和 W 相乘得 UW，将标准化后的 X 和 U 相乘得 UX，Y 代表创新绩效，变量间的协方差矩阵如表 3 - 2 所示。

表 3 - 2　　　　　　　　　　变量之间的协方差矩阵

	X（已标准化）	U（已标准化）	W（已标准化）	UW	UX	Y
X	1.000					
U	0.113	1.000				
W	0.366	0.143	0.558			
UW	0.389	0.199	0.279	0.799		

续表

	X（已标准化）	U（已标准化）	W（已标准化）	UW	UX	Y
UX	− 0.063	0.017	0.383	0.299	0.955	
Y	0.316	0.117	0.393	0.228	0.303	0.595

资料来源：笔者测算所得。

根据叶宝娟、温忠麟（2013）所叙述的研究步骤，有中介的调节模型需验证以下方程：

$$Y = c_0 + c_1 X + c_2 U + c_3 UX + e_1 \qquad (3-15)$$

$$W = a_0 + a_1 X + a_2 U + a_3 UX + e_2 \qquad (3-16)$$

$$Y = c_0' + c_1' X + c_2' U + c_3' UX + b_1 W + b_2 UW + e_3 \qquad (3-17)$$

第一步，建立知识搜寻协同（X）与创新绩效（Y）之间关系的简单调节模型式（3-15），以 Mplus7.4 检验直接效应是否受到设计规则适度性（U）的调节，结果如图 3-16 示。知识搜寻协同（X）与 Y（创新绩效）之间的关系显著（$c_1 = 0.329$，$t = 7.471$，$p < 0.001$），因此，假设 H_1 成立。UX 与 Y 的关系显著（$c_3 = 0.338$，$t = 7.544$，$p < 0.001$），说明设计规则适度性（U）在搜寻协同（X）影响企业创新绩效（Y）的过程中发挥调节作用，假设 H_{3a} 成立。同时，因 c_3 的 t 值显著，所以可以建立有中介的调节效应模型（叶宝娟、温忠麟，2013）。

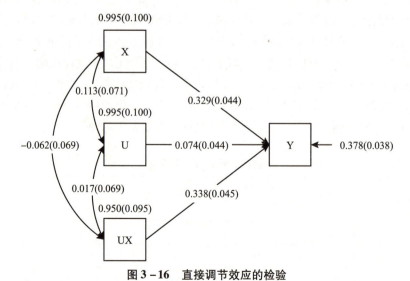

图 3-16　直接调节效应的检验

资料来源：笔者测算所得。

第二步，对 W 的中介效应进行检验。以 Mplus7.4 检验 W（隐性规则能力）是否在 X（知识搜寻协同）和 Y（创新绩效）之间起中介作用，结果如图 3 - 17 所示，间接效应的估计值如表 3 - 3 所示。

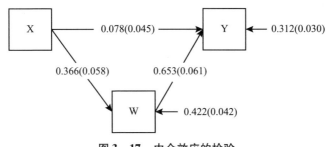

图 3 - 17　中介效应的检验

资料来源：笔者测算所得。

表 3 - 3　　　　　　　　　间接效应的估计值

效应	估计值	标准误	t 值	p
W 中介效应	0.239	0.043	5.611	0.000

资料来源：笔者测算所得。

以 Bootstrap 所计算出的置信区间如表 3 - 4 所示。

表 3 - 4　　　　　　　Bootstrap 估计出中介效应的置信区间

效应	低 0.5%	低 2.5%	低 5%	估计值	高 5%	高 2.5%	高 0.5%
W 中介效应	0.129	0.155	0.169	0.239	0.309	0.322	0.348

资料来源：笔者测算所得。

W 中介效应的 P 值 < 0.05，且 Bootstrap 估计的 95% 的置信区间为 [0.169，0.309]，其中并不包含 0，因此 W 在 X 和 Y 之间的中介效应成立，所以假设 H_2 得证。

第三步，建立有中介的调节模型，检验设计规则适度性（U）在知识搜寻协同（X）影响创新绩效（Y）中的调节作用是通过中介变量隐性规则能力（W）来实现的。根据式（3 - 16）、式（3 - 17）建立如图 3 - 18 所示的有中介的调节效应模型（叶宝娟、温忠麟，2013）。运行

Mplus7.4，模型拟合的参数为 $\chi^2 = 0.339$（$p = 0.5604 > 0.05$），$df = 1$，SRMR $= 0.005$，因此模型拟合良好。设计规则适度性（U）与知识搜寻协同（X）的交互项 UX 对隐性规则能力（W）的效应显著（$a_3 = 0.425$，$t = 12.847$，$P < 0.001$），且隐性规则能力（W）对创新绩效的效应显著（$b_1 = 0.545$，$t = 7.508$，$P < 0.001$），根据（叶宝娟、温忠麟，2013）的研究，此混合模型中的调节效应是有中介的，调节项 UX 通过影响中介变量 W，进而影响因变量 Y。

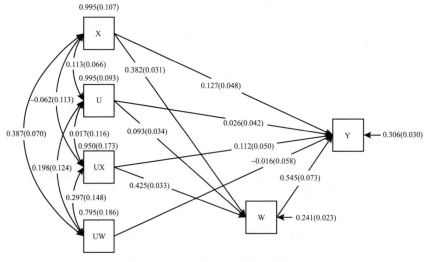

图 3-18　有中介的调节效应的检验

资料来源：笔者测算所得。

此时，直接调节效应等于 $c_3' = 0.112$（$t = 2.257$，$P = 0.024 < 0.05$），经过中介的间接调节效应为 $a_3b_1 = 0.232$，则间接调节效应所占总调节效应的比例为 66.8%。接下来，使用偏差校正的百分位 Bootstrap 法计算 a_3b_1 的置信区间，运行 Mplus7.4 得出的结果如表 3-5 所示。

表 3-5　　　　　　　Bootstrap 估计 a_3b_1 的置信区间

效应	低 0.5%	低 2.5%	低 5%	估计值	高 5%	高 2.5%	高 0.5%
W 中介效应	0.146	0.167	0.175	0.231	0.287	0.299	0.328

资料来源：笔者测算所得。

其中，a_3b_1 的95%置信区间为 [0.175，0.287]，其中不包含0，所以知识搜寻协同（X）与创新绩效（Y）之间的关系是有中介的调节效应模型，这说明设计规则适度性（U）在知识搜寻协同（X）影响创新绩效（Y）中的调节作用是通过"隐性规则能力"（W）的中介来实现的，假设 H_{3b} 成立。即当设计规则适度性较高时，当企业进行知识搜寻协同时，其隐性规则能力的提升更敏感，进而更积极地影响企业创新绩效；而当设计规则适度性较低时，当企业进行知识搜寻协同时，其隐性规则能力的提升不太敏感，相应地对企业创新绩效的影响也较弱。为清晰起见，将上述三个步骤的验证结果汇总，如表3-6所示。

6. 结论

（1）设计规则的适度性越高，知识搜寻协同对创新绩效的影响就越大，相应地全球"制造与服务混沌模块化网络"发展的前景越稳定。这是因为过弱的设计规则会使前瞻型搜寻缺乏充分的依据而无法使用，而过强的设计规则对前瞻型搜寻有着太多的限制条件。因此，在这些条件下都会使企业的知识搜寻协同无法成功达成，造成企业创新绩效较低，从而使整个"制造与服务混沌模块化网络"发展也不稳定。而适度的设计规则会使企业搜寻方式协同的条件得以成熟，企业可以在两种搜寻模式之间自由设定资源分配比例，使得创新绩效较高，从而导致整个"制造与服务混沌模块化网络"的发展也较稳定。本实证的结论也是与前面的系统动力学分析结论相吻合的：当 $0 < u < 1$ 时，表明跨国公司制定的设计规则较弱，但是此时 $x_t \rightarrow 0$，也就是说最终跨国公司"制造与服务模块化网络"是会趋于消亡的。在 $3 < u < 3.5699$ 的情况下，u 越偏离3，则说明跨国公司制定的设计规则越强，网络开始出现不稳定性；当 $3.5699 < u < 4$ 时，分岔周期变为 ∞，跨国公司"制造与服务模块化网络"进入了完全混沌状态，发展前景呈现出完全的不稳定；当 $1 < u < 3$ 时，接包的生产性服务企业既可以利用网络平台资源，又有一定的自身活动自由度，从而网络得以稳健发展。

103

表3-6　有中介的调节效应模型检验结果汇总 (N=199)

预测变量	(1) 式 (因变量: Y) β	t	因变量: W β₁	t	因变量: Y β₂	t	(2) 式 (因变量: W) β	t	(3) 式 (因变量: Y) β	t
X	$c_1 = 0.329$	7.471	0.366	6.277			$a_1 = 0.382$	12.13	$c_1' = 0.127$	2.627
U	$c_2 = 0.074$	1.687					$a_2 = 0.093$	2.729	$c_2' = 0.026$	0.611
X×U	$c_3 = 0.338$	7.544					$a_3 = 0.425$	12.85	$c_3' = 0.112$	2.257
W					0.653	10.64			$b_1 = 0.545$	7.508
U×W									$b_2 = -0.016$	-0.27
直接效应检验结果	$c_1 = 0.329$，$t = 7.471$，$p < 0.001$，假设 H_1 成立									
调节效应检验结果	$c_3 = 0.338$，$t = 7.544$，$p < 0.001$，因此，假设 H_{3a} 成立									
中介效应检验结果			$\beta_1 = 0.366 (t = 6.277)$，$\beta_2 = 0.653 (t = 10.64)$，中介效应 $w = 0.239 (t = 5.611)$，Bootstrap 估计 95% 的置信区间为 [0.169, 0.309]，其中不含 0，假设 H_2 成立							
调节性中介效应检验结果							$c_3 = 0.338 (t = 7.544)$，$a_3 = 0.425 (t = 7.508)$，$b_1 = 0.545 (t = 12.85)$，$a_3 b_1$ 的 95% 置信区间为 [0.175, 0.287]，其中不包含 0，假设 H_{3b} 成立			

注：X 代表知识搜寻协同，W 代表隐性规则能力，U 代表设计规则适度性，Y 代表创新绩效。

资料来源：笔者测算所得。

（2）设计规则的适度性对知识搜寻协同与创新绩效关系的调节作用通过隐性规则能力（隐性规则包含生产性服务企业与合作伙伴之间界面规则以及接口标准的设计规则）的中介实现，即网络惯例程度越高，知识搜寻协同对隐性规则能力的影响越大，相应地对创新绩效的影响也越强。这说明设计规则与隐性规则能力之间存在互动关系，由于隐性规则能力具有非线性特征，所以通过隐性规则能力的非线性影响设计规则的作用效果，进而使整个网络系统表现为混沌性。

第4章 全球"制造与服务混沌模块化网络"的网络特性及设计规则分析

4.1 全球"制造与服务混沌模块化网络"的形成基础

4.1.1 跨国公司生产性服务模块化的原理分析

生产性服务是服务提供企业与合作伙伴在互动过程中发生的一系列连续行为或离散事件的组合。过去的研究者对生产性服务进行分解时通常不会对服务的本体进行分解，因为生产性服务本身并不像实体商品一样存在一个实有的本体，生产性服务仅是一个过程，生产性服务的质量高低也是通过顾客对最终服务结果的主观感受而进行评价的。所以由此可知，在对生产性服务进行模块化分解时通常会从生产性服务的过程入手，在进行过程分解时，通常会从以下角度进行：以功能进行模块化、以时间进行模块化、以职能进行模块化、以生产性服务作业流程进行模块化。但无论从何种角度进行模块化都必须遵循模块化的基本原则：各个模块必须具有独立的功能，即分解后形成的模块能够独立运作、独立设计和半自律化的操作；而模块之间的联系要尽可能最小化，但不代表没有联系，而这种特定的最小化联系规则又可将各个模块进行有机组合形成新的服务系统。

我们可以以上基本原则考察下面几种生产性服务模块化方法：一是

以功能为生产性服务模块分解的标准。这种分解方法是将相同或相似的功能进行归纳，进而包裹在一个模块之中。但是这种分解方法的标准存在的比较大的不确定性，因为功能的程度可大可小，而功能的程度会影响模块的独立性和内部运作的自由度。二是以时间作为生产性服务模块分解的标准。这种分解方法将服务流程时间分成几个区间段，每个区间段都当作一个生产性服务模块来进行分析。但是如果以时间为标准将生产性服务过程视为相连续的离散件，进而以时间为标准来进行划分生产性服务模块，这就意味着一系列离散事件之间的耦合性不能太强，而服务过程之间的时间连续性恰恰是较强的，因此，以时间为标准进行切割必然造成模块之间的耦合性太强，无法达到生产性服务模块化的目的。三是以职能作为模块化分解的标准。是指以生产性服务作业的职能进行模块化分解。以最简单的生产性服务流程为例，如将进货服务流程分为物流管理服务、库存管理服务、配送管理服务等。这种分解模式看似具有模块的独立性，但仔细分析就会发现在不同的职能模块之间存在着耦合调用现象，也就是说模块之间的许多作业是相关的，不好相互区隔，最主要的问题是职能模块也不是最小的服务模块化单位，在后续的服务模块组合中会出现重复调用的冗余现象。四是以生产性服务作业流程作为模块化分解标准。以此方法所分解的服务模块具有相当的独立性和模块的强内聚度，因为作业流程之间耦合并没有像连续性的时间一样具有非常强的耦合性，所以这种分解方法较符合连续时间形式的离散性操作。但是这种操作的缺陷是所分解的流程模块还是可以再进行分解的。综上所述，以生产性服务作业流程作为生产性服务模块化分解的标准更具有现实的可行性。但其存在的问题是还需对生产性服务作业流程进一步分解至最小的模块化单位，即"服务要素"，否则会影响后续的生产性服务模块之间的合并、增加、剔除、替代等操作，同时，也会违反模块化的"高内聚度和低耦合度"的原则。

因此，我们可以这样来定义跨国公司的生产性服务模块化原理：它是利用标准化原理将复杂系统进行简化，在此过程中首先将生产性服务作业流程进行分解，并将分解后具有相同或相似的功能要素进行归类，以形成几类标准化的功能模块，从而避免服务设计中过多重复冗余的设计与操作，增加生产性服务设计的通用性和相互替代性，并可增强相应的生产性服务产出组合弹性及创新性，同时也稳定了所提供的服务质量,降低了服务产出成本。该原理可用图4-1来表示。

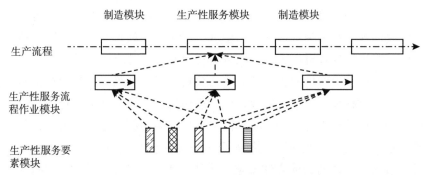

图4-1 跨国公司生产性服务模块化原理

注: 代表不同种类的生产性服务要素模块。
资料来源: 笔者自行绘制。

4.1.2 跨国公司生产性服务模块化的三维结构

跨国公司生产性服务的模块化必然要求相应的组织结构模块化与之相对应才能保证生产性服务模块化的顺利实施,就像吴昀桥等(2019)所认为的那样,随着产品设计的模块化,企业组织也出现了模块化倾向。与一体化组织相比,全球"制造与服务混沌模块化网络"是由具有耦合较松散的生产性服务模块供应商以及制造模块供应商所构成的一个系统。它的出现是科学技术尤其是信息技术的发展,竞争的激烈和消费者需求的多样化所造成的。这种网络组织的优点是,跨国公司通过自身提供核心模块及生产性服务供应商提供相对标准化或专门化的生产性服务模块,可以在不增加自身劳动投放和资本投入的前提下达到一定的规模经济和范围经济,从而在较低成本下满足顾客不断变化的消费需求。

因此,在前述跨国公司生产性服务模块原理的基础上加上相应的生产性服务模块供应商即成为二维的跨国公司生产性服务模块化结构,如图4-2所示。在图4-2中,以顾客"能见度线"为基准将系统分为跨国公司内部和跨国公司外部两部分。在跨国公司内部,由各生产性服务模块供应商所提供的生产性服务模块经由跨国公司以"打包"方式,将生产性服务系统中复杂且不易传递顾客体验的部分包成"黑箱",这一部分对外部顾客而言是不可见的也是没有必要见到的。在跨国公司外部即跨国公司提供产品部分,跨国公司将易于传递顾客体验的生产性服务部分以"白箱"的方式完全地呈现出来。与图 4 - 1 中的一维结构相比,图 4 - 2 中的二维结构增加了各生产性服务模块供应商。一项生产性服务,虽然对于顾客来讲是完全可见的,但它是由若干个生产性服务模块进行有机联结所形成的。而生产性服务模块进而是由生产性服务作业流程模块有机联结而成,生产性服务作业流程模块既可以是生产性服务作业中的信息流程模块,也可以是物理的生产性服务操作流程模块,同时生产性服务作业流程模块又是由生产性服务要素模块有机联结而成的(关于生产性服务要素模块,在后面网络特性中的"基于知识和信息的模块化分解和组合途径"部分有专门的论述)。"生产性服务模块—生产性服务作业流程模块—生产性服务要素模块"分别与"生产性服务模块供应商—生产性服务模块供应商中的部门—生产性服务模块供应商部门中的工作团队"相对应,即形成各级生产性服务子模块与相应的提供各级生产性服务子模块的模块化组织——对应的关系。

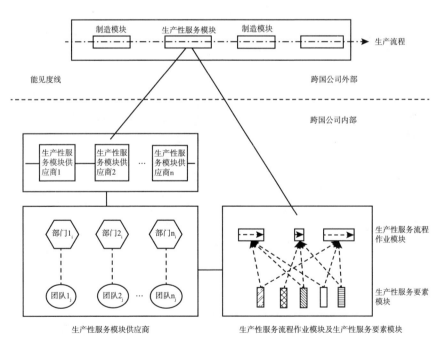

图 4 - 2　跨国公司生产性服务模块化的二维结构

注:⬚⬚⬚⬚⬚代表不同种类的生产性服务要素模块。
资料来源:笔者自行绘制。

109

可见，全球"制造与服务混沌模块化网络"是跨国公司利用自身和生产性服务模块供应商的资源进行生产性服务柔性生产的一种方式。满足顾客不断变化的多样化需求就是由这种网络组织所提供的，这种网络组织不仅包括各生产性服务模块供应商，而且包括各生产性服务模块供应商的子模块系统——其内部的部门和各内部部门中的工作团队。列尔等（Liere et al.，2004）也认为服务是由各服务模块供应商及其内部的机构子模块所组成的一个模块化组织提供的。

除以上分析之外，闵宏（2017）认为，通过生产性服务模块化提供商业服务的网络结构必须包括顾客互动性和相应的营销因素，这是一种非常重要的有力的挑战，向顾客传递高附加值的产品是跨国公司取得竞争优势的基础，尤其在当今激烈竞争和充满动态变化的市场中。爱德华松等（Edvardsson et al.，2007）也认为很多提供生产性服务的公司所面对的一个共同挑战是既要提供柔性的、满足特定细分市场顾客需求的生产性服务，同时还要通过标准化的模块程序达到成本有效性。因此，跨国公司首先在探寻顾客需求的前提下，通过选择相应的生产性服务模块，并将其与制造模块进行组合之后生产出满足顾客需求的产品。当顾客需求变化或面对不同细分市场的顾客需求时，跨国公司通过模块操作，如分离、替代、剔除、增加、归纳生产性服务模块及制造模块等操作来完成个性化的产品生产，并同时达到成本有效性。所以，我们必须在跨国公司生产性服务模块化二维结构的基础上增加顾客互动性和市场分析，从而使图4-2变成三维结构图。如图4-3所示。

从市场的角度来看，跨国公司面对的市场是由该公司现实的、潜在的具有购买力的消费者所组成的，基于此，任何一个企业都会面对不计其数的买主。受自身知识、文化背景、经济状况的影响，消费者的需求往往不尽相同，甚至差别很大，这就决定了跨国公司不可能满足市场上所有消费者的互有差异化的需求，因此，跨国公司必须正确选择若干目标细分市场。通常跨国公司采取的做法包括：第一，分析目标细分市场的顾客消费状况以及市场竞争状况，从而决定哪些细分市场具有良好的结构吸引力和更多的未来成长机会。第二，对于这些目标细分市场中顾客的具体需求，跨国公司会仔细分析和鉴别外包的生产性服务模块供应商所提供的生产性服务模块与制造模块供应商所提供的制造模块的有机组合是否会满足顾客现有的及未来潜在的需求，跨国公司自身所具有的

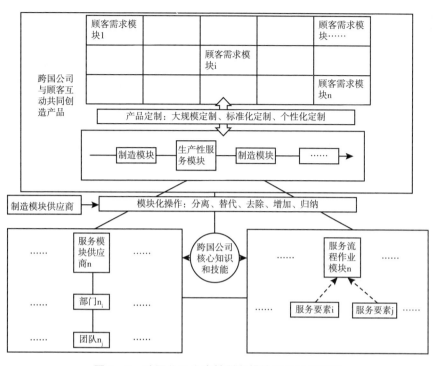

图4-3　跨国公司生产性服务模块化的三维结构

资料来源：笔者自行绘制。

将生产性服务模块与制造模块有机组合的核心知识和技术是否会跟上未来需求的变化，以及跨国公司的生产性服务模块供应商（制造模块供应商）、供应商的部门、团队等所具有的知识、资源和能力是否可以提供未来顾客所需要的潜在服务产品（Meyer & de Tore，2000）。第三，跨国公司会组合相应生产性服务模块与制造模块并以较低的成本满足所选定的若干目标市场顾客的需求。虽然在跨国公司所选定的目标市场上已经存在相应的竞争对手，但跨国公司会以更低的成本和更便捷的服务超越竞争对手，因为各个目标细分市场会提供一些共用的生产性服务模块和制造模块，这些共用模块的生产更容易达到范围经济和规模经济从而实现比竞争对手更低的成本。除低成本竞争之外，跨国公司也会通过相应的模块化操作使产品形成差异化的竞争优势。第四，跨国公司会制定相应的运营战略支持相应的产品（组合）开发。第五，跨国服务公司会设计相应的产品传递系统支持相应的运营战略，即可以对各模块供应商进行协调、激励、维持和管理。

我们可以用服务蓝图的概念来对跨国公司生产性服务模块化三维结构的运行步骤进行描述，在服务蓝图中依据顾客需求的分析将生产性服务提供过程分为顾客范畴、功能范畴、物理范畴和过程范畴四个范畴以及顾客需求映射、生产性服务功能映射、执行过程映射三个映射。顾客需求映射指的是从差异化的顾客需求属性投射为生产性服务功能要求的过程；生产性服务功能映射是指从生产性服务功能要求定义设计参数的过程，此处指设计相应的生产性服务模块；执行过程映射指的是对设计参数运作过程中所产生的过程变量进行分析，此处指寻找与甄选与生产性服务模块对应的生产性服务模块供应商，如图4-4所示。

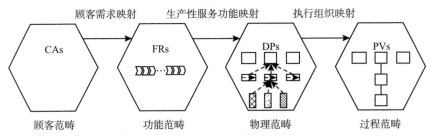

图4-4 跨国公司生产性服务模块化三维结构的运行过程

注：ロ代表各功能模块；⊏►代表各生产性流程模块；▨▧代表各生产性服务要素模块；□代表各过程模块。

资料来源：笔者自行绘制。

在跨国公司生产性服务模块化三维结构的运行过程中，首先，跨国公司会依照顾客需求对所提供的生产性服务进行功能设计，然后决定相应的功能应该由哪些生产性服务模块组合来完成，即决定进行模块化相关的生产性服务性模块、生产性服务模块层次，节点等分割设计；其次，设计各生产性服务要素，在兼顾独立性与功能性等映射要求的前提下组合成第二步中所需要的各个生产性服务模块并甄选相应的生产性服务模块供应商；最后，通过松散耦合的关系使各个生产性服务模块供应商之间的功能性联结起来，达到正常运行全球"制造与服务混沌模块化网络"预期的系统效能。在此整个过程中，跨国公司是整个系统的舵手和设计运行工程师，它运用自身的核心知识和技能除了对整个"制造与服务混沌模块化网络"的架构进行设计外，还要监督整个网络的正常运行：一是运行之前的测试。对于各个生产性服务模块供应商及其提供的生产性服务模块进行必要的事前检查与测试，以提早发现设计上以及未来运行系统功能时可能发生的一些问题，这是一种基于保证未来产品质量的事前控制方法。二是运行中的控制。在"制造与服务混沌模块化网络"正常运行的过程中，随时进行检查以发现系统的运作是否正常，以便能迅速找到出现问题的生产性服务模块及其供应商。三是当前两步的预先测试及运行中的控制出现问题时，或当外部环境以及消费者需求发生变化时，跨国公司能进行拆分、增加、减少、替代、合并、移植等多种模块操作，可以在任何一个生产性服务模块供应商出现问题时，或应对顾客不断变化的需求时，不需要淘汰原有的整个系统就可以增加系统处理问题所需的应变柔性和适应能力。这种模块化的结构也保证了跨国公司能够发挥最大的灵活度，以成本有效性的方式进行有效率的运转。

本节是我们下面讨论全球"制造与服务混沌模块化网络"网络特性的基础。

4.2　全球"制造与服务混沌模块化网络"的网络特性分析

全球"制造与服务混沌模块化网络"的网络特性包括：顾客需求和生产性服务流程的双重模块化标准、强内聚度和较强的耦合度、依靠知识和信息的模块分解和组合途径、"自动响应"和"人为响应"结合的协调原则、"背靠背"竞争性等。下面我们逐一进行分析。

4.2.1　顾客需求和生产性服务流程的双重模块化标准

生产性服务的一个重要特性就是顾客会参与到整个生产性服务产品的生产和消费过程之中，他们的体验对最终产品的质量评价有着非常重要的影响。为了提升产品质量和目标顾客的满意度，跨国公司非常有必要了解顾客的真正需求，并将其融入产品设计之中。

如何将顾客的需求与企业提供的生产性服务产品对接起来，这是学术界和企业界考虑的重要问题。先前的研究者也做了很多的有意义的探索。一般而言，跨国公司需要提供满足不同顾客需求的多样化的产品，而这些多样化的产品可依靠生产性服务模块与制造模块的组合达成。

在生产性服务模块化方面，当前有关的研究主要集中于生产性服务流程的设计（綦良群等，2020）和生产性服务流程的分析（高洋等，2020）方面。如生产性服务蓝图方法就是一种设计生产性服务流程的方法，所谓生产性服务蓝图是指将生产性服务过程的每一个部分按生产性服务的步骤画出来，这样可以让接受服务的顾客清楚其获得的服务是什么，有什么样的特点。否则，由于生产性服务的无形性，生产性服务的过程是不连续的，甚至有时候还是高度分离的，这些不连续的环节又往往由不同的员工完成，这就造成顾客在接受生产性服务的过程中往往会产生只见树木不见森林的感受，此时他们会希望企业能提供关于整体生产生服务过程的介绍，并厘清其自身与企业、生产性服务流程之间的关系，在这种背景下，生产性服务蓝图就产生了。康格拉姆和埃佩尔曼（Congram & Epelman，1995）提出了一个结构化的分析和设计生产性服务流程的技术。在生产性服务设计中，为了反映生产性服务产品中的顾客参与关系，金等（Geum et al.，2009）在大型复杂的生产性服务流程设计中应用故障树分析法演绎出了有用的信息。近年来，QFD技术也被广泛应用于生产性服务产品的设计之中（Bottani & Rizzi，2006），它应用计划矩阵探究顾客需求，并找到企业满足这些需求的方法。巴基等（Baki et al.，2009）用案例研究的方法，运用QFD方法与SERVQUAL、KANO模型相结合，成功地将顾客需求与生产性服务产品的设计结合了起来。实际上，以上研究都是将顾客需求与服务产品设计结合起来的方法，其本质都是相同的，即体现了生产性服务模块化设计中的顾客需求与生产性服务流程的双重模块化标准。为了验证这一观点，本书也运用了半结构化的焦点访谈方法对企业实际生产生产性服务产品的方法进行了相关的探索。

本书焦点访谈的对象为一家国际智能装备制造公司。数据的收集来源有两类：第一类是来源于该家国际智能装备制造公司A；第二类数据来源于该国际智能装备制造公司的两家合作伙伴，一个是技术研发机构B，B公司为A公司进行技术设计及工艺流程的研发，另一个是IT公司C，C公司负责A公司后台支持系统开发、运营与管理。之所以选择第二类数据来源是因为生产性服务产品的设计过程有很强的顾客参与性，从顾客的角度来了解生产性服务产品的设计状况，不仅能考察生产性服务产品满足顾客需求的程度，还可以了解他们的需求在生产性服务产品设计过程中被融入的动态状况。在进行半结构化的访谈之前已经确认该公司实际运用了 QFD 设计方法为其客户设计相应的生产性服务产品。访谈的对象包括 A 公司的产品设计经理及其下属的运营设计 3 位成员，B 公司的 2 位产品开发经理以及 C 公司的 2 位项目管理经理。B 公司和 C 公司的 4 位经理因为参加过 A 公司的 QFD 服务产品模块化设计培训，因此对运用 QFD 方法对生产性服务产品进行模块化设计比较熟悉。半结构化的访谈提纲如表 4 - 1 所示。

表 4 - 1　　　　　　　　　　　半结构化访谈提纲

A 公司	B 公司、C 公司
贵公司委托 B（C）公司进行生产性服务产品设计的流程是什么样的？	请问贵公司为客户进行生产性服务产品设计的流程是什么样的？
贵公司对 ×× 生产性服务产品的需求有哪些，并将其进行排序？	请问贵公司用什么样的方法确认顾客需求及其优先度？
贵公司是如何运用 QFD 方法将顾客需求反映到生产性服务产品设计之中的？	贵公司是如何参与到 A 公司生产性服务产品开发过程之中的？
贵公司认为 QFD 方法能否将您的需求与生产性服务产品的开发联系起来，为什么？	在 QFD 设计方法中，服务模块、服务流程、服务要素是如何进行组织的？
顾客对运用 QFD 进行生产性服务模块化产品设计的反馈是什么样的？	贵公司对 A 公司运用 QFD 方法进行生产性服务产品模块化是否满意，为什么？

资料来源：笔者自行绘制。

在进行半结构化焦点访谈的基础上，基本可以确认 QFD 方法可以将顾客需求与生产性服务产品模块化设计联系起来，并能反映生产性服务产品设计中的顾客需求与生产性服务流程的双重模块化标准。以 B 公司为例，其机理可以描述为以下几部分：

第一部分是顾客需求矩阵（WHATs），此矩阵反映的是顾客对生产性服务产品的各种需求。顾客的需求是有层次的，有主次之分。因此，可用层次分析法确定各顾客需求的权重因子。并将计算后的顾客需求权重因子放在 QFD 图形的左侧，如图 4 - 5 所示。需要注意的是需避免顾客需求的重大疏漏，同时还要避免顾客需求的冗余功能。

図 4 - 5　智能装备制造产品模块的 QFD 图

资料来源：笔者自行绘制。

第二部分是顾客竞争性评价矩阵。该矩阵的内容是评价前面用层次分析法确定的顾客需求的各个部分，利用竞争对手的同类产品作为评价的参照值，然后对各个部分的竞争能力进行评价。该矩阵的行数等于前面的顾客需求矩阵的行数。根据评价的结果可以对产品的不足之处进行改进，以提升产品的市场竞争能力。

第三部分是服务特征矩阵，通过对顾客需求的分析，A 公司开发了五项生产性服务模块来满足顾客的需求（HOWs），每一种需求必须有相应的生产性服务模块来保证满足。当然在每一种需求和相应的生产性服务模块之间并不是一一对应的关系，有可能某一种需求需要很多个生产性服务模块共同满足，也可能某一个生产性服务模块可以满足很多个需求。技术特征是顾客需求的映射变换结果。

第四部分是关系矩阵，该矩阵的行数等于顾客需求矩阵的行数，列数等于服务特征矩阵的列数。它表示了各项顾客需求与各个生产性服务模块之间的相互关系，这种相互关系的强弱可以用相应的分值来评判。例如，当二者之间的关系很弱时为 1 分，很强时为 9 分。可以认为该项生产性服务模块成功满足了顾客的某种需求；一般相关给 3 分，表示可以有多项生产性服务模块满足该项顾客需求；弱相关给 1 分，表示两项之间的关联性很弱。由此可见，关系矩阵明确了 A 公司开发的生产性服务与顾客需求之间的对应关系。

第五部分是质量屋的屋顶部分，它是一个数学意义上的三角矩阵，表示了各种生产性服务模块之间的自相关关系。这是因为实现顾客需求对应着诸多生产性服务模块，各种生产性服务模块的特征之间相互关联。某项生产性服务模块的改变会影响其他生产性服务模块随之发生变化。在三角矩阵中，以三种形式来表示生产性服务模块之间的自相关关系，即强相关（正、负强相关）、中度相关（正、负中度相关）、弱相关（正、负弱相关）。通过三角矩阵可以发现各项生产性服务模块之间可能存在的冲突，由此重新进行设计，避免冲突的产生。

第六部分是决策部分，输出为各项生产性服务模块的重要度。

以上是生产性服务模块的设计原理，生产性服务模块位于顾客能见度线之外，是顾客可视化的部分，而在A公司内部必须考虑如何用作业流程模块的有机组合来构成顾客所需的生产性服务模块。这时生产性服务模块目标值就作为下一个QFD方法的输入值（WHATs），而这时需要得出的是各作业流程模块的目标值，这样就实现了顾客需求传递到相应的生产性服务模块设计再传递到相应的生产性服务作业流程模块设计。在重复前面第一至第六部分的基础上，得出的生产性服务作业流程模块的QFD图如图4-6所示。

图4-6 生产性服务作业流程模块的 QFD 图

资料来源：笔者自行绘制。

图4-6的输出为构成各生产性服务模块的各流程模块的目标值，其可作为下一步计算生产性服务要素目标值的输入。也就是说生产性服务作业流程模块的设计要求会继续向下传递，即决定各流程模块由什么样的生产性服务要素有机组合而构成。继续分解为各生产性服务要素是因为生产性服务要素是最基本的生产性服务组成单位，它是组织可以控

制的,最有利于组织进行成本的核算和服务质量的监控。在重复前面第一至第六部分的基础上,得出的生产性服务要素流程 QFD 图如图 4-7 所示。由 A 公司设计生产性服务产品的整个过程可知,在设计生产性服务产品时,对生产性服务产品的需求状况首先会传递给生产性服务模块的设计,其次传递给生产性服务作业流程设计,最后传递给生产性服务要素的设计,这个过程充分体现了生产性服务模块化中的顾客需求与服务流程的双重模块化标准。

图 4-7　生产性服务要素模块的 QFD 图

资料来源:笔者自行绘制。

在图 4-3 中分析的跨国公司生产性服务模块化的三维结构图中,当跨国公司将相应的生产性服务需求理解为某种生产性服务产品概念时,这种生产性服务产品概念被分解为各生产性服务模块,分别外包给各生产性服务模块供应商来提供;生产性服务模块被分解为各生产性服务作业流程模块,分别由各生产性服务模块供应商的下属部门或外包给别的生产性服务产品供应商的下属部门来完成;生产性服务作业流程模块又被分解为各生产性服务要素模块,分别由各生产性服务供应商下属部门中的工作团队来完成(或利用外包资源)。由此可见,跨国公司在外包其生产性服务产品时是通过顾客需求与生产性服务流程的双重模块化标准来体现的,其中更重要的是体现了跨国公司与其生产性服务接包者(包括其部门、工作团队)等之间的协作关系,如图 4-8 所示。

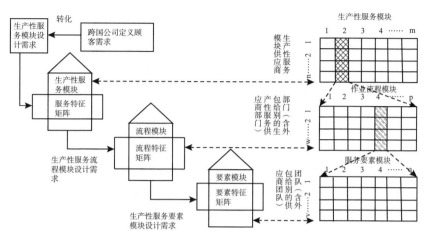

图4-8 跨国公司生产性服务模块化中顾客需求与流程分解的整合
资料来源：笔者自行绘制。

跨国公司通过上述三层架构可迅速组合需要的生产性服务模块来满足顾客的需求，这对于跨国公司在顾客需求快速变化的市场环境中通过维持成本有效性和产品柔性来保持自身竞争力有非常重要的意义。上述三层结构：生产性服务模块、生产性服务作业流程模块、生产性服务要素模块都有自身的绩效目标值，这种类似管理中的目标分解法的管理架构保证了每一级生产性服务分解的准确性和责任性，并有利于对生产性服务模块供应商（部门、工作团队）落实有效的运营监控。这是因为三个层次的生产性服务设计需求（生产性服务模块、生产性服务作业流程模块、生产性服务要素模块）分别与相应的生产性服务提供组织有闭环的反馈关系，在图4-8中以双箭头虚线来表示。当生产性服务设计未达到服务质量要求或顾客满意度时，会检查究竟在哪个层次发生了这样的问题。如果是在生产性服务要素层，则生产性服务要素的供给团队会重新设计和优化生产性服务要素，并将重新设计和优化的生产性服务要素传递给生产性服务模块供应商部门，生产性服务模块供应商部门再进行组合优化，之后传递给生产性服务供应商，生产性服务供应商再进行最终生产性服务模块的组合优化。这些运营过程既保证了生产性服务质量和服务多样性，满足了不同细分市场顾客的需求，包括在激烈变化的市场中所出现的新的顾客需求，同时也在降低企业运营成本的基础上增长了企业的竞争能力。

4.2.2 强内聚度、较强的耦合度

1. 关于系统耦合度、内聚度的相关理论

内聚度和耦合度的概念来自学者们对于近似可分解系统的研究。西蒙（Simon，1962）将子系统之间的作用相对较弱而子系统内部的各要素相互之间的作用较强的层级系统定义为近似可分解系统。他提出近似可分解系统的目的在于将复杂的系统分解成相对独立且比较稳定的子系统，以便于学者通过研究相对简单的子系统，从而掌握整个复杂系统的特性。例如对于一个系统来讲，在将其分解成一个个子系统时，保留在分解之后的子模块中的信息称为内聚度，而存在于各子模块之间联系界面之间的信息称为耦合度。

在图4-9中，原型系统为左图，其中a和b之间存在着依赖关系，a和c之间存在着依赖关系，c和d之间存在着依赖关系。右图为分解之后的模块a-b和c-d，可以看出a-b模块中的a和b之间的依赖关系被保留在模块的内部，c-d模块中的情况也是如此。这时，我们将a-b模块或c-d模块中的a和b之间的依赖关系及c和d之间的依赖关系称为内聚度。因为a和c之间存在着依赖关系，这导致a-b模块和c-d模块之间也有一定的关系，这种关系被称为耦合度。

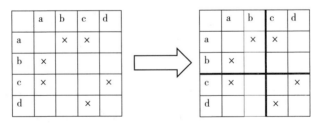

图4-9 内聚度及耦合度

资料来源：笔者自行绘制。

但是近似可分解系统还不是模块化系统，这是因为当一个系统接近完全可分解时就已经不能再称为系统，所以也不能称为模块化系统。这也是西蒙为什么提出近似可分解性的原因。近似可分解系统在引入设计

规则之后才真正成为模块化的系统（Baldwin et al.，2000）。这是因为在一个复杂的系统中，其构成要素之间的联系也会随着系统的复杂性而变得更为复杂，很多时候用近似分解性的观点无法将其进行真正的分解，或无法将分解后的子系统变成一个真正普适的模块。所以近似可分解系统要想成为真正的模块化系统，就需要引入设计规则部分，并通过设计规则将原型模块分解成各个独立的模块，这时的近似可分解系统才是真正的模块化系统。该系统是模块化系统的原因不仅是因为它包含了一些相对独立的模块，还因为设计规则的存在，各个模块并不是完全独立的，还要受到预定的设计规则的约束。我们将图 4 - 9 的原型模块引入设计规则之后就变成如图 4 - 10 所示。

	I	a	b	c	d
I					
a	×		×		
b		×			
c	×				×
d				×	

图 4 - 10　引入设计规则

资料来源：笔者自行绘制。

后来的学者奥顿和威克（Orton & Weick，1990）在前人设计规则研究的基础上，运用模块内聚度和网络耦合度两个变量构建了系统耦合的概念矩阵模型，如表 4 - 2 所示。

表 4 - 2　　　　　　　　　系统耦合的概念矩阵模型

	低模块内聚度	高模块内聚度
高网络耦合度	I. 紧密耦合系统：一体化式网络组织	II. 松散耦合系统：动态联盟式网络组织
低网络耦合度	III. 非系统：非网络组织	IV. 离散非耦合系统：市场化网络组织

资料来源：Orton J. D.，K. E. Weick. Loosely coupled systems：a reconceptualization. *Academy of Management Review*，Vol. 15，No. 2，1990，pp. 203 - 223.

在表 4-2 中，第 Ⅰ 象限的组织属于一体化式的网络组织，其子模块具有较低的内聚度，而其网络具有较高的耦合度，因此属于紧密耦合系统。模块的内聚度较低和耦合度较高意味着其虽然是整个系统的组成部分，但绝大部分信息位于模块联结的节点界面之间，子模块的特征被系统的整体特征所掩盖。这种系统的典型组织结构是拥有多个子公司所有权的母公司，母公司和子公司之间表现出垂直一体化的层级组织结构特征，这种组织的管理较为严密，子模块具有较少的相对自由度，由母公司所发出的各项指令对子公司的活动具有决定性的影响。位于第 Ⅳ 象限的组织，其模块内聚性较高，而网络耦合性较低，在该组织中，由于内聚性较高，子模块的特征可以很充分体现出来，但由于网络耦合性较低，所以系统的整体性特征表现就较差。因此，该系统被称为离散非耦合系统。比较有代表性的就是自由竞争环境下的市场化组织。这些大量组织处于一个完全开放的市场环境之中，相互之间有影响，因为系统环境一般是明确的，因此，它们之间的影响也是稳定的，这种稳定的影响表现在模块间的相互影响通过标准的接口界面进行，接口界面是标准的、通用的和公认的，但整个系统是一个缺少集成的网络。位于第 Ⅲ 象限的组织，其模块内聚性较低，且网络耦合性也较低，这种组织就像一盘散沙一样，系统整体性的特征没有体现出来，各子模块的特征也没有很好地表现出来，所以从严格的角度来讲，这个系统不能称为一个真正的组织，即为非网络组织。位于第 Ⅱ 象限的组织，其模块内聚性较高，且网络耦合性也较高，即既有模块独立性特征，又有网络整体性特征，被称为松散耦合系统，它是处于非耦合和紧密耦合之间的一种耦合形式。所谓非耦合即系统中各组成模块的特征未体现出系统的整体特征；紧密耦合是指系统整体性的表现掩盖了各组成模块的特征。松散耦合是一种辩证的组织结构，即系统整体性的表现和模块的自身特征可以同时表现出来，系统的整体性并未因为功能分散于各个组成模块而失去相应的控制力。它也体现出管理中的集中化与授权化的统一。一方面，网络系统是集成者，进行相应的集中性协调，体现了层级性组织的一部分特征；另一方面，各个模块也可以按照需求进行自身的活动，又体现了市场化的一些特征。

那么全球"制造与服务混沌模块化网络"的内聚度和耦合度属于哪种分类呢？它和一般性的制造业模块化网络又有什么区别呢？我们在

下面进行分析。

2. 全球"制造与服务混沌模块化网络"中的强内聚度和较强耦合度特性分析

（1）全球"制造与服务混沌模块化网络"中的强内聚度和较强耦合度特性。在前面的图4-3中，我们可以看出全球"制造与服务混沌模块化网络"表现出以下特征：整个网络由不同的模块（即跨国公司和生产性服务模块供应商）构成，并通过各节点模块之间的相互协调和相互影响来表现整个网络的整体特征。网络中的各个生产性服务模块商是一个独立的主体，它们自身具有自律和自适应调节功能。

全球"制造与服务混沌模块化网络"中的各个节点模块供应商是整个网络的有机组成部分，但它们也有自身的独特目标，是一个具有独立利益的实体组织，它们和整个网络中的舵手企业（跨国公司）之间并不是一体化组织中的层级式关系。即使在各个节点模块供应商之间也存在着较大的异质性，因为它们在绩效目标、组织文化、运营模式、自身能力、资源占有等方面都有很大的不同。各生产性服务模块供应商一方面在跨国公司的协调下参与整个网络的运营，另一方面它们自身也有自己的绩效目标和利益考虑。所以，相对于整个"制造与服务混沌模块化网络"来讲，各生产性服务模块供应商是一个次级的子系统，相对于其他节点模块供应商来讲，它也是一个相对独立运营的、有自律性的一个完整独立整体。因此可以看出，全球"制造与服务混沌模块化网络"中的各个节点模块供应商具有较高的内聚度。

另外，相对于整个全球"制造与服务混沌模块化网络"来说，网络中的各生产性服务模块供应商只有与跨国公司及其他模块供应商进行合作，才能实现其企业目标。离开"制造与服务混沌模块化网络"这一大的系统，不仅不能实现自身的企业目标，更有可能因脱离了一个创新应用平台而面临被市场淘汰的风险。而对于整个"制造与服务混沌模块化网络"来讲，它是由各生产性服务模块供应商利用"弹性专精"所建立的一个有机网络结构，所谓"弹性专精"是指组成某一系统的成员企业能够以自身核心资源或能力参与系统内部分工，专于某一模块的生产，同时又能保持资源和能力的柔性，根据环境的变化增减生产规模、调整和改进业务领域。全球"制造与服务混沌模块化网络"只有将各个生产性服务模块供应商的资源实现有机整合,才能够有效达成整个网络的目标,实现对最终产品的创新。离开了各生产性服务模块供应商,全球"制造与服务混沌模块化网络"就不可能实现自身的目标,因此也就不可能称之为一个真正的系统。所以可以看出,全球"制造与服务混沌模块化网络"中的各个节点模块间也具有较高的耦合度。

从前面的分析可以看出,全球"制造与服务混沌模块化网络"的目标存在着矛盾的二重性:一方面,全球"制造与服务混沌模块化网络"在实现创新过程中需要依靠网络中的各个模块供应商,因各个模块供应商具有不同的知识和能力,因此,只有将它们的创新之处结合起来才能既分散了创新的风险又可以加速整个创新的过程。另一方面,各生产性服务模块供应商基于自身的利益参与生产性服务模块生产的接包过程,其目标是实现自身的利益最大化。这种二重性的存在就产生了"制造与服务混沌模块化网络"整体合作目标与节点模块供应商自身的目标有时候不一致的现象。恩加松等(Ngoasong et al.,2021)认为网络整体利益最大化与其组成子系统利益最大化之间的矛盾调和超出了当前组织理论研究的范畴。而我们前面分析的系统耦合的概念矩阵模型(Orton & Weick,1990)利用松散耦合的辩证理论作为核心,为解决这一矛盾问题提供了正确的答案。可见,全球"制造与服务混沌模块化网络"是一种松散耦合系统,而对松散耦合系统的研究就离不开耦合要素(即设计规则)(Orton & Weick,1990),下面我们从生产性服务本身的特点来分析全球"制造与服务混沌模块化网络"在解决内聚性与耦合性方面的矛盾时所具有的耦合要素是怎样的。

威克(Weick,1976)认为所谓的耦合要素是指任何可能联系在一起的内容,以及影响联系的要素。党兴华、张首魁(2005)在研究价值网络时认为,任何两个价值节点在进行价值交换时必须通过一定的价值界面,构建这一价值界面会涉及两个要素:一是依赖要素,即价值交换主体是依靠什么样的内容来进行相互维系的;二是联系要素,即价值交换主体是依靠什么样的形式来进行相互维系的;价值界面的本质是当两个价值交换主体在为满足各自所需而进行交换时,它们之间的联系和依赖的路径。该路径的运行依靠联系要素和依赖要素。而其中,联系要素联系着各种依赖要素,联系要素能建立或者终止价值界面。全球"制造与服务混沌模块化网络"是跨国公司控制协调下的创新网络,跨国公司通过外包契约寻找合适的接包企业为其合作伙伴。一般而言，生产性服务模块供应商往往处于被选择和被动的位置，其与跨国公司的关系也并不是对等的平等关系，而是存在有一定程度的层级。跨国公司会在契约中制定一定的耦合规则，只有满足一定耦合规则的生产性服务模块供应商才能有条件进入"制造与服务混沌模块化网络"之中。所以契约是全球"制造与服务混沌模块化网络"中的联系要素。

但生产性服务外包和一般制造产品的外包又有很大的不同，对于实体制造产品来讲，其外包的标准是固定的，契约也可以以比较完备的形式来进行签订，基本可以涵盖所有预期的情况。而对于生产性服务产品而言则不同，这是由生产性服务产品的特点决定的。我们知道，生产性服务产品的消费具有结果感知的主观性，即生产性服务产品与实体商品相比较，生产性服务的特质及组成服务的各项元素在许多情况下是无形的，不能让人凭一个严格的标准而判断生产性服务价值的大小，这就带来了构成生产性服务的成分及其质量难以统一定性，生产性服务产品消费的结果在很大程度上是由顾客的主观感受决定的。另外，在整个生产性服务消费过程中，顾客如果不参与生产性服务产品生产过程，就不能享受完整的服务，这一特征要求服务消费者必须以积极的、合作的态度参与生产性服务生产过程。因此，生产性服务产品的生产过程是生产性服务供应商、制造模块供应商、顾客共同协作的过程。在协作的过程中，各生产性服务模块供应商之间，生产性服务模块供应商与制造模块供应商之间，以及各模块供应商与顾客之间的互动结果对生产性服务消费效果的体验具有很大的影响。因此，各模块供应商必须全力合作，互相协同，并让顾客参与到生产性服务生产过程之中，才能生产出优质的生产性服务产品。这些特点决定了全球"制造与服务混沌模块化网络"中舵手企业（跨国公司）以及各模块供应商之间的信任对耦合的效果有重要的影响。

再者，生产性服务模块与价值链上下游的制造模块（或其他生产性服务模块）之间的联系具有流程性或序贯性。对于制造业模块化网络而言，各制造模块在生产时只需遵循一定的设计规则即可，单独的制造模块可以与其上下游的制造模块在时间上分离而生产，因为在设计规则既定的前提下，最终拼插的产品与各模块的生产时间次序是无关的。但对于"制造与服务混沌模块化网络"则不同，基于生产性服务生产的参与性特点，生产性服务模块在进行生产时必须借助于上下游的合作伙伴的参与才能有效生产，且必须依次序生产生产性服务，所以具有流程性和序贯性特点。这一特性决定了全球"制造与服务混沌模块化网络"中上下游的合作伙伴之间（包括生产性服务模块供应商之间或生产性服务模块供应商与制造模块供商之间）关系紧密。由于生产性服务价值判断主观性的特点决定了"制造与服务混沌模块化网络"中生产性服务模块供应商与上下游合作者之间的界面接口标准并不像实体制造商品生产者所形成的模块化网络一样，是一个标准的界面，它需要合作双方长期的磨合才能形成，因此，生产性服务模块供应商会在与其上下游的合作伙伴长期互动的过程中形成特定的默契诀窍（即默会知识）。所以，它界面交互的知识既有跨国公司制定的界面规则中明确的显性知识，也包括上下游企业间互动过程所产生的难以编码的隐性知识。通过分析可知，全球"制造与服务混沌模块化网络"中价值节点间耦合的联系要素即包括显性知识，也包括难以编码的隐性知识。

综上所述，全球"制造与服务混沌模块化网络"中的耦合要素可用图 4 – 11 表示。在图 4 – 11 中，我们可以看出，与制造业模块化网络相比，非常明显的一个重要区别就是，在"制造与服务混沌模块化网络"中，信任要素所起的作用更为显著。这将导致全球"制造与服务混沌模块化网络"中的耦合要素变成图 4 – 12 所示。

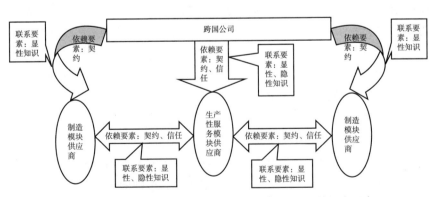

图 4 –11　全球"制造与服务混沌模块化网络"中的耦合要素

资料来源：笔者自行绘制。

	I	I′	a	b	c	d
I						
I′						
a	×	Δ		×		
b			×			
c	×	Δ				×
d					×	

图 4 - 12　全球"制造与服务混沌模块化网络"中的设计规则

资料来源：笔者自行绘制。

　　与图 4 - 10 相比，图 4 - 12 加入了 I′（信任）这一设计规则，其原因就是前面我们分析的"制造与服务混沌模块化网络"中生产性服务产品所具有的特点决定的，单纯的契约设计规则已经无法满足全球"制造与服务混沌模块化网络"中的耦合要求，只有加入信任这一设计规则才能使该网络生产出满足顾客需求的产品。由前面的分析可知，全球"制造与服务混沌模块化网络"中的节点模块是由一个个具有自身目标的模块供应商组成的，因此该网络与一般的制造业模块化网络一样，仍具有较强的内聚度。但由于 I′（信任）这一设计规则的出现，相比较于一般制造业模块化网络，这会使更多的信息保留在节点模块之间，使其耦合度变成较强的耦合度。因此，全球"制造与服务混沌模块化网络"具有强内聚度和较强的耦合度特性。产生这种现象的原因就在于信任这一设计规则要素的出现。

　　（2）全球"制造与服务混沌模块化网络"形成强内聚度、较强耦合度的原因——组织信任分析。格拉诺维特（1985）认为，经济行为是嵌入社会结构的，嵌入的网络机制是信任。因此，非常有必要对全球"制造与服务混沌模块化网络"形成强内聚度、较强耦合度的原因——组织信任进行相应的分析。

　　①组织信任的内涵。多尼和卡农（Doney & Cannon，1998）认为，组织信任是组织和组织之间的信任，它属于组织水平的范畴；王炳成、冯月阳等（2021）也认为，组织信任是组织成员共同拥有的对伙伴企业信任导向的程度，主要表现为企业间的信任。

　　全球"制造与服务混沌模块化网络"具有高接触和高合作性的特

点，决定了全球"制造与服务混沌模块化网络"的信任既要遵守网络系统设定的显性规则，又要依靠建立在组织间的集体身份认同。这种集体身份认同是各网络成员之间在长期互动之中所产生的，它可以促使网络成员不会轻易采取机会主义行为。

②全球"制造与服务混沌模块化网络"中组织信任产生的原因。全球"制造与服务混沌模块化网络"中信任产生的原因有四种：

第一，持续交易。交易的长期性决定了现在的行为会对未来产生不可消除的影响，为了交易持续进行下去，组织必须重复依赖和加强相互之间的信任关系，这种关系可用重复博弈模型来进行说明。假设 A 和假设 B 是"制造与服务混沌模块化网络"的两个交易企业，A 企业的策略空间是 {信任，不信任}，B 企业的策略空间也是 {信任，不信任}，如果它们之间的交易只发生一次，当 A 企业选择信任策略时，B 企业选择信任策略时的收益为 c，采取不信任策略时的收益为 d，d＞c；在 A 企业选择不信任策略时，B 企业选择信任与不信任策略时的收益都是 0（见表 4－3）。因此 B 企业的占优策略是不信任，同样也可以分析 A 企业的收益。所以，一次性博弈的纳什均衡解是 {不信任，不信任}，A 企业和 B 企业都有机会主义倾向，它们之间的信任机制不可能建立起来。

表 4－3   A 企业和 B 企业的一次博弈

		B	
		信任	不信任
A	信任	c, c	－e, d
	不信任	0, 0	0, 0

资料来源：笔者自行绘制。

如果博弈的次数不是一次，而是无限次进行下去，在这种重复博弈中，企业的不合作行为会对未来的收益产生影响，在选择当前的策略时，未来的预期收益必须要考虑在其中，影响收益矩阵的因素有合作交易的历史和合作伙伴之间的信任、声誉、未来的预期收益等。假设在表 4－3 中，企业 1 已经采用了触发策略，企业 2 也采取触发策略，在 A 企业信任的情况下，B 企业采取信任策略的每期收益为 C 企业，无限次重复博弈的收益总和为 $c(1 + \delta + \delta^2 + \delta^3 + \cdots) = c/(1 - \delta)$，$\delta$ 为小于 1 的折现因子；假如在 A 企业信任的情况下，B 企业采取不信任策略，第一次博弈的结果是 B 企业获得大的收益 d，但是从第二次开始，A 企业将永远采取不信任策略，B 企业的收益从此为 0，则 B 企业的总收益为 $d + 0(1 + \delta + \delta^2 + \delta^3 + \cdots) = d$。可见在 $c/(1 + \delta) \geqslant d$ 的情况下，即 $\delta \geqslant c/b$ 的时候，企业 2 将采取信任策略，双方会取得长期的均衡。

"制造与服务混沌模块化网络"中由于生产性服务的特性使生产性服务模块供应商与其他模块供应商之间联系紧密，并且密切配合才能提供满意的顾客价值。从长远来看，生产性服务模块供应商一般不会只顾眼前的利益而采取机会主义行为，双方都愿意对信誉资产进行投资以期建立信任的长期合作关系。

第二，群体环境。"制造与服务混沌模块化网络"中的生产性服务模块供应商是属于网络的一员，"背靠背"的竞争特性决定了生产性服务模块供应商必须在不同的"制造与服务混沌模块化网络"中流动，如果某个生产性服务模块供应商在交易中发生机会主义行为，那么不仅本次交易的对手会中止与其的交易行为，而且其他的网络成员也会中止与该成员的交易行为，此时，如果组织所有成员对产生机会主义行为的生产性服务模块供应商的惩罚大于其所得的话，那么就能保证信任与合作是一个纳什均衡。

由于两个成员之间的交易可能是有限的，而在"制造与服务混沌模块化网络"中一个成员与所有成员之间的交易可以被认为是无限的，"制造与服务混沌模块化网络"的存在使成员与成员之间的交易关系转化为了成员与整个网络之间的交易关系。因此，是这种网络关系背景保证了信任的存在。

第三，契约的约束。预防机会主义行为的一个常用手段是签订一项明确的、具有约束力的契约，迫使合作成员选择信任与合作的策略。这种契约以两种方式起作用：第一种是处罚，即是当发现对方有机会主义行为时，请求第三方按照契约的约定来惩罚对方，弥补己方的损失；第二种是激励，即是给对方一定的物质或精神激励，鼓励对方采取信任与合作的行为。在这两种方式中，对于第一种来说，如果当事人向第三方提供证据的行为产生的成本 $c < d$（对自己损失的弥补），则"信任与合作"就是一个纳什均衡，对于第二种方式来说，只要激励的获得 $e > f$

（采取机会主义的获得），则对方从理性角度考虑，会采取信任与合作的策略。

第四，生产性服务模块供应商的效用函数中引入了新的变量。所谓引入了新的变量是指在生产性服务模块供应商的效用函数中引入了变量，使之偏好合作与信任，而不会采取机会主义的行为，这个变量就是"制造与服务混沌模块化网络"内部的道德规范、共同的价值观、共同的愿景等，也包括在生产性服务模块供应商内部员工中引入的变量，如信奉信任与合作的文化、抛弃欺诈的短视的机会主义行为等。拉泽尔（Lazear，1981）认为可以在个人效用函数中引入新的变量，从而改变占优战略。例如当产生不合作行为时会产生愧疚感，严重时甚至会产生犯罪的感觉，通过这种方式使企业产生合作的意愿，降低欺诈所获得的效用，使欺诈行为不再是一个占优战略。

③全球"制造与服务混沌模块化网络"中组织信任的表现。不同的学者从不同的角度分析组织信任类型，典型的包括以下几种：

其一，莱维奇和邦克（Lewicki & Bunker，1995）认为，虽然信任的类型可以划分为多种，但多种信任类型之间是存在逻辑关系的。当上一个层面的信任达成之后，在它的促进之下，后一个层面信任就可以产生。他们以不同层面的信任作为划分标准，将信任划分为了解型、认同型、谋算型三种类型。

其二，阿德勒（Adler，2001）以信任的生成机制为划分依据，划分出了四种不同的信任：熟悉型、计算型、规范型和反应型。他认为在现代社会中，计算型信任是通过主观估计别的企业合作意愿的可能性，可能性大就建立信任感，而这种主观估计往往偏差过大。熟悉型信任与规范型信任往往与市场社会的特性相违背。因此，阿德勒（2001）认为反应型信任应当是现代社会中最主要的信任形式，这种信任形式比前三种信任更为理性，因为它以反应为前提，以规范为中心。

其三，朱克等（Zucker et al.，1986）以及李金波（2008）划分了三种不同类型的信任：第一种是基于过程的信任。这种信任的产生基于合作双方过去交易的经验，也就是说一个企业可以根据交易伙伴在过去交易过程中所表现出来的信誉和行为而决定是否给予对方信任。第二种是基于特征的信任。这种信任依赖于双方社会背景的相似性，如果交易对象与自己在社会背景方面有更多的相似性，则可以给予对方更多的信任。第三种是基于制度的信任。这种信任依赖于规章制度。它的产生有两个原因：一是当交易双方在地理位置上相距较远时，双方的信任感比较容易基于制度的信任而产生；二是当交易双方具有较远的社会距离时，如分属不同文化背景和知识背景的团队，而这些团队的价值观和交易预期也有很大的不同，这时也比较适合建立制度型信任。

以当前对信任的分类为基础，并结合全球"制造与服务混沌模块化网络"的特征及组织信任产生的原因，全球"制造与服务混沌模块化网络"中的组织信任表现为以下几种：

其一，了解型信任。在全球"制造与服务混沌模块化网络"中，了解型信任的前提是基于对对方的了解所感知到的一种信任，相信对方不会利用自己的弱势而产生机会主义行为。这种信任不是由于重复博弈产生的，也不是由于制度的约束产生的，而是源自机会主义行为的有限性和己方对对方不会利用自身弱势的判断。在全球"制造与服务混沌模块化网络"中，了解型信任产生的背景是双方刚开始合作，没有可资利用的判断信息，双方对对方的专用性投资程度都很低，了解型信任是这一时期双方的一种最佳选择。了解型信任类似于威廉姆森所定义的弱信任（Williamson，1979），他认为弱信任产生于高度竞争的市场，市场中产品质量的好坏非常容易判断，交易双方的数量也非常多，买卖双方没有对对方进行任何的专用性投资。所以可知，市场上的买卖双方可以采取的机会主义行为非常有限，因此双方更倾向于采取信任的行为。

其二，过程型信任。过程型信任是在了解型信任的基础上发展起来的，长期持续的相互交易关系有益于强化全球"制造与服务混沌模块化网络"中生产性服务模块供应商与其他模块供应商之间的关系。长期的持续交易是双方无限次的博弈行为，双方是否对对方采取信任的行为取决于以下的计算结果，即当企业自身采取信任行为时，其所获得的为总收益，而保持和维护这种信任所付出的作为总成本，二者之差如果为正的话，企业就会持续采取信任行为。在重复博弈中，行为的一致性倾向产生可预期的期望，通过生产性服务模块供应商与其他模块供应商之间的持续相互作用，产生声誉效应，形成长期未来远景期望机制，从而建立过程型信任。

其三，制度型信任。在全球"制造与服务混沌模块化网络"中，制度型信任被认为是一种网络治理机制，当网络中交易的双方都有一些明显的弱势，而这些弱势又可能被交易对象所认知和利用时，可以通过网络中的治理机制限制这种利用对方弱势的机会主义行为产生，使合作与信任的行为产生，这时的信任就是制度型的信任。制度型信任可以通过两种机制得以实现：一是基于跨国公司所制定的明确的设计规则；二是基于全球"制造与服务混沌模块化网络"内部市场声誉制度。在第一种机制中，规范的设计规则已经界定了公开的合作规范。生产性服务模块供应商与其他模块供应商之间的交易无法在事前就可能影响交易关系的所有未来事件做出一一规定，即契约是不完全的，不完全的契约将导致机会主义行为的产生，当企业无法通过自身的努力降低对方的机会主义行为时，通过跨国公司制定的设计规则所建立的制度型信任对于弥补契约的不完备、达成双方的合作与信任就变得非常重要。第二种机制是基于全球"制造与服务混沌模块化网络"的关系治理机制。在"制造与服务混沌模块化网络"中，任何生产性服务模块供应商的交易信息都会为网络成员所共知，如果某个成员与网络中的其他成员在交易中曾经有过欺诈行为，那么这种欺诈行为信息就会在网络信息共享机制的作用下，迅速在整个网络中传播开来，从而使该成员失去未来与别的成员交易的机会，失去未来交易机会的企业既要付出未来收益缩水或退出整个网络组织所带来沉没成本损失的代价，又要付出无形的声誉损失。

其四，认知型信任。无论过程型信任还是制度型信任在实际运作过程中都要付出比较高的监督与履行成本的代价，而认知型信任是一种运作成本较低的自我监督型信任。它即使在交易双方都存在很大的弱点或者在网络中的治理制度不健全的情况下，认知型信任仍然可以保证交易双方的相互信任与合作。认知型信任来源于对交易对象的价值观、企业制度、企业文化等方面的认同。它又可以分为两种类型：一种是对交易方员工的个人认可和信任；另一种是对交易对象的企业制度和企业价值观的认可。认知型信任产生的现实基础是企业所拥有的社会资本，所谓社会资本是指能够被企业控制和使用的、有利于实现企业目标的，嵌入网络结构中的显在和潜在的社会资源，具体的内容包括：共同的价值观和价值取向、企业文化、关系结构、治理风格和历史背景等。社会资本作为一种网络关系资源，是认知型信任产生的重要基础，并且随着社会资本积累得越多，企业之间的联系和交往也变得越强，信任度变得越高。

　　以上四种信任在全球"制造与服务混沌模块化网络"发展的各个阶段是有主次性和次第性的。在"制造与服务混沌模块化网络"刚刚创建阶段,生产性服务模块供应商只能依据其所掌握的其他成员的有限信息,如企业类型、近期表现、企业经营现状等来选择网络合作伙伴,有一定的选择风险存在。这时所形成的信任关系是了解型信任关系,随着与合作伙伴交易次数的提高,双方逐渐认识到长期交易比短期的交易更能获得大的收益,因此,双方产生了基于算计型的信任关系,也即前面提到的过程型信任开始产生。然后,在跨国公司和成员模块供应商的共同努力下,界面规则、标准和结构等开始慢慢成熟,全球"制造与服务混沌模块化网络"的组织边界也逐渐稳固,生产性服务模块供应商与共他模块供应商在交易时的风险降低,同时,交易的圈子慢慢固定下来,这时制度型信任开始产生了。最后,随着生产性服务模块供应商和合作伙伴之间的联系和交往更加紧密,企业价值观、价值理念、企业文化等相互融合,网络组织内部积聚的社会资本变得较为丰富,以此为基础,认知型信任也进一步得到发展,成为全球"制造与服务混沌模块化网络"信任的主要形式。

　　(3) 全球"制造与服务混沌模块化网络"中强内聚度和较强耦合度的证明。在这里以数量分析的形式来分析全球"制造与服务混沌模块化网络"中的强内聚度和较强耦合度特性。根据西蒙的观点,内聚度和耦合度分别与节点模块供应商内部的信息和节点模块供应商交互界面间信息的强弱有关,所以可用节点模块供应商内外依赖关系的大小来测量内聚度和耦合度的相对关系。当用这种方式来测量"制造与服务混沌模块化网络"时,原型模块供应商的相对关系为:

$$T_1 = \frac{P_w - P_b}{P_w + P_b} \qquad (4-1)$$

　　在式 (4-1) 中,P_b 表示各节点模块供应商之间存在的相互依赖关系的总和,即节点模块供应商间信息的耦合度;P_w 表示各节点模块供应商内部各要素之间的相互依赖关系的总和,即节点模块供应商内信息的内聚度;那么,当 $P_b = 0$ 时,$T_1 = -1$;当 $P_w = 0$ 时,$T_1 = 1$,所以 T_1 的取值范围为 [-1, 1]。引入设计规则时,式 (4-1) 变为:

$$T_2 = \frac{P_w - P_b}{P_w + P_b + R_c} \qquad (4-2)$$

　　式 (4-2) 中 R_c 表示移入设计规则后的节点模块供应商之间相互

依赖要素的总和，其他参数含义同上。同理，我们前面分析到，对于生产性服务的模块化比制造业的模块化多了一个信任的设计规则，所以生产性服务模块供应商之间的关系为：

$$T_3 = \frac{P_w - P_b}{P_w + P_b + R_c + R_c'} \qquad (4-3)$$

我们先来比较式（4-2）和式（4-3），可以这样认为，对于一个松散耦合组织来讲，当原型模块之间的依赖关系没有完全被移入设计规则之中时，这种模块化不能移之为完全的模块化，只能说是部分的模块化，没有移入设计规则的依赖关系越多，整个系统的模块化程度就越低。对于式（4-2）和式（4-3）来讲，其模块化程度应当是一样的，由此，"制造与服务混沌模块化网络"中成员模块之间的耦合度要大于制造业模块化网络中成员之间的耦合度，即可得证。

4.2.3 "自动响应"和"人为响应"结合的协调原则

1. "自动响应"和"人为响应"的内涵

响应性是奥顿和威克（orton & weick，1990）首次提出的概念，他们认为响应性是在一个不断变化的环境中，组织系统的各个节点模块供应商为了保持它们之间某种程度的一致性所表现出来的特性。后来，斯特凡诺和安德烈亚（Stefano & Andrea，2005）在此研究的基础上认为，由于系统的一致性，带来了系统响应性的问题，响应是一方面是对外部环境刺激的反应（也可称为适应环境的能力），另一方面是对于环境的改造（也可称作系统自身的适应性创造条件）。在此基础上，两位学者提出了"自动响应"（automatic responsiveness）和"人为响应"（enacted responsiveness）的概念，所谓"自动响应"是指系统界面和节点模块供应商是确定的，即使改变也是在一个事先确定的范围内进行的。这是由于系统对界面管理及节点模块供应商之间的关系管理有超乎寻常的知识积累，节点模块供应商相互之间作用的界面规则完全可以事先准确无误地确定下来。因此，在这样的界面规则指导下，各节点模块供应商可以独自地仅关注自身的活动和进行自身相关模块产品的开发。这种观点是产品模块物理功能向生产产品组织模块的功能映射，其理论基础是产品层面的界面规则决定组织层面的界面规则，因为二者之间在模块行动的范围，模块依据功能所采取的行动方面以及对信息的接收和传送方面都是相同的，所以可以认为产品结构决定了组织模块结构。

　　上述的 "自动响应" 模式虽然具有很多优点，但它也具有不可忽视的缺点。环境变化非常剧烈的情况下，要求系统对环境的变化必须比较敏感，而前述按事前确定好的规则进行 "自动响应" 的模式会造成对界面规则的过度依赖而对环境变化的反应灵敏不足，这就可能会掉入一种危险的误区（Bolman & Deal，2017），因此，一个系统必须按照环境的具体情况，在必要时能够利用探索式知识、方法和程序改变它们对内部和外部环境的命令传达、信息过滤、沟通交流方式，这被称为 "人为响应" 模式（Stefano & Andrea，2005）。这种响应发生在系统的界面规则并没有事先详细的规定，而系统为了保持与环境的兼容性所必须灵活地对外部的环境加以应对的情形。"人为响应" 模式需要借助管理行为和介入行为来完成。

2. 全球 "制造与服务混沌模块化网络" 中的 "自动响应" 与 "人为响应"

　　国内学者王建安、张钢（2008）提出了一个以 "自动响应" 和 "人为响应" 来分析组织类型的框架，他们认为，所谓独特性是指当对系统一个组分中的参数进行调整时，这种调整不会受到其余组分之间各种依赖关系的限制，若受到限制，即无独特性。反之，则有独特性。响应性是指各组分之间的依赖关系的状况，以及依赖关系的类型。他们的研究进一步将响应性分为三种类型：第一种是人为响应，是指当一个组分的参数产生变化时，其余组分会人为做出调整以适应前述的组分所发生的变化；第二种是自动响应，当一个系统有确定的设计规则和界面规则时，当某一个组分发生变化时，其余组分会根据设计规则和界面规则自动发生调整；第三种是无响应，就是当系统中有一个组分变化时，其他组分没有任何调整行为。这样就得到了如表 4 - 4 所示的分类。

表 4 - 4   根据独特性和响应性的分类

响应性	独特性	
	有独特性	无独特性
人为响应	松散的耦合组织	紧密的耦合组织
自动响应	松散的去耦合组织即模块化组织	紧密的去耦合组织
无响应	松散的无耦合组织	紧密的无耦合组织

资料来源：王建安、张钢：《组织模块化及其测量：一个基于松散耦合系统的分析框架》，载于《西安电子科技大学学报》（社会科学版）2008 年第 6 期，第 5~14 页。

王建安、张钢（2008）认为当系统的节点模块有独特性且节点模块之间有人为响应方式进行联系时，系统属于松散的耦合组织；松散的耦合组织和松散的去耦合组织的差别是松散的去耦合组织中多引入了一个设计规则，然后将原来模块之间的依赖关系移入了该设计规则之中。即原型模块之间的耦合关系被移入了设计规则之中，因此被称为去耦合组织，也就是模块化组织。所以我们从以上的描述中可知，王建安、张钢（2008）所认为的模块化组织更多指的是制造业模块化组织，其设计规则是既定的。那么全球"制造与服务混沌模块化网络"应当属于哪种情形呢？

斯特凡诺和安德烈亚（2005）在研究"人为响应"和"自动响应"的规律时，总结出了三个影响因素：不确定性、复杂性和模糊性。不确定性是有关发现解决给定问题所需信息的；复杂性是关于要解决的系统所包含的不同子模块的数量、种类和相互之间的联系的；模糊性是一种不清楚所要解决的问题的状态。然后斯特凡诺和安德烈亚（2005）分别分析了上述三种因素对"人为响应"和"自动响应"的影响，我们也可以用这三种影响因素来分析其对全球"制造与服务混沌模块化网络"中响应性的影响情况。

（1）不确定性。不确定性是指缺少相关的信息进行相应的决策，有时候尽管系统不一定是非常复杂的。不确定性是与信息的不对称性密切相关的，有用信息的获取量与不确定性是负相关的，即通过从大量的数据噪声中获得有用的线索，然后进行过滤、筛选，最终将它们转化成有用的信息，这可以减少不确定性，从而提高预测的准确度（Heising，2012）。

　　与制造业生产的实体产品相比，第一，生产性服务产品的易逝性、无形性等特性使生产性服务的供求始终难以平衡；第二，顾客有时往往可以推迟某些生产性服务，甚至可以自己来实现某些生产性服务的内容，这也会导致生产性服务需求的不确定性。斯特凡诺和安德烈亚（2005）认为不确定性的增加会使系统的去耦合性增加，因为去耦合的系统更适合获取新的信息。在去耦合系统中，个体单元变成了一个独立的单位，能按照自己的模式来监测外部与自己不同的、关系疏远的、不同地理位置的资源变化，从而获取新的数据来转换成有用的信息。因此，在"制造与服务混沌模块化网络"中，不确定性与节点模块的独立性成正相关，与节点模块的人为响应度负相关。

　　（2）复杂性。复杂性是指组成系统元素的数量多样性及相互之间关系多样性。在全球"制造与服务混沌模块化网络"中，由于生产性服务产品消费的主观性和无形性使生产性服务产品之间的差异远远大于制造业的实体产品，当在该网络中生产性服务产品的种类及其供应商的种类增加时，跨国公司需要更多的精力来设计每一个特定的模块标准，这些会造成模块独特性的增加。因此，全球"制造与服务混沌模块化网络"中的复杂性与节点模块供应商的独立性成正比。

　　如前所述，生产性服务产品的生产和消费具有序贯性，且顾客也会参与到整个生产性服务的生产过程之中。这一特性使生产性服务模块供应商之间关系变得比较复杂。关系复杂性的增加就造成了相互之间协调的困难，一个节点模块供应商的变化会造成其他节点模块供应商也必须进行相应的变化才能达到整个系统的兼容。因为生产性服务的无形性和服务消费的主观性，很多时候这种变化是无法根据事先确定的规则来进行调整的，所以全球"制造与服务混沌模块化网络"中的复杂性与节点模块供应商之间的"人为响应"成正比。

　　（3）模糊性。模糊性和所要解决的问题的不确定状态有关，因此也就没有能力去解决相关的问题。降低系统模糊性的方法是通过流程再造将系统分解成更小的子系统，这样就会更进一步了解需要解决的问题所处于的位置，从而进一步解决它（Stefano & Andrea，2005），在这一点上和解决不确定性问题不同，不确定性问题的解决是需要知道更多的有用的信息，而解决模糊性则需要重新分解构造系统（有时候可能会需要更少的信息）。进行模块化分解的方法因为增加了每一个节点模块供应商的独立性和降低了节点模块供应商之间联系的复杂性,所以使模糊问题的解决更具有针对性。约瑟夫和加巴(Joseph & Gaba, 2020)认为系统关于模块流程分解的知识是迭代螺旋进行的,伯恩和佛朗哥(Bourne & Franco, 2018)也认为应用模块化分解的方法来解决系统模糊性,就像资产和现金流的关系,或是存量和流量的关系。当模块化分解的知识积累到一定程度的时候,会达到一种存量状态,即处于可解决系统模糊性问题的状态;而当模块化分解的知识积累的时候,是一种流量状态,这时系统模糊性问题是存在的,是一种未解决状态。在全球"制造与服务混沌模块化网络"中,如前述 4.2.1 节中分析的那样,跨国公司已经在将顾客需求和生产性服务模块设计联系起来这一方面非常成熟,所使用的 QFD 方法也是一种极为有效和科学的方法。而这些模块化设计方法已经大大降低了该网络中系统所面临问题的模糊性。由此可知,"制造与服务混沌模块化网络"中的模糊性与节点模块供应商的独立性呈负相关,与节点模块供应商之间的"人为响应度"成正相关。

我们可以将上面(1)、(2)、(3)的结论用图 4-13 表示。

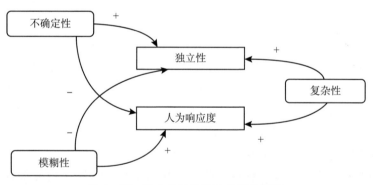

图 4-13 独立性与响应性的影响因素

资料来源:笔者自行绘制。

在图 4-13 中,虽然不确定性的降低、复杂性的降低及模糊性的增加会降低节点模块的独立性,但各个节点模块作为一个半自律主体的性质不会改变,即其独立性个体的性质不会改变,改变的只不过是独立性的程度,否则整个系统就成了一体化的组织或非网络组织。

在全球"制造与服务混沌模块化网络"中,因在该网络中的各生产性服务模块供应商的运行必须依靠跨国公司所制定的界面规则，即在正常的状态下，通常以"自动响应"方式来进行运营。而从以上分析可知，不确定性与"人为响应"度成负相关关系、模糊性与"人为响应"度成正相关关系、复杂性与"人为响应度"成正相关关系。当系统复杂性、不确定性及模糊性交错变化出现时，会造成系统对"人为响应"需求程度的增加或减少交替出现的状态，所以在全球"制造与服务混沌模块化网络"运行的过程中，通常会表现出"自动响应"和"人为响应"相结合的协调原则特性。

3. 全球"制造与服务混沌模块化网络"中"自动响应"与"人为响应"的运行机理

当外部环境出现不确定性、模糊性和复杂性交替变化时，会使市场上的顾客需求呈现出非常复杂的变化。为了应对顾客需求的变化，跨国公司想做出预测，但其难度可想而知。而跨国公司为了在国际市场竞争中取得优势地位，又必须保持一定程度的顾客服务水平，在这样的压力之下，跨国公司不约而同地将延迟制造技术与生产性服务模块化技术结合起来以应对环境中的变化。生产性服务必须能被大规模制造和模块化才能应用于延迟制造，现今的研究者基本上已经对此达成一致意见，如阿劳霍和斯平（Araujo & Spring，2006）认为生产性服务可被大规模生产，生产性服务的多样化可通过生产性服务模块的标准化、生产性服务质量检测和生产性服务功能的自动化来实现。我们下面先分析全球"制造与服务混沌模块化网络"中的生产性服务延迟制造机制①，然后在此基础再分析顾客多样化需求的响应协调机制。

（1）跨国公司生产性服务的延迟制造机制。生产性服务的延迟制造是指尽量延迟生产性服务产品的生产和最终产品的组装时间，也就是尽量推迟产品个性化定制方面的完成时间，尽量延长生产性服务产品的一般性。这种机制的实现机理是：一般情况下，企业进行生产预测时，预测的时间点相距需求发生点越近，则预测的结果就会越准确。反之，

---

① 因本书主要涉及的是生产性服务企业的战略，所以在这里谈及"自动响应"与"人为响应"运行机理时，主要以生产性服务模块的组合（通用生产性服务模块和专用生产性服务模块）进行论述，其实组合之中也包含实体制造模块的通用制造模块和专用制造模块，这样虽然组合的方式增多了，但机理仍然是一样的，即"自动响应"与"人为响应"。

则会越来越不准确。其原因是预测的时间点越向需求发生点推移，企业可以获得的产品需求信息越精准，减少了信息不对称性的可能性，所以可以提高产品生产预测的准确度。有效的生产性服务延迟制造可以提升全球"制造与服务混沌模块化网络"的柔性，降低成本、提高效益，同时还可以更好地满足不同顾客的服务需求。

在生产性服务模块化的前提下跨国公司进行延迟制造的基础思想是：在明确顾客需求之前，全球"制造与服务混沌模块化网络"只生产通用的生产性服务模块①和实体产品模块，在明确顾客需求之后，再生产与通用模块相配合的专用模块产品，这样既缩短了提前期，又使生产性服务产品最大限度地满足了顾客的服务需求，增强了个性化需求的灵活性。所以，可以看出，"制造与服务混沌模块化网络"实施延迟制造活动的一个非常重要的关键因素是对顾客需求把握的时机，即顾客需求的切入点（或称去耦点，customer order decoupling point，CODP）。兰佩尔和明茨贝格（Lampel & Mintzberg，2011）认为在标准化生产性服务和定制化生产性服务之间，其程度是连续变化的，标准化生产性服务更多地发生在供应链的上游，而定制化生产性服务更多地发生在供应链的下游，依据程度的差别，会出现的两种极端情况是纯标准化和完全的定制化。所以，现代生产性服务的生产存在两个极端：一个是生产性服务的生产在顾客发出订单之前就已经发生了（此处当然是指生产该项生产性服务所需的程序及各项资源均已备好），这种行为是完全建立在预测基础上的；另一个是生产企业等到顾客下了订单之后，即完全掌握顾客的需求信息之后再开始生产生产性服务产品，这样由于企业所获得的是顾客需求的完全特定信息，所以产出的生产性服务产品应当是完全符合顾客需求的产品。但这种模式有一个缺陷，就是顾客从发出订单到接收服务之间的等待时间过长。因此目前跨国公司一般会在这两种极端情况的中间选择一个点来生产产品。首先，跨国公司会预测顾客需求，然后在需求预测的基础上开展早期的生产步骤，在收到顾客订单之后，跨国公司会根据订单需求调整后续的定制化步骤。在这两个步骤之间存在一个转换的点，即从预测生产的模式向订单生产的模式转换的点，这个

---

① 此处的事前生产生产性服务模块并不是指像生产实体产品模块那样，将生产性服务模块生产出来之后贮存在那里，而是指事前先确定好生产某生产性服务模块所需要的标准和程序以及所需要的各项资源，以便在需要生产该生产性服务模块时可以即时而迅速地生产。

点就是去耦点。如果把预测生产的模式称为推的模式，把订单生产的模式称为拉的模式，那么去耦点也可称为推拉边界。由此可以看出，CODP 的位置越靠近顾客，延迟制造规模越小，顾客定制化活动复杂程度越低，快速响应顾客需求的能力越高。若 CODP 的位置过于偏向供应链的上游，那么通用化阶段就无法产生相应的规模经济，若 CODP 的位置过于偏向供应链的下游，由于顾客定制化的程度较低，则无法获得差异化的优势。多尔吉和伊万诺夫（Dolgui & Ivanov，2020）认为客户定制化通常与订单介入点（OPP）或顾客订单耦合点联系在一起，根据 OPP 点的不同，CODP 会出现在供应链的四个位置上（Olhager，2003）。

其一，按订单销售（make-to-stock，MTS）。在这种生产方式中，所有生产性服务均已按通用化阶段要求生产（即准备）出来，销售活动是不由客户订单驱动的，顾客只能在已生产出来的生产性服务产品中进行选择。

其二，按订单装配（assemble-to-order，ATO）。CODP 处于生产与装配之间，是指当客户的订单到达企业之后，企业将若干种通用生产性服务模块组合、装配成定制生产性服务产品，然后将该生产性服务产品提供给客户。这种生产方式也是实现大规模生产性服务定制最常用的手段。

其三，按订单制造（make-to-order，MTO）。是在接到顾客订单之后，在已用生产性服务模块的基础之上进行组合，并加入特有的专用生产性服务模块，最终向顾客提供定制生产性服务产品的生产方式。

其四，按订单设计（engineer-to-order，ETO）。CODP 位于生产性服务产品开发设计之前。当客户订单到达企业之后，企业根据订单设计整个的生产性服务产品，该生产性服务产品完全是按照客户的特殊需求量身定做的。

（2）顾客多样化需求的响应协调机制。当前学者对生产性服务的提供种类进行划分时，一般都采取两个维度：一是生产性服务定制化程度；二是生产性服务模块化程度（Salvador et al.，2004；Ernst，2005；Zhang，Guo，et al.，2019）。因生产性服务产品的一个重要的特征是生产性服务生产过程中的顾客参与性，所以生产性服务定制化程度主要与顾客对生产性服务产品的参与程度有关，顾客的参与度也称为顾客的涉入度，是指顾客参与生产性服务产品生产的程度，这往往也与顾客所拥有的生产性服务产品专业知识有关。可以认为顾客参与度越高则生产性服务产品的定制化程度越高，如侯和帕瓦尔等（Hole & Pawar et al.，2018）也认为顾客参与到相应的生产性服务产品生产中的程度是生产性服务产品定制化程度的标志。沿袭当前主流学者的研究思路，在这里我们仍然用生产性服务定制化程度和生产性服务模块化程度来对生产性服务进行描述。生产性服务定制化程度用前面所分析的顾客参与度来衡量，生产性服务模块化程度用通用生产性服务模块和专用生产性服务模块所组成的服务水平进行描述。据此我们可以绘出图 4 - 14。

在图 4 - 14 中，第一象限是生产性服务模块化程度和生产性服务定制化程度都比较高的象限。在这里，顾客多样化需求的满足是通过通用生产性服务模块及专用生产性服务模块的组合来实现的，通用生产性服务模块来满足顾客的一些共同模式的服务要求，专用生产性服务模块在通用生产性服务模块的基础上来满足某些顾客的特殊需求。通用生产性服务模块会在较早的生产性服务生产流程中生产（准备），一方面可以获得成本的经济性，另一方面也会缩短整个生产性服务生产的顾客等待时间。当通用生产性服务模块生产设计完成之后，顾客的需求偏好会介入生产性服务生产过程，根据顾客的需求偏好进行专用生产性服务模块的生产。因此可以看出，顾客需求的切入点发生在生产性服务生产的早期阶段，其 CODP 模式为 make-to-order，这种方式的优点是既能在一定的成本优势情况下满足绝大部分顾客的个性化需求，又缩短了顾客获得生产性服务产品的等待时间。根据前述的分析可知，这种反应模式中的通用生产性模块是在由生产性服务模块供应商在跨国公司制定的设计规则下自行生产的，而专用生产性服务模块的生产标准在系统的设计规则中并没有事先详细的规定，是系统为了灵活地应对外部的环境而人为调整来完成的，所以其反应模式为"自动响应"与"人为响应"协调型①。

---

① 这里的论述进行了简化，实际情况可以是"通用性制造模块 + 专用性生产性服务模块""专用性制造模块 + 通用性生产性服务模块""通用性制造模块 + 通用性生产性服务模块 + 专用性生产性服务模块""通用性生产性服务模块 + 专用性制造模块 + 专用性生产性服务模块"等多种组合形式。

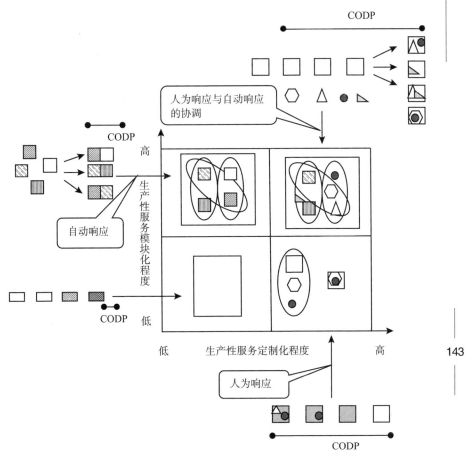

图 4 – 14　顾客需求与响应类型对照

资料来源：笔者自行绘制。

第二象限是生产性服务模块化程度高和生产性服务定制化程度比较低的象限，该象限内的企业生产的生产性服务产品包含了一些通用生产性服务模块，企业用这些通用生产性服务模块之间的组合来满足不同顾客之间的需求，但这些生产性服务产品的定制化程度较低，远远低于第一象限和第四象限内的生产性服务产品，这是因为顾客对这些生产性服务产品生产涉入度较低。生产这种生产性服务产品的前置时间较短，最终装配生产性服务的环节甚至可以延迟到顾客服务的界面之前。去耦点（CODP）发生在装配环节之前，在装配时，通常将通用生产性服务模块进行组装，从服务产品的多样化程度来讲，应当是中等程度，但其顾

143

客定制化水平是属于低等水平。前面已经分析，通用生产性模块的生产完全可以由生产性服务模块供应商在遵守跨国公司制定的设计规则下自行生产，所以这种反应模式被称为"自动响应"模式①。

第三象限是生产性服务模块化程度和生产性服务定制化程度都比较低的象限，企业向顾客提供常规无模块化的生产性服务产品，这种生产性服务产品是标准化的，企业持有少量的几种可供顾客选择的生产性服务产品，顾客参与度对生产性服务产品的生产基本没有影响，我们把这种生产性服务产品称为常规无模块化产品；在生产此种生产性服务产品时，生产企业根据服务需求预测进行几类生产性服务产品的生产，在生产性服务生产的过程之中几乎没有顾客参与，去耦点（CODP）在生产性服务销售的地点。

第四象限是生产性服务模块化程度低和生产性服务定制化程度比较高的象限，服务完全按照顾客的要求进行个性化的定制，所有生产性服务模块的整合完全按照顾客的需求进行，顾客参与的耦合点在产品最早的设计阶段已经介入了，CODP 模式为 engineer-to-order 模式。整个的生产性模块组合中大部分为专用生产性服务模块，或许组合有极少数的通用生产性服务模块来达到极个别的生产性服务产品功能的通用性。其中，专用生产性服务模块的用途基本都是固定的，无法从别的生产性服务产品组成模块中获得。据前面分析可知，这种反应模式符合"人为响应"的特点，即"这种响应发生在系统的界面规则并没有事先详细的规定，而系统为了保持与环境的兼容性必须灵活地对外部的环境加以应对的情形，需要借助管理行为和介入行为来进行完成"。所以这种反应模式被称为"人为响应"模式。②

在上述论述中，基于本书最终目的是研究生产性服务企业的成长战略，为使问题简化且易于理解，在论述中是以生产性服务模块的组合为例来展开论述的，实际运行时最终产品组合中肯定会加入实体制造模块，但实体制造模块的加入是不会改变图 4-14 之中四个象限的响应状态的。

---

① 这里是以通用生产性服务模块的组合为例来进行简化论述，实际情况中不仅包括通用生产性服务模块之间的组合，还包括通用生产性服务模块与通用制造模块之间的组合。

② 这里的论述进行了简化，实际情况可以是"少许通用性制造模块 + 专用性生产性服务模块""专用性制造模块 + 少许通用性生产性服务模块""少许通用性制造模块 + 少许通用性生产性服务模块 + 专用性生产性服务模块""少许通用性生产性服务模块 + 专用性制造模块 + 专用性生产性服务模块"等多种组合形式。

在前面已经分析，鉴于成本与市场区域的限制，全球"制造与服务混沌模块化网络"以完全"人为响应"的方式来进行最终产品的生产是非常少见的。更多的是运行在一种根据界面规则所限制的"自动响应"基态中，但当系统复杂性、不确定性以及模糊性交错变化出现时，会造成系统对"人为响应"需求程度的变化，这时，其运营模式表现出"自动响应"和"人为响应"相结合的协调特性。

4.2.4　依靠知识和信息的模块分解和组合途径

在4.2.1节中我们分析了"顾客需求和服务流程的双重模块化标准"，这是从需求方（顾客方）来进行描述的，而对于生产性服务提供方来讲，应该用什么样的方法来满足这些需求？隐藏在生产性服务流程背后的是企业的什么重要因素？这是我们在这一节所要解决的问题，本节和第4.2.1节的对应关系可用图4－15来表示。图4－15显示了前面我们所分析的基于顾客需求和生产性服务流程的双重模块化标准，而从企业角度来讲，支撑生产性服务流程的是全球"制造与服务混沌模块化网络"中的知识，这些知识按照其属性和专用化的程度被归属于不同的生产性服务流程模块之中，又为不同的生产性服务模块供应商所掌握，没有这些生产性服务流程背后的知识，则"制造与服务混沌模块化网络"将无法提供满足顾客需求的合格产品。

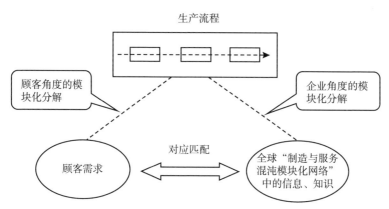

图4－15　基于顾客需求和生产性服务流程的模块化
分解与基于知识和信息分解的关系

资料来源：笔者自行绘制。

1. 生产性服务作业流程中的最小模块化单位：生产性服务要素

在前面的 4.1.1 节中，我们分析了生产性服务模块化的四种标准：以功能进行模块化、以时间进行模块化、以服务作业流程进行模块化、以职能进行模块化。在分析这四种模块化标准的基础上，我们得出结论：以服务作业流程作为生产性服务模块化分解的标准更具有现实的可行性。但其存在的问题是还需将生产性服务作业流程进一步分解至最小的模块化单位，即"生产性服务要素"，这个"生产性服务要素"到底是什么呢？

根据模块化分解的原则，生产性服务要素虽然是最小的可定义的服务单元，但它必须具有完整的生产性服务功能以及自身可以独立实现的服务单元目标，而不同的生产性服务要素，根据其特征以及与其他生产性服务要素之间的关系，可以组合成不同的生产性服务模块。生产性服务要素是不是生产性服务的某个方面的功能呢？在以前学者的研究中，有的学者从功能的角度研究生产性服务要素，这类研究的过程包括两个部分：一是目的描述，描述生产性服务作业的流程中所要完成的功能，把这一功能具体化，并对其进行详细描述；二是进行具体功能的输入与输出分析，通过分析某具体流程环节的物质流、能量流、信号流，来发现这些流量的输入与输出变化，然后根据一定的规则将相似的功能归为一类，成为某类生产性服务要素。这一类的研究者中，如罗伯特等（Robert B. Stone et al.，2000）认为可以通过分析产品中的物质流、信息流、能量流的变化来确定产品中各组成元素的子功能，并可形成元素模块；陶、陈、齐等（Tao，Cheng & Qi et al.，2018）经过研究认为，可以通过对大量产品的功能分析，找出相似的功能，然后形成通用元素模块；卡佳·霍尔塔等（Katja Holtta et al.，2003）通过分析在产品某环节功能中的相似输入与输出流，将共同功能的模块形成通用元素模块。但是这种通过输入与输出流来进行功能分析的方法在应用时却受到了很大的局限，因为生产性服务中流动的主要是知识和信息，生产性服务作业流程中某些环节功能的实现主要依赖于依附于该环节的知识和信息，但若按照知识在各个环节中的输入与输出变化来进行分析也会出现相应的问题，因为知识虽然在生产性服务作业流程的某些环节进行流动，但它的输入与输出的知识表现形式并未发生根本性的变化，所以无法根据知识的转换来归纳出生产性服务元素。另外，我们发现，在生产性服务作业流程中完成相似功能的环节所需要的知识是相同的，因此，对生产流程中生产性服务元素的划分不能基于功能分析中的输入输出流分析法，而应当依据依附在生产性服务作业流程中某些环节背后的知识来进行，如桑切斯（1999）也认为，将服务产品和流程模块联系在一起的桥梁是流程背后的知识，该知识决定了服务产品的功能与服务产品及流程模块的对应关系，进而决定产品流程的架构和服务产品的状况。因此，可以将生产性服务作业流程中拥有共同知识基础的环节进行归类，提取出相应的共同知识，作为生产性服务要素的第一个要素——知识。

我们知道，知识的类型既包括显性知识，又包括默会知识。尤其是在生产性服务业中，很多与上下游环节合作的生产性服务供应商在共同服务顾客的过程中，以及在与参与顾客互动过程中会形成很多的默会知识。在全球"制造与服务混沌模块化网络"中，如果没有信息手段的支撑，设计规则中的显性知识及网络中的默会知识是无法应用于相应的生产性服务作业流程之中并实现一定的功能的。一方面，信息技术以知识库的形式支撑和保证了生产性服务专业知识的建立，在信息技术引入前，生产性服务作业流程之中的复杂知识之间的关系往往很难被总结和厘清，在引入信息技术后由于大量的知识收集和匹配由计算机来完成，使这项工作变得非常简单和清晰。另一方面，信息技术以友好客户界面以及服务流程再造的形式支持了生产性服务环节的分化，在信息技术引入之前，很多服务环节的知识隐藏于生产性服务模块供应商与上下游合作伙伴之间以及与之互动参与的顾客中，处于一种隐藏状态；在引入信息技术之后，这些知识可以被转化成相对比较标准的显性或半显性知识，甚至可被应用于整个系统界面之中。因此，通过这些分析可以看出，知识在生产性服务作业流程之中之所以能起到相应的作用是与信息技术分不开的，所以我们将信息作为生产性服务作业流程中的第二个生产性服务要素。

在生产性服务作业流程之中，基于顾客"能见度线"的视角，生产性服务被分成了三大部分，即生产性服务系统中复杂且不易传递服务价值感知的部分为"黑箱"，顾客可以加以体验的部分为"灰箱"，顾客期望接收到的服务为"白箱"，这三个部分即生产性服务系统中的

"完全不可见""支持活动"和"互动活动"三个部分。在这三个系统中，生产性服务提供者可以通过服务人员或机器设备或软件与系统等与顾客以接触或间接接触的形式完成，但不论接触的形式如何，互动的过程之中都会包括人和机器设备等资源。如海托莱宁和穆勒（Hyotylainen & Moller，2007）认为生产性服务模块化是形成生产性服务包的过程，该过程包括软件技术和硬件技术。其中硬件技术是指运用具有一定技术含量的机械运作来代替员工的活动；软件技术是指人类活动参与到生产性服务提供的过程之中。可见，在生产性服务模块化的生产性服务要素之中应当包含人和机器设备。

综合上述分析，我们将生产性服务作业流程之中的最小构成单位分为人、机器设备、知识、信息四个要素。这样的模块化分解方式的优点包括：一是考虑到生产性服务进行模块化的必要性，这种分解方法更贴近于模块化的意义。四种模块之间的界线比较分明，符合模块之内独特性的原则，每一个生产性服务要素都可被定义为一个独立的子系统，每个模块的功能是可以设计安排的，在随后运行的过程中也可以被修正、替换、归纳，整个生产性服务产出的结果是可控的，这样可以保证生产性服务的质量。二是符合模块间信息最小化的原则。四种生产性服务要素可以通过特定的联系规则有机组合成生产性服务模块，它们之间的接口联系也简单、明确，并具有在特定集群中的共享性。与之相比，其他的切割方式由于无法将生产性模块之间的信息联系最小化，而存在无法进行松散耦合的缺陷。由于生产性服务供应链和制造业实体产品供应链存在很大的不同，生产性服务的效用具有很大的顾客感受主观性，顾客服务满意度也是一个连续的知觉感知，如按照以生产性服务作业过程中的某个微小的离散片段（如事件、服务环节等）来作为生产性服务要素，则又有断开顾客知觉感知带的隐患，即无法将模块之间的信息最小化，并且也不利于生产性服务要素之间的有机组合（尤其是和原离散片段顺序相反的组合）。因此，可对这四种生产性服务要素的内涵总结如下：

（1）生产性服务人员与顾客。生产性服务人员包括整个生产性服务系统的人员，既有后台服务支持人员，也有与顾客互动的人员。高素质、符合有关要求的员工参与是提供生产性服务的一个必不可少的条件，员工的服务态度和水平也是决定顾客对生产性服务满意程度的一个关键因素。顾客通过顾客需求切入点（CODP）参与到生产性服务产品的生产之中，尤其是在现在激烈的竞争环境中，企业往往与顾客结成产品开发的一体化关系，以期提供更符合市场需要的产品。

（2）生产性服务实体设备。生产性服务实体设备是生产性服务要素中最容易标准化的一个要素，这是因为生产性服务实体设备都是有形化产品，非常容易在不同的生产性服务模块之间进行复制。另外，生产性服务人员与生产性服务实体设备也是生产性服务要素中两个可见的要素，是顾客在服务参与的过程中所能接触到的部分，生产性服务实体设备技术的先进性，设备的完善性、易用性等会让顾客感受到企业的服务价值理念，甚至有些顾客会由此联想到企业提供生产性服务的能力。

（3）信息。生产性服务信息要素是利用信息技术收集、整理与生产性服务有关的信息，这些信息存在于顾客、供应商及市场竞争者之中，通过这些信息的分类整理，可以对顾客服务需求偏好、顾客服务需求能力与趋势、顾客需求的方式等进行了解。生产性服务信息要素将大量的消费者数据、供应商数据以及市场数据收集起来，并根据细分市场的不同建立各种专门的数据库，根据这些信息数据库可以转化为服务顾客和进行供应链管理的专门知识。

（4）知识。生产性服务知识要素是生产性服务要素中最重要的要素。它的主要工作在于优化生产性服务程序和生产性服务方式以及创新生产性服务技术并使之成为现实。在跨国公司管理整个产品供应链运营的过程中，会产生很多的交互信息，在现代信息技术的支持下，这些信息会被分类整理成各类数据库，经由现代的信息处理技术，如数据挖掘、统计处理、模糊算法等，这些外在的信息会逐渐转化成全球"制造与服务混沌模块化网络"中的知识。专业的生产性服务知识是生产性服务提供的储量和控制因子，尤其是随着现代信息技术的发展，更多的信息可以非常容易地转化成相关的生产性服务知识，这将改变传统生产性服务的不可存储特性。生产性服务虽然是不可提前储存的，但生产性服务能力（与提供该服务相关的知识、技能等）是可以储存的。

在全球"制造与服务混沌模块化网络"的实际运作之中，上述四种生产性服务要素通过一定规则的互相联系进而构成各种生产性服务作业流程模块，由各种生产性服务作业流程模块可联结成为生产性服务模块，再由各种生产性服务模块与实体制造模块联结完成整个生产流程呈现。据此，图 4-1 就演变为图 4-16。

149

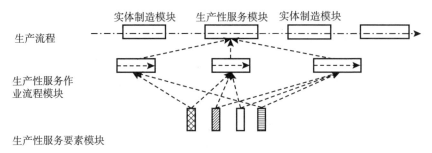

图 4-16　四种生产性服务要素和生产流程的关系

注：代表各类生产性服务要素模块（如人员和顾客、知识、信息、各种服务实体设备）。

资料来源：笔者自行绘制。

2. 依靠信息和知识进行模块化分解与组合分析

在上述组成生产性服务的四个最基本生产性服务要素中，顾客要素为企业外部要素，具有一定的难掌控性；在生产性服务人员要素中，一般情况下服务人员只要经过一定的严格培训，基本都能掌握确切的生产性服务程序和标准化的服务技术，且服务人员之间具有很大的通用性和替代性；在生产性服务实体设备要素中，一般情况下，一部分生产性服务实体设备基本可以通过市场购置获得，其他部分如生产性服务场所布置与营造也具有很大的通用性和可复制性；因此可以看出，在四个生产性服务基本要素模块中，最为重要和关键的是知识和信息模块。王丽华（2007）从投入、产出和过程三个视角对服务的特性进行了讨论，认为在服务的投入中既有物质资源，也有非特质资源，特别是在专业的生产性服务中，知识和技术是主要的投入，物质资源只能起到辅助作用。鉴于人员和顾客、服务实体设备的可替换及通用性，在全球"制造与服务混沌模块化网络"中真正起决定作用的必定是信息和知识，即信息和知识的专业化程度决定了"制造与服务混沌模块化网络"中生产性服务的模块化分解与组合途径。而信息是知识转化的前提，是知识借以产生的途径，因此，更进一步来说，是全球"制造与服务混沌模块化网络"的知识决定了该网络中生产性服务的模块化分解与组合途径。

由以上分析可知，在跨国公司进行生产性服务模块化分解时，最重要的是确定流程中包含的知识，因为其他生产性服务要素都是通用的，是可以替换配置的。在分解时，仍遵循我们前面所分析的模块化分解原则，即在生产性服务作业流程模块内部所包含的知识是相对独立的，并尽量做到在不同的生产性服务作业流程模块之间知识的联系最小化。在此分解过程中，如果生产性服务专业知识与生产性服务作业流程环节之间是相对独立的，那么分解就会相当容易和轻松。但是事实是，生产性服务专业知识与生产性服务作业流程环节之间的依赖关系不但存在，而且二者之间并不仅仅是简单的线性对应关系，而是非常复杂的非线性关系，即一种生产性服务环节有可能依赖于一种或几种生产性服务专业化知识；反之，一种生产性服务专业化知识也有可能服务于多个生产性服务作业流程环节。这种情况可用图4－17来表示。

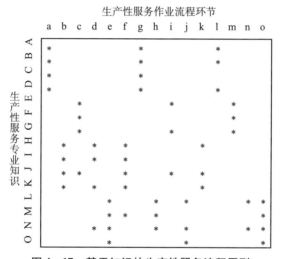

图4－17　基于知识的生产性服务流程原型

资料来源：笔者自行绘制。

在图4－17中，生产性服务作业流程环节可用a、b、c、d、e、f、g、h、i、j、k、l、m、n、o等环节简单表示；对应的生产性专业知识可用A、B、C、D、E、F、G、H、I、J、K、L、M、N、O等环节简单表示。而跨国公司会在图4－16的基础上先行优化生产性服务流程，使得几个生产性服务环节与几种专业知识一一对应，形成生产性服务环节和专业知识之间尽量对应匹配，以降低生产性服务提供过程中产生过高的成本,这样就形成图 4-17 所示的生产性服务模块化设计矩阵。其中 agl-ABCD、cim-EFG、bdfk-HIJK、ehjno-LMNO 为模块化之后的模块,但是在 cim-EFG、bdfk-HIJK 之间仍存在 c-I、i-J 的依赖关系,在 bdfk-HIJK、ehjno-LMNO 之间仍存在着 d-N、f-M 的依赖关系。所以图 4-18 表示的并不是模块化组织,因为它缺少作为模块化组织的一个必要条件,这个必要条件即设计规则。当引入设计规则 I 和 I'时,图 4-18 就会变成图 4-19 所示的模块化组织。在该组织中,各个模块的设计只需遵循预定的设计规则,在图 4-18 之中所表示的原型模块之间的依赖关系在图 4-19 中已经不复存在了。就制造业模块化网络而言,因其模块之间的联系、接口标准等都可以做到相对标准的水平,所以只有一个设计规则 I 即可达到模块化的标准,但对于生产性服务模块化网络来讲,由于生产性服务消费的顾客参与性、生产性服务消费效果评价的主观性、生产性服务生产的流程序贯性等造成的系统复杂性、不确定性及模糊性交错变化出现时,会造成系统对"人为响应"需求程度变化,所以对于全球"制造与服务混沌模块化网络",I 规则表示"自动响应"的规则,I'规则表示需要进行"人为响应"的规则。在"4.2.2 强内聚度、较强的耦合度"这一节中,我们分析了全球"制造与服务混沌模块化网络"与制造业模块化网络相比具有强内聚度、较强耦合度的原因是因为信任要素所起的作用更为显著,所以还需加入信任 I''这一设计规则。

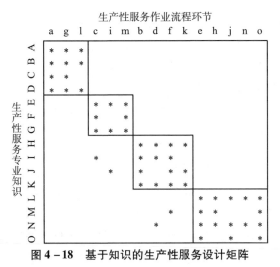

图 4-18　基于知识的生产性服务设计矩阵

资料来源:笔者自行绘制。

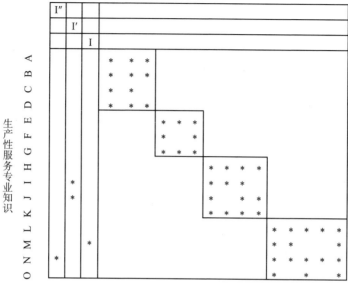

图4-19　基于知识的生产性服务模块化设计矩阵

资料来源：笔者自行绘制。

　　由前面的全球"制造与服务混沌模块化网络"中基于知识的模块化分解与组合分析可知，"制造与服务混沌模块化网络"中，信息是知识的前提和先导，知识也是经过提纯和精练之后的信息，二者在本质上并无二致，所以基于知识的模块化分解与组合即基于信息与知识的模块化分解与组合。在生产性服务模块化分解与组合时，由于生产性服务人员、生产性服务实体设备的通用性和可替代性，一般情况下，它们可以在不同的生产性服务模块之中替代使用，所以这时，真正决定生产性服务模块化的是隐藏在生产性服务作业流程背后的信息和知识，在进行模块化分解时，首先优化生产性服务流程环节，使生产性服务作业流程环节与相应的专业知识对应，当模块组之间仍有多余的联系信息时，将其移入"自动响应""人为响应"与"信任"规则。这样进行生产性服务流程优化的前提是在生产性服务作业流程中会存在着一些使用相同或相近知识的环节。当然，最极端的情况是即使加入"自动响应"与"人为响应"规则也无法改变流程次序并最终将其合并为一个生产性服务模块,但在这种情况下,如果不计较成本的有效性,仍然可以将一个生产性服务作业流程环节作为一个模块,其仍然可以有相对应的知识和设计规则,也是可以进行模块化分解的。经过上述的基于知识的生产性服务作业流程模块化分解之后,相应的生产性服务人员和顾客、生产性服务实体设备也会根据需要配置到相应的生产性服务作业流程模块之中,从而构成一个完整的生产性服务作业流程模块。然后,再由各种生产性服务作业流程模块联结成为生产性服务模块,再由各种生产性服务模块联结实体制造模块完成整个跨国公司生产流程呈现,这是基于知识和信息的生产性服务模块化组合过程。

4.2.5 "背靠背"竞争性

全球"制造与服务混沌模块化网络"中的"背靠背"竞争性与制造业模块化网络区别不大,不像前面的四个特征有那么大的区别,在此不做赘述。

"背靠背"竞争的概念是相比较于"面对面"竞争的概念而提出的,二者都是描述企业和竞争者之间的一种竞争状态和方式。"面对面"竞争是日本人伊藤和松井于1989年提出来的,用来形容日本企业下包制下的各零配件接包商之间的竞争(Ito Motoshige & Matsujin Akira-hiko,1989)。在该种竞争形式下,下包企业将零部件制造权力同时下放给若干家零部件接包商,在这些零部件接包商之间既能共享公共的一些信息,另外也会相互展开竞争,下包企业通过这种形式来获得更为合理的价值和更高的质量。齐羽(2013)认为"面对面"竞争具有两个方面的特征:一是双方为获得更靠前的名次所展开的锦标赛式的竞争;二是发包厂商协调下的有秩序竞争。与"面对面"竞争有明显的不同,全球"制造与服务混沌模块化网络"中的竞争更多地呈现出"背靠背"竞争的特性,在某个生产性服务模块供应商内部,在遵守设计规则的情况下,会利用其自身所积累的"隐性知识"独自进行创新,虽然该生产性服务模块供应商与跨国公司是利益趋同的利益共同体,但它与其竞争对手之间是相互竞争的关系,它既看不到竞争对手的行为,竞争对手对其行为也是一无所知,双方都是在遵守共同设计规则的情况下,独自完成各自的生产性服务模块研发,这种特性被称为"背靠背"竞争性。

与"面对面"竞争相比，背靠背竞争由于竞争者双方互不知情，因此可产生更大的"选择价值"，这是因为在平行展开的生产性服务模块研发过程中，研发双方之间的相互关联越少，越能产生更大的"选择价值"，如果两个研发生产性服务模块供应商的工作过度接近，那就会相互影响，研发的结果就会产生相互的联系，所以让分开的生产性服务模块供应商独立开展工作结果会更好。当然，相比较于"面对面"竞争，"背靠背"竞争由于允许多个模块供应商同时开展模块研发工作，所以存在一定的社会资源浪费，但从选择价值的角度来讲，这种浪费是有价值的，是可以被允许的。因为在标准已经制定之后，多个生产性服务模块供应商同时并行开展生产性服务模块的研发工作，最后将研发出多个最终方案，这些方案之间可以通过相互替代来减少未来环境的不确定性带来的风险。所以，"可以允许的浪费"是用来回避未来风险不确定性所带来的成本。生产性服务模块供应商之间的"背靠背"竞争既包括标准的"背靠背"竞争，又包括生产性服务模块设计和生产的"背靠背"竞争。

1. 标准的"背靠背"竞争

标准是衡量事物优劣程度的尺度，是保证个体之间进行合作或组织进行协调的特殊制度。标准一方面可以通过产品的规范性来占领市场，进而产生规模经济，另一方面标准也可以降低市场交易成本，提升市场交换的效率。由于标准产生的网络效应，市场中标准竞争的结果会产生"赢家通吃"的效果，在全球"制造与服务混沌模块化网络"中，标准是网络内系统成员之间的重要协调机制，这种标准一旦达成，就具有了公共物品的性质，为所有系统成员所共同遵守。"制造与服务混沌模块化网络"标准的竞争又分为两种竞争：一是技术标准的竞争；二是接口标准的竞争。

技术标准是一种生产性服务产品模块的生产得到大多数生产性服务模块供应商和顾客认可的技术规范。如果全球"制造与服务混沌模块化网络"中某个成员将其自身具有的核心技术设置为网络的技术标准，那么该企业就在谈判中拥有很大的优势，具有相当强的网络租金谈判能力。全球"制造与服务混沌模块化网络"中关于技术标准的竞争不但可以使获胜的生产性服务模块供应商获得较大数额的租金，而且可以推动整个网络的技术进步。这是因为技术标准的竞争往往有利于生产性服务生产的先进技术的产生和出现，并可加快这种技术在网络中的扩散和共享，从而可保持整个"制造与服务混沌模块化网络"的技术领先地位。

接口标准是为生产性服务模块和别的模块在连接处的连接兼容性所制定的标准。接口标准的不规范往往会带来整个全球"制造与服务混沌模块化网络"的不协调、运行不经济等问题。特别是对于生产性服务产品，由于涉及生产性服务产品的服务特性，其接口标准相对于制造业实体产品来讲会更加复杂。生产性服务接口标准既涉及前面所说的兼容性，也与整个"制造与服务混沌模块化网络"最终产品的可组装程度以及最终顾客的个性化需求满足情况有关。"制造与服务混沌模块化网络"中的接口标准竞争的获胜者不但可以通过控制接口标准来压制竞争对手，而且对于整个网络来讲，接口标准的竞争会产生更为合理的接口标准方案，可以使各个生产性服务模块之间的连接更合理、更有效率，从而降低交易成本，提高最终产品满足顾客个性化需求的能力。

156

2. 生产性服务模块设计和生产的"背靠背"竞争

生产性服务模块供应商之间按照跨国公司制定的设计规则进行模块开发和生产也是一种具有"淘汰赛"性质的竞争。竞争优胜者不仅能弥补前期研发和生产的所有成本，还可获得相当程度的利润。从系统整体来讲，这种竞争能提高生产性服务模块的研发和生产质量，降低生产性服务模块成本，提升生产性服务模块性能。对于生产性服务模块供应商来讲，生产性服务模块的生产涉及其在整个"制造与服务混沌模块化网络"中的地位是否稳固的问题，因此，他们必须充分利用自身积累的隐性知识进行生产性服务模块设计创新，并将这些创新体现到生产性服务模块的生产之中。对于跨国公司来讲，"淘汰赛"的竞争使其对生产性服务模块的选择有了更多的选择权，能够在模块整合层面进行更高质量的和更低成本的组合搭配，从而降低生产性服务模块专用性所带来的逆向选择道德风险。

4.3　全球"制造与服务混沌模块化网络"的设计规则

全球"制造与服务混沌模块化网络"的设计规则包括界面结构规则、界面联系规则和界面标准。

4.3.1　界面结构规则

全球"制造与服务混沌模块化网络"是由多种成分通过模块化分工、信息知识互联、社会关系互联而成一种有机多维耦合结构。魏江等（2003）认为传统的产业集群结构包含了三种层次：最外围是起支撑作用的网络；中间是起辅助作用的网络；最里层是起决定作用的核心网络。李凯（2005）认为产业集群的三种层次包括：最外层被称为区域社会网络，它为网络中的企业提供社会公共服务、社会资源、外部知识、网络耦合的规制；中间层次的是产业耦合网络，它是不同行业的企业之间的跨产业耦合，共同服务于一个产业链；最内层的是企业耦合层，体现了不同耦合企业之间的产品和服务交易的联系。

同产业集群网络的结构相类似，全球"制造与服务混沌模块化网络"也是由三个部分构成：最外层是外围网络层；中间是网络核心层；最里层是企业内部网络。其中，企业内部网络层是网络中的交易主体，它具有自组织、自进化的功能。网络核心层是由跨国公司、专用生产性服务模块供应商、通用生产性服务模块供应商、专用制造模块供应商、通用制造模块供应商所构成的有机结构。一般情况下，舵手企业即跨国公司负责处理专业的、排他的系统信息，设计设计规则，并将各模块供应商所生产的模块整合为最终产品。舵手企业的地位不是永久的，是可能被更换的，有时候也会被其余模块供应商所替代，只有那些具有异质资源（能力）的生产企业才能够参与"制造与服务混沌模块化网络"的合作，最先抓住市场机遇并响应的企业就是舵手企业。各专业模块供应商在舵手企业的领导下，依据系统看得见的规则，负责处理各自活动所必需的个性化的信息。核心网络层的形成经过由舵手企业价值链分解

—形成价值星系—形成价值网这样的一个过程，舵手企业为了适应竞争的外部要求，需要构建一个由利益相关者构成的一个价值、生成、分配、转移和增值的一个关系结构，这种关系结构主要由舵手企业进行资源外包来进行实现，通过这种方式，舵手企业不再限定于行业价值链的某一个环节来增加价值，而是对整个行业价值链进行改造，形成要素供给者、合作伙伴、下游分销商、顾客所在内的一个价值星系。当舵手企业越来越多时，它们通过竞争与淘汰赛的关系相互联结，价值星系与价值星系之间也通过相类似的方式联结起来，即形成所谓的价值网，价值网的理论逻辑强调"知识"与"关系"这两大核心要素。外围网络主要是指由企业与大学、科研机构的连接，企业与政府的连接，企业与资本市场的连接，以及企业与中介机构的连接。

在全球"制造与服务混沌模块化网络"中我们研究的对象结构局限于企业内部网络、网络核心层两个层次。其中最重要的是网络核心层。网络核心层的产生是价值流在网络中流动时，根据各个网络成员对价值流增值的贡献所作的一种租金分配机制。其中，舵手企业设计界面规则，它在顾客需求分析的基础上，利用资源外包将价值创新战略首先传递给专用生产性服务模块供应商，专用生产性服务模块供应商利用自身的"隐含信息"对传递过来的价值作第一次增值，专用生产性服务模块供应商提供的是具有特定功能的服务模块，该类模块技术还不成熟，并不具备统一的行业标准，但因其异质性可获得较高的熊彼特租金；然后价值再传递给通用生产性服务模块供应商，它利用自身的规模效应对价值作第二次增值，它提供技术成熟的且已经形成行业标准的模块，所以其只获得利益较低的李嘉图租金。最后价值又传递给了跨国公司，跨国公司经过组合与集成后，相应的价值又一次得到了增值，跨国公司由于定义服务需求并集成最终产品，因此可获得最高的彭罗斯租金。可见，核心网络层结构形成的本质是一种租金分配博弈的结果。

上述两对博弈之间既存在共同但又不完全一致的利益，且需要界面规则的约束进行相互之间的利益分配，因此它们之间的博弈属于合作博弈。设这两对博弈可用 $B(S, d; u_1; u_2)$ 来进行表示，其中 S 为可行分配集，d 为破裂点，u_1，u_2 为博弈双方的效用配置函数。在"制造与服务混沌模块化网络"中：两对博弈方总体利益最大化可能与个体理性相矛盾，因此满足的基本效率要求是与个体理性没有矛盾的帕累托效率；博弈方的效用是利益的函数 $u_i = u_i(s_i)$，虽然博弈双方之间实力的不对称，但可以用 $u_i(s) - u_i(d)$ 转化为两个对称的合作博弈；博弈双方所获得的分配对其效用影响的比例是不同的，这些可以用仿射变换 $u_i' = a_i + b_i u_i$ 来进行转换；由博弈方风险态度和效用偏好引起的偏好结构可用增加无关分配方案来转换。所以，上述两对博弈同时满足帕累托效率、对称性、线性变换不变性、独立于无关选择四个公理，即可转化为下列约束最优化问题的纳什解：

$$\begin{cases} \max\limits_{s_1,\ s_2} \left[(u_1(s) - u_1(d))(u_2(s) - u_2(d)) \right] \\ s.t.\ (s_1,\ s_2) \in S(s_1,\ s_2) \geqslant (d_1,\ d_2) \end{cases}$$

考虑到跨国公司和专用生产性服务模块供应商以及通用生产性服务模块供应商的地位，可假设博弈方 1（跨国公司）是风险中性的，$u_1 = u_1(s_1) = s_1$，博弈方 2（专用生产性服务模块供应商或通用生产性服务模块供应商）是风险规避的，$u_2 = u_2(s_2) = s_2^b$，其中 $b(b<1)$ 为风险偏好因子，为简单起见，设谈判破裂点为（0，0）。约束条件 $s_1 + s_2 \leqslant a$，假定 $a = 100$，即为求解下列纳什积的约束优化问题：

$$\begin{cases} \max u_1 u_2 \\ u_1 u_2 \\ s.t.\ u_1 + u_2^{1/b} = 100 \end{cases}$$

可解得 $u_1^* = s_1^* = \dfrac{100}{1+b}$，$u_2^* = \left(\dfrac{100b}{1+b}\right)^b$。在图形上可以表示为图 4-20。

当风险系数 b 很小时，即需完成的生产性服务模块既不需要太多的专门技术，也不需要以熟练程度降低成本，这时，跨国公司往往选择自制的方式来获得该种模块，如图 4-20 中 c 区域所示；当风险系数较大时，即完成该种生产性服务模块虽不需要较强的技术支持，但自身完成时有一定的风险，即效率较低，成本较高，会影响最终产品在市场上的竞争力，这时，跨国公司会选择外包给通用生产性服务模块供应商来完成该种模块，图 4-20 中 d 区域所示跨国公司与通用生产性服务模块供应商之间租金分配差距较大；当风险系数非常大时，即完成该种模块虽需要很强的技术支持，该技术在市场上还很不成熟，尚处于研发之中，跨国公司自身无法很好地以低成本完成。这时，跨国公司会选择外包给专用生产性服务模块供应商来完成该种模块，图4-20中e区域所示跨国公司与专用生产性服务模块供应商之间租金分配差距比跨国公司与通用服务模块供应商之间租金分配差距小。

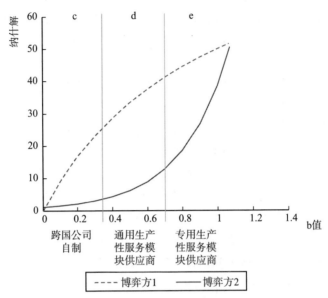

图4-20　跨国公司与专用、通用生产性服务模块供应商利益分配差距

资料来源：笔者自行绘制。

4.3.2　界面联系规则

全球"制造与服务混沌模块化网络"是由舵手企业和生产性服务模块供应商、制造模块供应商构成的一个有机合作系统。在这个系统中，所谓的界面联系规则是指各模块供应商之间的相互位置是什么样的，它们之间是通过什么样的方式来联系和交换信息的，它们之间是如何作用的，等等。界面联系规则取决于全球"制造与服务混沌模块化网络"对单个模块供应商保留在系统内的吸引力以及外部市场对该模块供应商吸引力的平衡，这二力的平衡形成了全球"制造与服务混沌模块化网络"的界面联系规则。界面联系规则是一种制度性规则，由于网络中的各节点模块供应商之间既有分工又要相互之间实现协作，所以不可避免会产生摩擦和矛盾，界面联系规则通过事先设定一种制度来解决各节点模块供应商在相互协作过程之中的问题，提升整个网络的关系效能。全球"制造与服务混沌模块化网络"的界面联系规则是一种行动规则，同时也是一种事实规则，它是由各模块供应商在竞争与合作过程中逐渐慢慢形成，并由竞争与合作的博弈过程中占控制地位的模块供应商所主导的一种制度规则。

全球"制造与服务混沌模块化网络"的界面联系规则与制造业模块化网络的界面联系规则有一定的差异之处，这主要是由"制造与服务混沌模块化网络"特性决定的。其网络特性决定了"制造与服务混沌模块化网络"的界面联系规则并不是一个单纯的显性规则，而是由三个层次所构成，最顶层是适用于所有模块供应商的一般设计规则，这一部分设计规则是纯显性可见的，是对绝大部分的模块供应商通用和遵守的设计规则。第二层是对单个生产性服务模块供应商以及与其合作的上下游模块供应商来说是可见的设计规则，这是由前述"制造与服务混沌模块化网络"的强内聚度和较强的耦合度、顾客需求和服务流程的双重模块化标准、"自动响应"和"人为响应"结合的协调原则等特性决定了生产性服务模块供应商与上下游合作的模块供应商之间联系紧密，在共同服务顾客及与顾客互动体验的过程之中，形成了一些特定的诀窍，这些诀窍是服务于生产的特定流程环节的，所以在其他环节并不适用，而被隐藏在生产流程中的生产性服务模块供应商以及与其合作的上下游模块供应商之中，在它们之间是互通的、是显性的，但对于生产流程的其他模块供应商则是隐性的、不可见的。所以这种规则可称之为半显性（或半隐性）规则。第三层是"制造与服务混沌模块化网络"中"背靠背"竞争性以及依靠知识和信息的模块分解和组合途径两个特性所决定的生产性服务模块供应商内部的设计规则，这部分设计规则对整个系统来说都是不可见的，被称为是"隐性规则"，它不包含可见信息，是"背靠背"竞争的主要竞争力来源。

前面所述的全球"制造与服务混沌模块化网络"的特征使其界面联系规则更像是一个鱼刺骨形的规则结构，可用图 4 - 21 来进行表示。

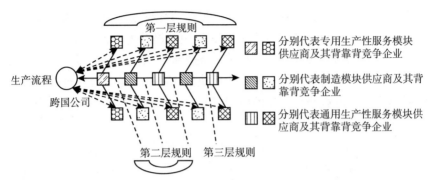

图 4 – 21 全球"制造与服务混沌模块化网络"的界面联系规则

资料来源：笔者自行绘制。

可见，全球"制造与服务混沌模块化网络"中界面联系规则与制造业模块化网络最大的区别是第二层规则，这主要是由"制造与服务混沌模块化网络"的网络特性所决定的，全球"制造与服务混沌模块化网络"与"一体化"的网络组织形式不同，"一体化"的网络组织内各成员之间以资本为纽带，而全球"制造与服务混沌模块化网络"内成员以能力和知识为纽带，其产出的绩效产生于价值链上下游环节的模块供应商的默契合作，尼尔·瑞克曼（Neil Rickman，1998）认为促使企业之间合作成功的因素有三个：亲密、贡献、远景。其中亲密是指合作双方所建立的互相信任，互相共享所拥有的信息；贡献是指合作双方通过合作可以见到具体的成效，如增加了双方的企业市场价值或提升了技术生产力。贡献通过以下三种方式可以达成：一是交易成本的降低，合作双方通过合作可以降低沟通不畅所带来的交易成本；二是通过合作从对方知识溢出中获益，提升自身的专业技术能力；三是通过与合作伙伴的合作产生新的市场机会，这种市场机会往往是企业凭借自身的力量无法获得的。远景描述了合作双方未来将要达成的任务和目标，以及双方如何合作以达成目标的方法。对于全球"制造与服务混沌模块化网络"而言，上下游环节之间的模块供应商能否持续合作正是产品很好地满足顾客需求的必要前提。

下面用博弈论分析方法分析全球"制造与服务混沌模块化网络"与制造业模块化网络的设计规则有什么样的不同。

在"制造与服务混沌模块化网络"中，合作的上游企业与其背靠背竞争者、下游企业与其背靠背竞争者可以看成是有差别的有限理性博弈方群体成员，可以用相互之间随机配对博弈的理论框架对之进行分析。设上游企业及其背靠背竞争者群体中（博弈方1），持"合作"博弈方比例是 x，那么持"不合作"的博弈方的比例就是 $1-x$；设下游企业及其背靠背竞争者群体中（博弈方2），持"合作"博弈方比例是 y，那么持"不合作"的博弈方的比例就是 $1-y$；为简化命题，二者之间的博弈情况可用一对称博弈得益矩阵来进行表示。如表4-5所示。

表4-5　生产性服务企业与上下游合作伙伴之间的博弈得益矩阵

		合作	不合作
博弈方1	合作	a, a	b, c
	不合作	c, b	d, d

博弈方2

资料来源：笔者自行绘制。

在博弈方1位置博弈的"合作""不合作"两类博弈的期望得益为 u_{1e}、u_{1n} 和群体平均得益 $\bar{u}_1$ 分别为：

$$u_{1e} = ya + (1-y)b = b + (a-b)y \qquad (4-4)$$

$$u_{1n} = yc + (1-y)d = d + (c-d)y \qquad (4-5)$$

$$\bar{u}_1 = x[b + (a-b)y] + (1-x)[d + (c-d)y] \qquad (4-6)$$

则：

$$\frac{dx}{dt} = x(1-x)[b-d+(a-b-c+d)y] \qquad (4-7)$$

该动态微分方程的意义是，"合作"类型博弈方比例的变化率与该类型的比例成正比，与该类型的期望得益大于所有博弈方平均得益的幅度成正比。同理，对于博弈方2，有：

$$u_{2e} = xa + (1-x)b = b + (a-b)x \qquad (4-8)$$

$$u_{2n} = xc + (1-x)d = d + (c-d)x \qquad (4-9)$$

$$\bar{u}_2 = y[b + (a-b)x] + (1-y)[d + (c-d)x] \qquad (4-10)$$

$$\frac{dy}{dt} = y(1-y)[b-d+(a-b+d-c)x] \qquad (4-11)$$

我们首先对博弈方1位置博弈群体的复制动态方程进行分析，可知，该博弈的进化稳定策略 ESS 与 $(d-b)/(a+d-b-c)$ 的值有密切的关系，当 $(d-b)/(a+d-b-c) \leq 0$ 时，dx/dt 的复制动态微分方程的相位图如图 4-22 所示。

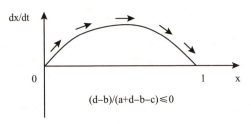

图 4-22　博弈方 1 的复制动态相位图

资料来源：笔者自行绘制。

当 $x=0$ 时，$dx/dt=0$，即 x 变化的速率等于 0，即如果初始时刻没有博弈方采用"合作"策略，那么采用这种策略的博弈方始终不会出现，当 $0<x<1$ 时，$dx/dt>0$，即采用"合作"的博弈方会逐渐增多。也就是 $x=0$ 除外，博弈方 1 从其他所有初始情况出发，最终会使所有博弈方都趋向于"合作"，也就是 $x=1$。对于博弈方 2 的情况也是如此，如图 4-23 所示。

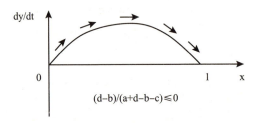

图 4-23　博弈方 2 的复制动态相位图

资料来源：笔者自行绘制。

所以可知，在 $(d-b)/(a+d-b-c) \leq 0$ 时，博弈方 1 与博弈方 2 经过长期反复博弈，学习和调整策略的结果是，双方都会采取"合作"的博弈策略。我们再反观一下 $(d-b)/(a+d-b-c) \leq 0$ 的合理性，在"制造与服务混沌模块化网络"中，生产性服务模块供应商与上下游模块供应商联系紧密，在二者之间有一些特定的服务诀窍，双方在合作中实现更多的顾客价值创新，实现了双方企业合作中的双赢经济。这决定了 a 的值要远远大于 b、c、d 的值,也使 a+d>b+c,消费结果的顾客感受主观性决定了即使存在博弈一方不充分合作的情况下,b 和 c 的值要大于 d 的值,当然考虑持合作态度的博弈一方所付出的成本较不合作的博弈另一方大的原因,会存在 c>b>d。进一步地,可以两个群体复制动态的关系,在比例坐标平面图上表示出来,如图 4 - 24 所示。

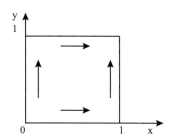

图 4 - 24　两博弈方群体复制动态和稳定性

资料来源:笔者自行绘制。

从图 4 - 24 中可以看出,当初始情况落入任何区域时会收敛到进化稳定策略 ($x^*=1$、$y^*=1$),因此本博弈方通过长期的学习和策略调整,最终交会收敛于双方都合作的均衡状态。综上分析可知,"制造与服务混沌模块化网络"中第二层规则的存在及其正确性。

4.3.3　界面标准

全球"制造与服务混沌模块化网络"中的界面标准是网络成员之间的一种重要协调工具,它协调跨国公司与模块供应商之间的关系,同时也协调各模块供应商相互之间的关系。全球"制造与服务混沌模块化网络"中的标准有两种:一种是技术标准;另一种是接口标准。技术标准是与产品生产技术相关的标准,全球"制造与服务混沌模块化网络"中的同类模块供应商之间存在着模块生产技术的竞争,这种竞争也是有必要的,因为它可以推动整个网络技术的进步,使网络中的相关技术在同类网络中居于领先地位。在竞争中,优胜的模块供应商可以将自己的核心技术设置为整个"制造与服务混沌模块化网络"

的技术标准，从而可以获取网络租金的谈判能力。接口标准是产品模块与另外一个产品模块在接口处相连时所设立的标准，这种标准必须使两种模块在接口处互相兼容。接口标准的不规范可能会造成"制造与服务混沌模块化网络"整体的不协调。如果全球"制造与服务混沌模块化网络"中的接口标准设定合理，则网络所生产的最终产品的可拼装化程度就高，由于生产性服务模块与其他模块之间的连接更为合理、更有效率，所以研发成本和交易成本就下降了，该网络和同类网络在市场竞争中就处于一种优势地位。全球"制造与服务混沌模块化网络"的接口标准与以实体产品生产为基础的制造业模块化网络相比，具有更大的自由度，并非是一个绝对严格的标准，这是由全球"制造与服务混沌模块化网络"的强内聚度和较强的耦合度、顾客需求和服务流程的双重模块化标准、"自动响应"和"人为响应"结合的协调原则等特性所决定的，最终判断产品好坏的是消费产品的顾客，顾客参与到生产性服务产品生产过程之中，其对生产性服务产品判断的主观性会影响生产性服务产品的接口标准，造成生产性服务产品的接口标准会在一个固定标准上下范围之内进行浮动，而不是仅仅一个单一的客观标准。

可用一个合作博弈模型来表示全球"制造与服务混沌模块化网络"中生产性服务供应商与上下游合作模块供应商之间标准的竞争与合作关系（在这里与制造业模块化网络是有区别的）。"制造与服务混沌模块化网络"中生产性服务模块供应商参与技术标准和接口标准的竞争可用晋升博弈模型（赵曦、司林杰，2013）来进行论证。

假设1：生产性服务模块供应商 G 和上（下）游的模块供应商 H 开发技术标准与接口标准，"制造与服务混沌模块化网络"的界面标准决定了生产性服务模块供应商 G 和模块供应商 H 应分别对对方进行关系专用性投资，因最终生产性服务产品的效用价值是它们之间共同合作完成的。因此，生产性服务模块供应商 G 所得到的价值 y_i 既与自身的关系投资 E_G 有关，也与对方的关系投资 E_H 有关，两个模块供应商的效用价值与其努力程度的函数假设为 $d(\cdot)$，则效用价值与模块供应商努力程度 E_i 的关系如式（4-12）所示：

$$y_i = d(E_i) + rd(E_j) + e_i; \quad (i, j = g, h; i \neq j) \qquad (4-12)$$

其中，r 代表模块供应商 H（或 G）的关系投资对模块供应商 G

（或 H）所得到价值的边际影响。e_i 是随机扰动项，e_i 和 e_j 相互独立，零均值分布，$(e_i - e_j) \sim (0, \delta^2)$ 独立和相同的对称 F 分布。

假设 2：模块供应商了解自己的关系投资 E_i，但是由于信息并非完全对称等原因，并不了解上下游合作模块供应商的关系投资 E_j。

假设 3：如果生产性服务模块供应商 G 研发的标准好于模块供应商 H 的，即 $y_i > y_j$，则生产性服务模块供应商 G 的标准将胜出，被舵手企业所选择，其效用为 $V_i (V > 0)$，而模块供应商 H 对于标准的前期投资将白白付出，效用为 L_i，并有 $V_i > L_i$。我们假设此为对称博弈的情况，所以有 $V_i = V_j$，$L_i = L_j$。由于 $(e_i - e_j)$ 服务从 F 分布，则生产性模块供应商 G 标准胜出的概率为：

$$P_r(y_G > y_H) = P_r\big[d(E_G) + rd(E_H) + e_G - (d(E_H) + rd(E_G) + e_H) > 0\big]$$
$$= F\big[(1 - r)(d(E_G) - d(E_H))\big] \qquad (4-13)$$

则模块供应商 G 的效用函数为：

$$U_i(E_G, E_H) = F\big[(1 - r)(d(E_G) - d(E_H))\big]V_G$$
$$+ \big\{1 - F\big[(1 - r)(d(E_G) - d(E_H))\big]\big\}L_G - C(d_G) \qquad (4-14)$$

式（4-14）中，$C(d_G)$ 是生产性模块供应商 G 为获得价值效用所付出的成本，也可看成是效用的减少。求导，可得生产性模块供应商 G 实现效用最大化的一阶条件为：

$$(1 - r)f\big[(1 - r)(d(E_G) - d(E_H))\big]d'(E_G)(V_G - L_G) = C'(E_G) \qquad (4-15)$$

其中，$f(\cdot)$ 是分布函数 F 的密度函数，在对称性纳什均衡的条件下，H 模块供应商实现效用最大化的一阶条件为：

$$(1 - r)f\big[(1 - r)(d(E_H) - d(E_G))\big]d'(E_H)(V_H - L_H) = C'(E_H) \qquad (4-16)$$

因该博弈考虑的为对称纳什均衡，因此有均衡解 $E_G^* = E_H^*$，将之代入式（4-16）可得：

$$(1 - r)f(0)d'(E_G^*)(V_G - L_G) = C'(E_G^*) \qquad (4-17)$$

将（4-17）式对 r 求偏导，得：

$$\frac{\partial E_G^*}{\partial r} = \frac{-f(0)d'(E_G^*)(V_G - L_G)}{-f(0)(1 - r)(V_G - L_G)C''(E_G^*)d''(E_G^*)} \qquad (4-18)$$

（4-18）式中，$d(E_G)$ 是生产性服务模块供应商 G 的效用价值与其努力程度的函数关系，由其经济意义可知，$d'(E_C^*) > 0$，即生产性服务模块供应商 G 越努力，其效用函数就会越高；$d''(E_C^*) < 0$，即生产性服务模块供应商 G 效用价值增加的速率会随着努力程度的增加而变小。$C'(E_C^*) > 0$，即生产性服务模块供应商 G 越努力，其付出的成本就会越高；$C''(E_C^*) > 0$，即生产性服务模块供应商 G 的成本增加的速率会随着努力程度的增加而变大。所以有 $\dfrac{\partial E_C^*}{\partial r} < 0$。

由此可得出结论：当生产性服务模块供应商 G 和合作模块供应商 H 为接口标准和技术标准而激烈竞争时，此时 $r < 0$，即 G 生产性服务模块供应商的努力对 H 模块供应商的价值效用有反向影响作用，则随着 r 变大，H 努力程度却逐渐变大，反之依然。即随着 r 变大，双方努力竞争的程度都会逐渐变大。

上述情况也可用复制动态的进化博弈来进行描述。考虑到生产性服务模块供应商与上下游模块供应商之间的合作对顾客最终体验价值的影响，这时仍有 a 的值要大于 b、c、d 的值，与前面不同的是，博弈双方中的获胜者将获得一定的网络租金的谈判能力以及降低自身的转换和培训成本，如果将此类因素考虑在内，那么会使 $d > b$。

先对博弈方 1 位置的群体的复制动态方程（4-7）做一些分析，如果 $y = (d-b)/(a+d-b-c)$，那么由于 dx/dt 的值始终等于 0，这就表示所有 x 水平都不是不稳定的，它是一种稳定状态；如果 $y \neq (d-b)/(a+d-b-c)$，那么 $x^* = 0$ 和 $x^* = 1$ 是两个稳定状态，当 $y > (d-b)/(a+d-b-c)$ 时，$x^* = 0$ 是 ESS，当 $y < (d-b)/(a+d-b-c)$ 时，$x^* = 1$ 是 ESS。x 和 y 的动态趋势及稳定性如相位图图 4-25 和图 4-26 所示。

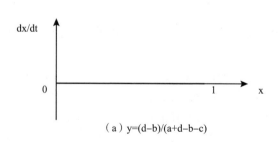

（a）y=(d-b)/(a+d-b-c)

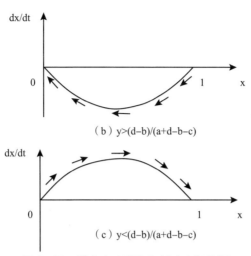

（b）y>(d–b)/(a+d–b–c)

（c）y<(d–b)/(a+d–b–c)

图 4 – 25　博弈方 1 群体复制动态相位图

资料来源：笔者自行绘制。

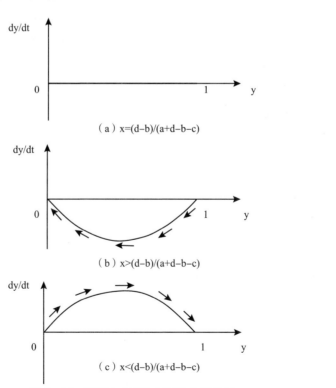

（a）x=(d–b)/(a+d–b–c)

（b）x>(d–b)/(a+d–b–c)

（c）x<(d–b)/(a+d–b–c)

图 4 – 26　博弈方 2 群体复制动态相位图

资料来源：笔者自行绘制。

进一步地，可以把上述两个群体类型比例变化复制动态的关系，在比例坐标面如图4-27所示。

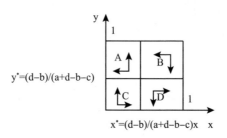

图4-27　两博弈方群体复制动态和稳定性

资料来源：笔者自行绘制。

在这个博弈的复制动态进化博弈中，当初始情况落入A区域时会收敛到进化稳定策略（$x^* = 0$、$y^* = 1$）；当初始情况落入D区域时会收敛到进化稳定策略（$x^* = 1$、$y^* = 0$）；当初始情况落入在B和C区域时，会有均等的可能性最终收敛到（$x^* = 0$、$y^* = 1$）或（$x^* = 1$、$y^* = 0$），因此在本博弈方通过长期的学习和策略调整，最终交会收敛于一方不合作的均衡状态。

从上述分析可知，生产性服务模块供应商与合作的上下游模块供应商之间，既有接口标准与技术标准的竞争，也有相互之间的合作。这种合作与竞争的结果造成：与生产实体产品的制造业模块化网络相比，全球"制造与服务混沌模块化网络"的接口标准具有更大的自由度，即接口标准会在一个固定标准上下范围之内进行浮动，而不是仅仅一个单一的客观标准。

4.4　全球"制造与服务混沌模块化网络"的网络特性及设计规则的实证应用

前面所探讨的全球"制造与服务混沌模块化网络"的网络特性及设计规则都比较抽象，本部分内容给出一个应用，有助于对"制造与服务混沌模块化网络"的网络特性及设计规则的深入理解。

4.4.1　理论分析

1. 跨国公司基于知识的价值链分解方式

跨国公司在将生产性服务以"模块包"的形式外包时，通常将具有相同或相似知识的服务作业流程作为一个服务模块包（Voss & Hsuan，2009）。其服务价值链分解遵循模块分解标准，各模块包内部所包含的知识是相对独立的，并尽量做到在不同的生产性服务模块包之间知识的联系最小化（Simon，2002）。由于服务专业知识与服务作业流程之间存在复杂的非线性关系，跨国公司会先行优化作业流程，形成生产性服务作业流程和专业知识之间尽量对应匹配（范志刚、刘洋、赵江琦，2014）。假设优化后的流程如图 4 - 28 示。

假设 agld - ABCD、opc - JKL 为实体制造环节，ef - EFGHI、kmn - GHI 为生产性服务流程环节，因这两个流程环节使用了相似的服务专业知识而被划为一个服务模块。但是在 agld - ABCD 与 efkmn - EFGHI 之间仍存在 g - F、l - G 的依赖关系，在 efkmn - EFGHI、opc - JKL 之间也存在着 m - K、n - J 的依赖关系。图 4 - 28 的分解方式因违反了模块化分解的原则，生产性服务模块 efkmn - EFGHI 并不是一个半自律的系统，无法单独进行外包，所以必须引入一个必要条件即设计规则，通过引入设计规则就将原来各模块之间的关系引入设计规则之中，那么就变成图 4 - 29 的情形。在图 4 - 29 中，图 4 - 28 中所表示的原型模块之间的依赖关系已经不存在了，各个模块的设计只需遵循预定的设计规则即可。如果对于单纯制造业价值链分解来讲，因其模块之间的联系可以做到相对标准的水平，所以只有一个设计规则 I 即可达到要求，但对于包含有生产性服务的跨国公司价值链来讲，由于生产性服务消费的顾客参与性、消费效果评价的主观性等造成系统的不确定性和模糊性增加（Stefano & Andrea，2005），从而会造成系统对"人为响应"需求的大大增加，所以此处除具备"自动响应"的 I 规则外，还应引入"人为响应"的 I'规则① (Orton & Weick, 1990)。

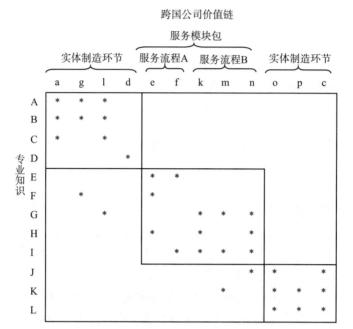

图 4 - 28　跨国公司基于知识的价值链分解

资料来源：笔者自行绘制。

2. 服务接包商在价值链中的位置

　　跨国公司在将为其实体制造环节配套的生产性服务模块进行外包时，首先需要界定生产性服务模块包服务某实体产品制造环节的功能，并将这种需求与对应的生产性服务模块对应起来，从而产生生产性服务—需求特征矩阵 (Lin & Pekkarinen, 2011; Baki et al., 2009)，通过这种方法跨国公司确定若干生产性服务模块包，并设定各生产性服务模块包的设计规则，然后跨国公司将若干类自身不擅长的生产性服务模块包

---

　　① 奥顿和威克（1990）认为"自动响应"是指由于系统对界面管理及节点模块之间的关系管理有超乎寻常的知识积累，节点模块相互之间作用的设计规则完全可以事先准确无误地确定下来；"人为响应"是指一个系统必须按照环境的具体情况，在必要时能够利用探索式知识、方法和程序改变系统预设的命令传达、信息过滤、沟通交流方式。

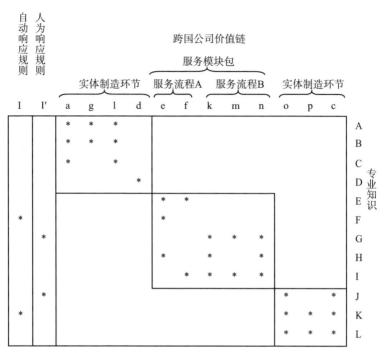

图 4 – 29　加入设计规则后跨国公司基于知识的价值链分解

资料来源：笔者自行绘制。

（假设是图 4 – 29 中 efkmn – EFGHI）外包给外部的专业生产性服务模块
包接包商，并同时传递该生产性服务模块包的设计规则。生产性服务模
块包接包商在遵守跨国公司所制定的设计规则的前提下，会利用自身积
累的"隐性知识"将跨国公司传递过来生产性服务模块包分解为各生
产性服务作业流程，并将生产性服务作业流程与所需要的生产性服务专
业知识对应起来，从而产生流程—知识特征矩阵（Lin & Pekkarinen，
2011；Baki et al.，2009），并形成标准化的生产性服务作业流程模块包
（如在图 4 – 29 中的 ef – EFHI 及 kmn – GHI），并将其中不擅长且不重要
的外包给外部专业的生产性服务作业流程模块接包商，并同时传递生产
性服务流程模块设计规则。进一步，生产性服务作业流程模块接包商在
遵守传递过来的生产性服务流程模块设计规则的前提下，会利用自身积
累的"隐性知识"将生产性服务要素模块与所需的服务专业知识对应
起来，从而产生生产性服务要素——知识特征矩阵（Lin & Pekkarinen，
2011；Baki et al.，2009），并确定若干标准化的生产性服务要素模块

（如图 4 – 29 中的 e – EFH 及 f – EI），并将自身不擅长且不重要的外包给外部的生产性服务要素模块供应商。由此，可形成各级生产性服务接包商占据生产性服务价值链不同高低位置的形态，如图 4 – 30 示。结合4.2.3 节中的分析可推知，生产性服务模块包设计规则、生产性服务作业流程模块设计规则及生产性服务要素模块设计规则都包含"自动响应"及"人为响应"的成分。

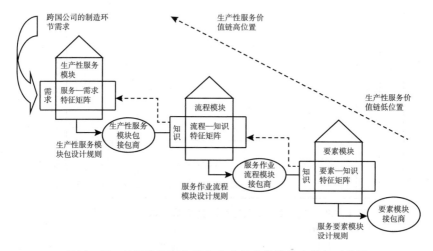

图 4 – 30　跨国公司服务接包商在整个价值链中的相对位置

注：虚折线代表知识链的逆价值链整合过程，即各级发包商将下级接包商完工交付的知识链片断进行整合，因此整个过程既有知识链的解构，同时也有知识链的整合。

资料来源：笔者自行绘制。

由以上分析可知，为跨国公司提供生产性服务的各个接包企业处于全球生产性服务价值链上的不同位置，当前的学者普遍认为行动者的行为属性，如创新、绩效、资源获取等，都可以解释与价值链位置有关（Kim & Park，2010），因此我们可以认为占有全球生产性服务价值链上不同位置是会影响企业的创新绩效的。学者们也普遍认为在价值链位置影响创新绩效的中介因素中，知识扮演了一个非常重要的作用，如知识搜寻、知识获取等（王雷、姚洪心，2014；Humphrey & Schmitz，2002）。而知识在生产性服务价值链不同位置影响创新绩效的中介作用中远远超出了知识搜寻与知识获取的范围，这是由于生产性服务价值链上不同位置代表了占有战略地位不同、能力不同以及范围不同的价值链环节，这些位置不仅决定了知识获取的能力，还决定了利用位置资源所带来的知识搜寻、知识解构、知识整合等全面整合知识价值链的能力，因此，在这里我们选择知识链重构来作为本研究的中介变量。

图4-30的分析中，我们分析到包含"自动响应"与"人为响应"的设计规则会依次向各级生产性服务模块接包商传递，"自动响应"规则与"人为响应"规则的综合运用被称为是"依特定情势的协调"（Stefano & Andrea，2005），可见依特定情势协调效果的好坏必然会影响知识链整合的效率，进而影响创新绩效。因此，我们选择"依特定情势协调"作为研究的调节性中介变量，并依据本部分的分析，我们提出下面的研究假设。

4.4.2　研究假设与研究设计

1. 研究假设

（1）全球生产性服务价值链位置对创新绩效的影响。全球生产性服务价值链是为跨国公司实体产品生产进行服务的价值链，越是在价值链上层的企业越有机会接触跨国公司先进知识和管理经验，并具有价值链资源的分配和控制权。具体来讲，第一，在价值链中的层次越高（即离跨国公司越近），越有可能获取和控制与创新有关的信息和其他资源（Shipilov & Gawer，2020），如跨国公司为确保外包生产性服务产品质量，会提供有关生产需求、市场变化以及相关技术培训等方面的信息，在价值链层次越高的企业越有可能根据自身情况有选择地吸收相关的新知识，降低知识流动的黏滞性，从而实现模仿创新（D'Angelo，Ganotakis & Love，2020）；第二，在价值链中的层次越高，其在价值链中占有的资源分配主动权就越大，在向下进行次一级的生产性服务外包时，会有更大范围的选择自主权，这样就越容易汇聚不同企业的互补性技能，越能争取到与优秀企业（次一级的作业流程模块接包商、服务要素模块接包商）合作的机会，从而产生组合创新（Dougherty & Hardy，1996）。因此，本书做如下假设：

H_1：全球生产性服务价值链位置对创新绩效有显著的正向影响。

（2）知识链整合的中介作用。在参考当前学者研究成果的基础上

(Sullivan & Marvel, 2011；Laursen & Salter, 2006；De Boer et al.，1999)，本书将知识链整合分为知识搜寻、知识解构、知识整合三个维度。三个层次的服务接包商分别涉及了服务价值链知识、服务作业流程知识以及服务要素知识的知识搜寻、知识解构和知识整合。其中，知识搜寻是指通过外部联系而获取服务价值链解构与整合知识的活动（Katila & Ahuja, 2002)。生产性服务企业在全球生产性服务价值链中的位置越高，其与跨国公司的互动与信任感就越强，从而缩短了相互之间的认知距离（Nooteboom, 2007)，一般情况下，显性的、可编码化程度高的简单知识易于获得，而像服务价值链解构与整合这样的复杂隐性知识只有通过频繁接触才能在反复的搜索过程中获得，无疑，与跨国公司互动与信任感的增强可以增加知识搜寻的深度，从而提升搜寻服务价值链解构与整合知识的效果；知识解构代表了三个层次的接包商认识、分析互联的知识系统，为服务价值链外包而分解服务价值链各环节之间耦合关系的累积性学识。生产性服务企业在全球生产性服务价值链中的位置越高，其与跨国公司的认知距离越近，这增强了其从跨国公司搜寻到的价值链解构与整合知识的吸收能力，而强的吸收能力非常有利于企业内部知识和外部搜寻到的跨国公司知识之间的融合（Rothaermel & Alexandre, 2008)。此外，还因为位于价值链层次越高的接包商更有利于从全局把握某段知识价值链的解构设计（Uzzi, 1996)，避免"只见树木不见森林"的知识链解构设计"近视症"，其所规划解构的知识链更符合设计规则，因此该服务接包商的知识解构能力就会越强；知识整合是指生产性服务价值链的各级接包商按照设计规则的要求对下一层次接包商所交付完成的知识链环节进行功能、利益、目标等的协调与有机组合的能力（De Boer et al.，1999)。生产性服务企业在全球生产性服务价值链中的位置越高，它对设计规则的认知与理解能力越强，在相关知识的属性、结构及未来发展的方向上越具备较高的敏锐洞察力，越能从整体认知和宏观把握知识的整合（D'Angelo, Ganotakis & Love, 2020)，从而达到更好的知识整合效果。再者，在价值链层次上越高的接包商，其所具备的威望与资源分配权力也越高，而这些在涉及对具备不同知识的次级服务模块供应商进行目标与功能整合时也具有非常重要的作用。所以，综合以上三个维度的分析，我们可以认为全球服务价值链位置对知识链整合有正向的影响作用。

对于生产性服务模块接包商来讲,深度的价值链解构与整合知识搜寻可以在信息与高互动的基础上促进纵向深度合作与隐性知识的纵向转移,而在实现生产性服务产品创新与技术进步方面,此类隐性知识往往是决定创新绩效的关键因素(胡延坤,2016)。知识解构能力较强的服务模块接包商所设计的服务知识链不但更符合传递过来的设计规则,另外还有利于下级服务模块接包商之间隐性知识的传递与分享。正如苏兰斯基(Szulanski,1996)所述,没有预先设定的关系,信息和知识就很难流动,合适的价值链知识解构为知识的流动提供了渠道,从而促进了创新绩效。知识整合在遵守设计规则的基础上集成次级各服务接包商的知识,这种知识的组合一方面会形成组合式的创新(唐兴通、焦典和赵萌,2020),另一方面这些组合知识也是激发集成者产生新知识的方式,这些新知识则是实现创新的关键投入要素(任皓、邓三鸿,2002)。所以通过分析我们可以认为知识链整合对创新绩效有正向的影响作用。综上所述,我们提出以下假设:

H_2:知识链整合在全球生产性服务价值链位置与创新绩效的关系中发挥中介作用。

（3）依特定情势协调的调节性中介作用。斯特凡诺和安德烈亚（2005）把"自动响应"与"人为响应"的综合运用方式称为依特定情势的协调。

生产性服务价值链是在跨国公司主导下,各层级接包商以传递过来的设计规则作为标准进行运作的,即在正常状态下是以"自动响应"的方式进行运营,但由于激烈的竞争、生产性服务消费效果评价的主观性、生产性服务生产的顾客参与性等特征使服务价值链整合的环境充满不确定性、模糊性和复杂性(Stefano & Andrea,2005)。这往往会使传递过来的设计规则是模糊的甚至是不确定的。依特定情势的协调利用探索式的方法和程序有目的地修正预设设计规则(Bask et al.,2013),从而使知识解构更加科学合理,从而促进提升创新绩效;根植于生产性服务价值链的接包商容易形成依赖跨国公司的组织惯性,这种惯性虽然在一定程度上降低了技术风险,但也使接包商更倾向于深度搜索来自跨国公司的知识和固守其传递过来的设计规则(胡保亮、方刚,2013),从而忽略了来自生产性服务价值链上其他层级的新知识。而依特定情势的协调在环境不确定性和模糊性增加时会使各级服务接包商扩大知识搜寻的宽度，从而促进提升创新绩效；在环境具复杂性和不确定性时，依特定情势的协调会促使知识整合去整合更多的探索性知识，这些知识通常是异质性的，莫罗内和泰勒（Morone & Taylor, 2004）利用计算机模拟发现当企业接触较多的异质性知识时，会带给它更多的新知识增长，而异质性较少的知识带给其创造新知识的能力则非常有限。因此，依特定情势的协调促进了更多异质性新知识的整合，从而促进了创新绩效。综合以上分析，我们可以提出以下假设：

H_3：知识链整合在全球生产性服务价值链位置与创新绩效的关系中的中介作用受到依特定情势协调的调节，即依特定情势协调越大，知识链整合对其创新绩效的影响也越大。

2. 研究的概念模型

上一部分的假设中，我们假设全球生产性服务价值链位置对创新绩效有显著的正向影响，知识链整合在全球生产性服务价值链位置与创新绩效的关系中发挥中介作用，知识链整合在全球生产性服务价值链位置与创新绩效的关系中的中介作用受到依特定情势协调的调节。为清晰起见，我们提出如图 4 – 31 所示的概念模型，并将各假设标示在概念模型中。

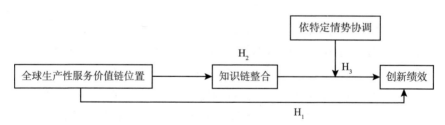

图 4 – 31　本研究的概念模型

资料来源：笔者自行绘制。

3. 样本与数据

样本的收集主要在生产性服务业比较发达的广东、山东、浙江、江苏、北京、天津六个省市，样本涉及的行业有物流服务、信息服务、软件服务、会计服务、数据分析、市场研究、研发、金融等。考虑到邮寄调研在中国市场的低回收率及管理者对信息的误读等，课题组利用社会关系网络以及政府相关部门的支持来进行相应调研，在确认调研对象符合条件并且愿意参加的前提下，通过直接拜访的方式发放问卷，并现场对问卷中理解有歧义、比较专业和抽象的词汇进行解答，然后将相关问卷留置给被访者，并在留置问卷后期多次电话拜访被访问者，询问问卷作答情况，并再次对问卷中不明晰的问题进行解答。通过上述手段确保题项在实际测量过程中能正确地被调查对象理解，并控制理解偏差。主要通过三种方式收集数据：一是利用以往与政府相关部门的合作关系进行数据收集，在政府相关部门与相关企业电话确认沟通之后，课题组成员直接拜访，并留置问卷，共历时 3 个月，发放问卷 140 份，回收问卷 112 份；二是课题组通过网站及电话黄页获得相关企业的信息后，先电话确认同意，然后直接拜访并留置问卷，共历时 4 个月，发放问卷 50 份，回收问卷 30 份；三是利用课题组成员的社会关系进行数据收集，直接拜访并留置问卷，历时 2 个月，发放问卷 100 份，回收问卷 88 份。在回收到的 230 份问卷中，筛选掉漏填、错填、规律性强、非生产性服务业、跨国公司价值链嵌入不明显等问卷，最终得到 201 份问卷，问卷有效率回收率为 69.3%。样本的描述性统计如表 4－6 所示。从表 4－6 的样本分布特征来看，样本在企业年龄、企业性质、年销售额等方面分布广泛，基本涵盖了不同类型的生产性服务企业，具有足够的代表性。

表 4－6　　　　　　　　　　　　样本的描述性统计分析

属性	类别	样本数量	所占比例（%）	属性	类别	样本数量	所占比例（%）
企业性质	物流服务	25	12.4	企业年龄	2 年以下	12	5.97
	信息服务	19	9.5		2～5 年	35	17.41
	软件服务	34	16.9		6～10 年	91	45.27
	会计服务	23	11.4		10 年以上	63	31.35
	数据分析	21	10.5	企业年销售额	500 万元以下	14	6.97
	市场研究	22	10.9		501 万～1000 万元	50	24.88
	研发	21	10.5		1001 万～5000 万元	60	29.85
	金融	36	17.9		5001 万～1 亿元	40	19.90
	合计	201	100		1 亿元以上	37	18.40

资料来源：笔者测算所得。

4. 变量测量

为提高问卷测量的信度与效度,本书借鉴了当前相关研究中的成熟量表,由于本文所使用的量表中部分是英文文献的量表,虽然该量表是相对成熟的国外量表,但为了确保度量工具的有效性和可信度,首先请两名本领域的专家将相应的英文量表题项翻译成中文,其次再请另外两名本领域的专家将这些中文翻译回英文,并仔细辨别其中的差别,反复核对,并根据本书研究的特点、目的以及中国的国情做了相应的修正,形成了初始中文问卷;最后,选取 20 家嵌入跨国公司价值链中的生产性服务企业进行预调研,并根据预调研反馈的意见对问卷进一步修改完善,确定了最终问卷。

在参考学者们研究基础上(Lin et al., 2009;Tsai, 2002),本书研究从接近中心性、权力中心性、信息中心性三个维度来对全球价值链位置这一变量进行测度;在参考当前研究基础上(Sullivan & Marvel, 2011;Laursen & Salter, 2006;De Boer & Frans, 1999),本书从知识搜寻、知识解构、知识整合三个维度来对知识链整合进行测度;在参考学者们研究的基础上(Stefano & Andrea, 2005;Ahmad & Schroeder, 2010),本书从"不确定性""模糊性""复杂性"三个维度对依特定情势的协调进行测度;在参考当前研究的基础上(吕君杰,2012;张琰, 2012),从服务效率、服务价值、服务功能三个维度对创新绩效进行测度。在删除了信度较低的题项后,保留题项的信度情况如表 4-7 所示。所有量表具有足够的测量信度。由于本书的相关题项参考了相关研究成果,并根据专家意见以及预调研的反馈进行了调整,因此问卷具有较高的内容效度。另外,用 Harman 的单因素测试结果表明,主成分分析所抽取的五个因素解释了总变异量的 63.232%,第一个因子仅解释了变异量的 16.548%,这说明没有单一因素能解释绝大部分变异量,研究数据的同源误差问题并不严重。

表 4-7 各测量题项的信度

变量	测量题项	信度系数	组合信度
全球生产性服务价值链位置	我们与跨国发包商有一定程度的联系	0.658	0.865
	我们有机会接触跨国发包商的先进知识和管理经验	0.723	
	我们具有价值链资源的分配和控制权	0.664	

变量	测量题项	信度系数	组合信度
知识链整合	我们能够搜索到我们所需要的服务解构、整合的相关知识	0.618	0.808
	在设计规则的导引下，我们有解构我们所负责的知识链的能力	0.503	
	我们有按照设计规则的要求对所负责的知识链进行协调与有机组合的能力	0.634	
依特定情势协调	当环境充满不确定性时，我们会依特定情势修改与完善设计规则	0.599	0.868
	当环境状态比较模糊时，我们会依特定情势修改与完善设计规则	0.771	
	当环境因各种因素的交错变得比较复杂时，我们会依特定情势修改与完善设计规则	0.691	
创新绩效	我们的服务效率得到了很大的提高	0.814	0.848
	我们为客户企业带来了更多的服务价值	0.764	
	我们为客户企业提供了更多的服务功能	0.839	

资料来源：笔者测算所得。

4.4.3　数据分析与假设检验

首先，将 X（代表全球生产性服务价值链位置）、U（代表依特定情势的协调）和 W（代表知识链整合）标准化为 Z 分数（变量名称不变），然后将标准化后的 U 和 W 相乘得 UW，将标准化后的 X 和 U 相乘得 XU，变量间的协方差如表4-8所示。

表4-8　　　　　　　　变量之间的协方差

	X（已标准化）	U（已标准化）	W（已标准化）	UW	UX	Y
X	1.000					
U	0.120	1.000				
W	0.590	0.260	0.675			
UW	-0.139	0.029	-0.022	0.930		

续表

	X（已标准化）	U（已标准化）	W（已标准化）	UW	UX	Y
UX	−0.204	−0.069	−0.138	0.799	1.300	
Y	0.618	0.300	0.613	0.088	−0.049	0.921

资料来源：笔者测算所得。

根据温忠麟、叶宝娟（2014）所叙述的研究步骤，中介过程后半路径被调节需验证以下方程：

$$Y = c_0 + c_1 X + c_2 U + c_3 UX + e_1 \qquad (4-19)$$

$$W = a_0 + a_1 X + a_2 U + e_2 \qquad (4-20)$$

$$Y = c'_0 + c'_1 X + c'_2 U + b_1 W + b_2 UW + e_3 \qquad (4-21)$$

第一步，建立全球价值链位置（X）与创新绩效之间关系的简单调节模型——式（4-19），以 Mplus7.4 检验直接效应是否受到依特定情势协调（U）的调节。结果如图 4-32 所示。全球价值链位置（X）与 Y（创新绩效）之间的关系显著（$c_1 = 0.604$，$t = 12.065$，$p < 0.001$），因此，假设 H_1 成立。UX 与 Y 的关系不显著（$c_3 = 0.070$，$t = 1.599$，$p > 0.05$）。因此，只能建立有调节的中介效应模型（温忠麟、叶宝娟，2014）。

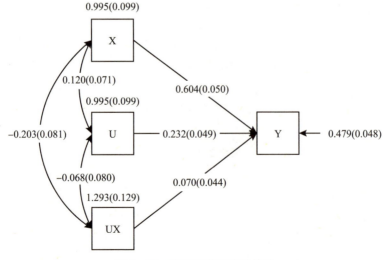

图 4-32 直接调节效应的检验

资料来源：笔者测算所得。

第二步，对 W 的中介效应进行检验。用 Mplus7.4 设定 Boostrap = 1000 进行验证，结果如图 4 - 33 所示。间接效应的估计值如表 4 - 9 所示。

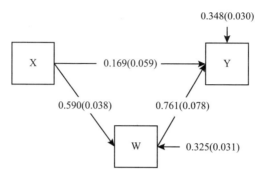

图 4 - 33　中介效应的检验

资料来源：笔者测算所得。

表 4 - 9　　　　　　　　　　间接效应的估计值

效应	估计值	标准误	t 值	p
W 中介效应	0.449	0.056	8.086	0.000

资料来源：笔者测算所得。

以 Bootstrap 所计算出的置信区间如表 4 - 10 所示。

表 4 - 10　　　　　　Bootstrap 估计出中介效应的置信区间

效应	低 0.5%	低 2.5%	低 5%	估计值	高 5%	高 2.5%	高 0.5%
W 中介效应	0.306	0.340	0.358	0.449	0.540	0.558	0.592

资料来源：笔者测算所得。

W 中介效应的 P 值 < 0.05，且 Bootstrap 估计的 95% 的置信区间为 [0.358，0.540]，其中并不包含 0，因此 W 在 X 和 Y 之间的中介效应成立，所以假设 H_2 得证。

第三步，建立有调节的中介模型（直接效应不受调节），检验全球生产性服务价值链位置（X）经过知识链整合（W）对创新绩效的中介效应是否受到依特定情势协调（U）的调节。Mplus 程序运行的结果如图 4-34 所示。

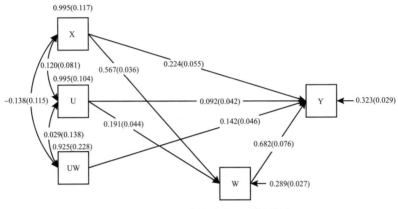

图 4-34 有调节的中介效应的检验

资料来源：笔者测算所得。

模型拟合的参数为 $\chi^2 = 2.034$（$p = 0.1538 > 0.05$），$df = 1$，$RMSEA = 0.072$，$CFL = 0.997$，$TLI = 0.981$，$SRMR = 0.017$，因此模型拟合良好。全球生产性服务价值链位置（X）对知识链整合（W）的效应显著（$a_1 = 0.567$，$t = 15.737$，$p < 0.001$），知识链整合（W）对创新绩效（Y）的效应显著（$b_1 = 0.682$，$t = 9.027$，$p < 0.001$），依特定情势协调（U）与知识链整合（W）的交互项（UW）对 Y 的效应显著（$b_2 = 0.142$，$t = 3.070$，$p < 0.001$），因为调节中介效应后半路径的中介效应是 $a_1(b_1 + b_2U)$，此函数为 U 的线性函数，所以可用其高于一个标准差与低于一个标准差的差值来衡量 U 调节效应的有效性（温忠麟、叶宝娟，2014）。因此，可使用偏差校正的百分位 Bootstrap 法计算 $a_1b_1 + a_1b_2U$（U 的标准差为 1.124）的高低一个标准差之间差异的置信区间。得出其置信区间，如表 4-11 所示，95% 置信区间为 [0.080, 0.272] 不包含 0，所以全球生产性服务价值链位置经过知识链整合对创新绩效的中介效应的后半路径受到依特写情势协调的调节。

表4-11 Bootstrap 估计出 $a_1b_1 + a_1b_2U$ 高低
一个标准差的置信区间

效应	低 0.5%	低 2.5%	低 5%	估计值	高 5%	高 2.5%	高 0.5%
	-0.010	0.057	0.080	0.181	0.272	0.287	0.309

资料来源：笔者测算所得。

中介效应为 $a_1b_1 + a_1b_2U = 0.387 + 0.081U$，当 U 取 -1.124、0、1.124 时，中介效应分别为 0.296、0.387、0.478。全球生产性服务价值链与创新绩效的总效应是 0.618（见表4-8），当 U 取值为 -1.124、0、1.124 时，中介效应分别占了总效应的 47.8%、62.6%、77.3%。可见，U 的值越大，中介效应越大，因此，U 正向调节中介效应，假设 H_3 得证。

为使上述验证结果更加明晰，现将上述三个步骤的验证结果以表格的形式总结出来，如表4-12 所示。

4.4.4 建议策略

当前对全球生产性服务价值链位置影响嵌入企业创新绩效的机理研究尚未完全清楚。本部分的研究贡献为：一是将知识链整合引入其中作为中介变量，有助于从知识链视角打开全球生产性服务价值链位置影响创新绩效机理的"黑箱"；二是从跨国公司基于知识的价值链分解方式入手提出了知识链整合的中介程度还受到"依特定情势协调"的调节性影响，并用实证进行了验证，从而从理论上进一步完善了全球生产性服务价值链位置影响创新绩效的"黑箱"机制。论文的实证结果也给中国本土生产性服务企业带来一些有益的策略建议。

（1）本书实证的结果显示全球生产性服务价值链位置对创新绩效有显著的正向影响。对于嵌入跨国公司生产性服务价值链中的极少数实力强大的中国本土生产性服务企业来讲，它们可以承受沿价值链攀升时所需付出的高物质投入和高情感承诺，从而达到与跨国公司较近的社会临近性、认知临近性和组织临近性。因此完全可以通过提升其自身在全球生产性服务价值链位置来提升其自身的创新绩效。当然政府的适当引导与支持可以加速这一过程的实现，如政府可以从政策和资金上支持该

表 4 - 12　　　　　　有调节的中节效应模型检验结果汇总（N = 201）

预测变量	(1) 式（因变量：Y）		因变量：W		因变量：Y		(2) 式（因变量：W）		(3) 式（因变量：Y）	
	β	t	β_1	t	β_2	t	β	t	β	t
X	$c_1 = 0.604$	12.065	0.590	15.53			$a_1 = 0.567$	15.74	$c_1' = 0.224$	4.073
U	$c_2 = 0.232$	4.735					$a_2 = 0.191$	4.341	$c_2' = 0.092$	2.190
X × U	$c_3 = 0.070$	1.591								
W					0.761	9.756			$b_1 = 0.682$	8.974
U × W									$b_2 = 0.142$	3.086
直接效应检验结果	直接效应 $c_1 = 0.604$（t = 12.065），p < 0.001，假设 H_1 成立									
中介效应检验结果	$\beta_1 = 0.590$（t = 15.53），$\beta_2 = 0.761$（t = 9.756），Bootstrap 估计中介效应 w = 0.449（t = 8.086），中介效应 95% 的置信区间［0.358，0.540］，假设 H_2 成立									
调节性中介效应检验结果	$a_1 = 0.567$（t = 15.74），$b_1 = 0.682$（t = 9.03），$b_2 = 0.142$（t = 3.07），$a_1 b_1 + a_1 b_2 U$ 的 95% 置信区间为［0.080，0.272］，当 U 取 -1.124，0，1.124 时，调节性中介效应应为 0.296，0.387，0.478，依次增加，假设性中介 H_3 成立									

注：X 代表全球生产性服务价值链位置；W 代表知识链整合；U 代表依特定情势协调；Y 代表创新绩效。

资料来源：笔者测算所得。

类企业积极与跨国公司的技术交流以及战略合作，为提升该类企业的组织临近性也可支持其在海外建立分支机构，为提升该类企业的认知以及社会临近性可支持双方之间的人事相互交流活动等。

（2）对于绝大多数嵌入全球生产性服务价值链的中国本土生产性服务企业来讲，它们的实力并非十分强大，由于当前跨国公司对全球生产性服务价值链进行的俘获型和科层型治理结构，它们大都被俘获在全球价值链的中低端环节，且很难向全球价值链的高端攀升，对于这一部分企业如何通过嵌入全球生产性服务价值链来提升自身的创新绩效一直是困扰当前管理者及学者们的一个难题，而本书的实证结果为这一部分企业提供了一些可行性的建议，在实证中得出结论："知识链整合在全球生产性服务价值链位置与创新绩效的关系中的中介作用受到'依特定情势协调'的正向调节"，可见对于这一部分企业来讲，虽然通过提升在全球生产性服务价值链位置来提升其创新绩效是非常困难的，但仍可以通过提升其知识链整合能力和"依特定情势的协调"能力来提升其创新绩效。具体的策略有以下两个方面。

第一，正确识别本地集群中的"依特定情势协调"龙头企业。"依特定情势协调龙头企业"并不是指传统意义上的行业龙头企业，而是指在跨国公司的生产性服务价值链上具有一定的位置且深深根植于本地集群的生产性服务企业。它虽然具有一定的实力，但不属于第一类我们确定的那种极少数实力强大的中国本土企业，相比于第一类企业来讲，它具有与跨国公司较远的组织临近性。这种企业由于在全球生产性服务价值链上具有一定的位置，因此可以获取一定的跨国公司知识链整合的规则知识，使其自身具有一定的"自动响应"能力；又由于与本地集群中的其他企业、科研机构、高校、政府等建立了正式的及非正式的联系，从而可获得多渠道的异质性的信息，"依特定情势协调"龙头企业通过对来源于不同渠道的异质信息进行比对、总结、归纳，可以对环境变化做出更为正确的判断，从而使其又具有较强的"人为响应"能力。因此，这类"依特定情势协调"龙头企业具有综合"自动响应"和"人为响应"的"依特定情势协调"能力。政府应根据上述条件对本地集群中的潜在"依特定情势协调"龙头企业进行科学系统地筛选确定。

第二，支持"依特定情势协调"龙头企业与本地集群内企业的互动，实现二者的双赢。"依特定情势协调"龙头企业事实上占据了连接

187

跨国公司全球生产性服务价值链与本地集群网络的"结构洞"位置，凭借与跨国公司较近的知识距离、组织距离能不断地获取跨国公司的知识链整合知识。由于生产性服务消费的顾客参与性、消费效果评价的主观性等造成生产性服务企业外部环境经常呈现出信息不对称和动态复杂性的情况，"依特定情势协调"龙头企业考虑到仅具有"知识链整合"的知识优势，而缺乏供应链需求变化及市场变化的"依特定情势协调"知识则很难将自身的"知识链整合知识"优势转化为真正的"创新绩效"。因此，根植于本地集群的"依特定情势协调"龙头企业有很大的动力追求与本地集群内其他企业的知识共享和能力互补。而政府的引导在上述过程中可以起到规范与加速作用，即"政府引导"+"依特定情势协调"龙头企业带动的模式可成为提升我国生产性服务业集群创新绩效的重要途径。具体措施包括政府可以出台各种政策及资金扶持"依特定情势协调"龙头企业与本地集群内企业、科研机构、高校、政府相关部门的合作与交流，如搭建创新联盟平台、建立集群知识交流委员会等常设性机构，也可由行业协会、或行业研究会组织各种论坛、企业家沙龙等正式及非正式的手段加强集群内部的沟通与交流。通过这些途径，一方面可以提升"依特定情势协调"龙头企业的依特定情势协调知识与能力，从而提升其嵌入全球生产性服务价值链中的创新绩效；另一方面可将其"知识链整合知识"及"依特定情势协调知识"溢出至整个本地集群，本地集群中的其他企业可依靠群中所溢出的这些知识先嵌入国内生产性服务价值链中，待机会成熟时也可进一步嵌入跨国公司的全球生产性服务价值链之中，从而依靠这些知识逐步提升自身的创新绩效。

第5章 全球"制造与服务混沌模块化网络"中本土生产性服务企业的网络能力研究

我们研究的目的是研究在全球"制造与服务混沌模块化网络"这样的一个网络环境下，对本土生产性服务企业绩效影响的因素进行探察。从总体上来讲，影响因素一共有两种：一种是内因，即本土生产性服务企业自身所具备的能力因素；另一种是外因，即本土生产性服务企业所位于的网络环境因素。在本章，我们分析自身特征的影响因素，即本土生产性服务企业自身应具备的能力，这种能力在网络环境下表现为网络能力，它具有帮助生产性服务企业改善外部网络、获取外部资源、提高创新绩效的作用。

在对企业绩效的研究历程中，20世纪30年代，巴纳德写了著名的《经理人员的职能》一书，该书首次提到的战略内容被称为是研究企业战略的先河（巴纳德，2013）。随后出现了结构学派，结构学派的代表人物是钱德勒和波特。他们认为产业是企业战略环境的最重要部分，企业之间的竞争战略选择及竞争规则的制定都受到产业结构的严重影响。尤其是波特，他进一步强调：企业制定竞争战略的基础就是进行产业结构分析，如果不深入分析一个企业所处的产业结构就永远无法制定企业的战略。可见，结构学派强调选择有吸引力的产业来进入，并占据产业中的有利位置。在结构学派之后，又出现了资源学派，该学派以沃纳菲尔特为主要代表，他于1984年出版的《企业资源学说》认为，企业之间竞争优势的差异在于企业所占有的资源不同，这些资源包括企业内部占有的有形及无形资源、知识等（Wernerfelt，1984）。

资源学派认为企业所具有的稀缺资源是企业获取经济利润的来源，这与传统经济学认为的垄断产生利润的观点截然不同。后来，于1990

年又出现了能力学派，该学派以哈默和普拉哈拉德为代表，他们在《企业核心能力》中将企业所处的外部行业环境与企业自身的内部特点结合起来进行分析，并试图在二者之间建立一个关联的桥梁（Prahalad & Hamel，1990）。可见，企业竞争战略的理论从结构学派开始，发展到资源学派，再发展到能力学派，这经历了一个否定之否定的过程。在本章的分析中，我们的思路是结合了资源学派和能力学派的观点，即企业绩效既受到企业自身能力的影响，也受到外部环境的影响。本章主要讨论影响本土生产性服务企业绩效的内因，第6章讨论影响本土生产性服务企业绩效的外因。

资源学派的各位代表人物认为，企业只有拥有区别于竞争对手的独特资源并将其应用于竞争战略中，才能获得战胜竞争对手的绩效。所谓的资源是企业所占有的各类资产和各类能力的总和。在资源学派的分析框架中，是将资源和能力混为一谈的，或者说是将能力作为资源的一个方面来进行论述的。后来，格朗（Grant，1991）、阿米特和休马克（Amit & Schoemarker，1993）对资源和能力进行了研究，认为二者是不同的概念。他们认为资源是企业之中的静态存量，这类静态存量包括企业内的有形及无形资源、人力资源等；能力是企业内部的动态因素，指企业运用资源完成企业目标或各种任务的方式和流程。自此之后，能力学派就从资源学派出分离出来，成为一个单独的企业战略流派，在这一分支学派的后续研究中，网络能力被提出来了。

5.1 网络能力的内涵与特点

网络能力这一概念最早是由哈坎松（Hakansson，1987）提出的，他的研究认为，网络能力是网络中的企业具有的处理网络关系及占据更有优势网络位置的能力。其他学者也纷纷提出自己的看法，穆勒和哈利宁（Möller & Halinen，1999）认为网络能力是指企业构建和管理外部网络以充分利用网络资源的能力。布林格等（Bullinger et al.，2004）认为网络能力是一种动态能力，这种动态能力是企业识别网络中存在的机会、努力构造网络结构、开发各类网络关系的能力。我国学者徐金发等（2001）认为网络能力是一种动态能力，它使企业能够构建、发展以及管理企业所嵌入的网络中的网络关系。邢小强、仝允桓（2006）认为网络能力是一种动态能力，该能力在运用企业内部所占有的资源的基础上，通过识别网络中所提供的机会，帮助企业构建网络结构，开发企业所嵌入的网络中的各类关系。倪渊（2019）认为网络能力是核心企业主动对嵌入各类网络进行管理，优化并塑造网络愿景与价值的复合能力。网络能力对核心企业自身发展具有积极影响，同时也是核心企业引导、协调和控制其他集群企业的力量来源。洛伦佐和利帕里尼（Loren-zo & Lipparini，1999）提出网络能力是有效管理企业所嵌入的网络关系的能力，包括从网络成员那里吸收信息和知识的能力、与网络成员进行技术合作的能力以及利用现有能力开发新知识的能力。施莱纳和科斯滕（Schreiner & Corsten，2004）认为网络能力包含了三个维度：一是结构能力，指为了支持交易所进行的资源配置和协作能力；二是认知能力，指对网络中转移的知识的吸收能力；三是情感能力，指与网络中的合作方建立情感联系和发展友谊的能力。凯尔等（Kale et al.，2002）所提出的联盟能力的概念也非常类似网络能力，他认为联盟能力是企业通过构建联盟所获得的能力，这种能力可以有计划、有步骤地发现、积累、整合企业通过联盟获得的知识。

191

尽管学者们对网络能力的定义和名称有所不同，但这些观点有很多方面都是一致的，甚至也可以说是从不同角度说明了网络能力应当具有一些共同的特点。

首先，在上面的定义中，很多学者将网络能力定义为是一种动态能力，那么什么是动态能力呢？王和艾哈迈德（Wang & Ahmed，2007）将动态能力定义为企业通过整合企业内部资源与外部能力从而快速适应外部环境变化的能力。动态能力的作用对象是企业所嵌入的外部网络，外部网络具有不确定性，既能给企业提供不可多得的机会，同时也可能存在着威胁。当企业具有良好的动态能力时，可以从两个方面来避开网络中的威胁，成功抓住网络中存在的机会：一是运用市场导向的感知能力。它是嵌入企业有效识别网络中存在的机会及网络未来演进趋势的能力，这种能力是机会辨识能力、适应能力，它决定了企业在所嵌入的网络环境中的获利能力，它决定了企业自身设计以何种经营方式来发挥自身的优势，从而获取相应的经济租金。具备这样的能力时，嵌入企业才知道未来的行动如何进行，如何结识合作伙伴，与谁结盟。二是迅速组合关系的能力。这种能力是指嵌入企业在急剧变化的环境中，如何利用可以发现资源的机会来获取资源（包括技术和知识等）以实现自身目标的一种关系管理能力。这是因为，在网络环境中，市场威胁是模糊的和不确定的，成功的企业模式也不确定且很难预料，网络关系的参与者也是模糊的，是随时可以变化的，即使是整个产业结构也是处于一种混沌状的不断动态变化之中，为了跟上外部复杂环境不断变化的脚步，嵌入网络之中的企业必须运用迅速组合关系的能力整合和重组资源对环境加以响应才能创造持久的竞争优势。

其次，在上面的定义中，也有相当部分的学者将网络能力定义为是一种组织学习与知识吸收的能力。这种能力通过组织学习进而产生知识吸收，最终会提升企业的创新能力，所以可以认为，组织学习和知识吸收能力应当是企业创新网络能力的重要组成部分（曹鹏等，2009）。从知识存量的角度来说，嵌入企业网络能力的强弱主要表现在积累在企业内部的知识种类、数量和理的差异上，企业所拥有的良性知识存量越大，对网络环境、网络关系的理解也就越深刻，这要求嵌入网络中的企业能通过组织学习、知识获取、整合和利用等手段，来实现与网络中的其他企业之间在知识资源方面的交换与链接，共同实现创新。因此，网络能力的维度中应包含知识的成分，网络能力的诞生与应用过程应当是伴随着知识的学习、获得、吸收、利用、整合等活动而产生的，即知识的活动特性决定了网络能力是一种伴随知识流动的能力。

5.2　网络能力的维度

对网络能力的维度进行分析才能更清楚地认识网络能力的本质特征。里特和格蒙登（Ritte & Gemunden，2003）是最早对网络能力结构进行研究的学者，他们认为网络能力由两个构面组成：一个是任务的执行；另一个是所具有的资质条件。而任务的执行又由两个构面构成：一个是关于跨关系的任务执行；另一个是基于特定关系的任务执行；资质条件也由两个构面构成：一个是与社会资源相关的社会交际资质；另一个是与技术相关的专业技术资质，它是执行网络任务的必要条件，而其本身也可以在网络管理的过程中得以提高。穆勒和哈利宁（1999）构建了网络管理理论框架，并认为网络能力包含四个方面：网络构想、组合管理、关系管理和网络管理。哈格多恩（Hagedoorn，2006）通过理论与文献的分析，认为网络能力由两个主要的部分构成：一个是基于效率的网络能力；另一个是基于中央性的网络能力。

在国内的相关研究中，沈必扬等（2005）认为企业网络能力是一种创新能力，它由三个维度构成，即对网络前景规划的网络构想能力、对网络中企业进行定位的网络角色管理能力、对网络中的关系进行管理的网络关系组合能力。邢小强、仝允桓（2006）认为网络能力包括四个方面：一是网络愿景能力。该能力帮助企业预测其嵌入网络的发展趋势，并做出正确的判断。二是网络管理能力。该能力帮助企业对整体网络进行管理，在执行网络任务时进行协调和控制，以最终使企业获得网络竞争优势。三是组合管理能力。该能力是指企业对外部的关系组合进行管理的能力。外部的关系包括与合作伙伴、顾客、竞争对手、供应商、市场分析机构等的关系。四是关系管理能力。该能力是指企业处理与其他单个企业之间一对一关系的能力。方刚（2008）将网络能力分为两类：一类是指网络规划能力，指企业在参与网络中的活动时，对自身如何进行恰当定位的战略性能力；另一类是网络配置能力、网络占位能力、网络运作能力。这三类能力是属于战术层次的能力，是与企业从事具体的网络活动相关的操作性能力。项国鹏等（2021）在研究核心企业网络能力和创新网络的过程中，通过主轴性编码将企业网络能力的维度划分为网络愿景能力、网络构建能力、关系管理能力、组合管理能力四个维度。

那么，在全球"制造与服务混沌模块化网络"中的本土生产性服务企业应当具备什么样的网络能力维度呢？我们分析本土生产性服务企业的网络能力的维度仍应包含前面提到的网络能力的两个特点：第一，动态性。在最早期，格朗（Grant，1991）、阿米特和舒梅克（Amit & Schoemarker，1993）对能力定义的论述中就已经指出"能力是企业组合利用各种资源完成任务的惯例、流程和活动方式，具有动态性"。在全球"制造与服务混沌模块化网络"中的竞争仍然是非常激烈的。这是因为在"背靠背"这种竞争式的生产性服务产品研发中，只有研究开发成功的企业才能在"淘汰赛"中脱颖而出，获得全部模块价值，而研究开发成功的概率是可以通过人的努力去改变的，即由于三种同时具备的原因使全球"制造与服务混沌模块化网络"中的竞争比一般网络竞争更为激烈：其一是模块之间的互补性；其二是选择价值；其三是"淘汰赛"刺激效果。所以在全球"制造与服务混沌模块化网络"中，网络能力必须具有动态性。在激烈竞争的环境中不具备动态性的能力必然会陷入"核心能力刚性"的陷阱（Leonard - Barton，1995），陷入该陷阱的企业由于核心能力不再与周围已经变化的环境相匹配，企业的竞争力就会退化成一般竞争力，严重的话甚至会丧失竞争力。所以全球"制造与服务混沌模块化网络"中的本土生产性服务企业为适应网络周围快速变化的环境，进行审视、整合、重构内、外部资源的能力，就是网络能力中的动态性部分。这是前面对网络能力进行内涵分析时，很多研究者所达成的一致共识（Bullinger et al.，2004；徐金发等，2001；邢小强、仝允桓，2006；倪渊，2019））。动态性应具备什么样的维度呢？罗珉、刘永俊（2009）通过对1999～2009年有关动态能力的39篇重要文献进行聚类分析归纳出动态能力的四个维度：其一是市场导向的感知能力，该能力的构成要素有三个：机会辨识能力，即分析并获取环境中存在机会的能力；适应能力，即随周围环境的变化而随之变化的能力；资源再配置能力，即在企业战略指导下将资源合理配置的能力。其二是组织学习的吸收能力。该能力的构成要素有四个：组织知识取得能力，即从周围环境中吸收所溢出的知识的能力；知识消化能力，即将所吸收的知识理解并掌握的能力；知识转型能力，即将新掌握的知识与旧有的知识如何融会贯通的能力；知识利用能力，即如何利用知识增强企业竞争能力。其三是社会网络的关系能力。该能力的构成要素有四个：建立与整合社会资本的能力，即建立社会资本并将社会资本整合为企业的一种独特社会资源的能力；整合社会网络关系的能力，即将社会网络中的各种关系整合成企业独特的关系资源的能力；推动关系成员间互动的能力；企业社会嵌入的能力，即在社会网络中嵌入一个位置并利用该位置资源发展自身的能力。其四是沟通协调的整合能力。该能力的构成要素有四个：协调与整合的能力，即对组织关系进行协调和整合；重组资源和社会资本的能力，即将资源和社会资本重组成战略所需要的能力；保持战略弹性的能力，即制定的战略具有环境柔性和实施柔性的能力；适应能力，即企业如何在自身与环境之间保持变化协调的能力；知识整合能力，即将新知识理解吸收并与旧有知识结合的能力。在罗珉、刘永俊

（2009）所定义的动态能力维度中，与前面我们列出的很多学者定义的网络能力的维度有相当大的一部分的重合，如市场导向的感知能力与网络愿景能力（或网络构想能力、网络规划能力）（Möller & Halinen，1999；沈必扬等，2005；邢小强、仝允桓，2006；方刚，2008；项国鹏等，2021）的含义比较接近；沟通协调的整合能力与组合管理（Möller & Halinen，1999；项国鹏等，2021）、关系集合管理能力（Möller & Halinen，1999；沈必扬等，2005；项国鹏等，2021）、组合管理能力（邢小强、仝允桓，2006；项国鹏等，2021）的含义比较接近；社会网络的关系能力与关系管理能力（邢小强、仝允桓，2006）、角色管理能力（方刚，2008）、关系管理（Möller & Halinen，1999）在含义上比较接近；这也验证了我们分析的网络能力中必须有动态性这样一个维度。第二，知识性。网络能力的知识维度是指嵌入网络中的企业如何管理外部网络中的知识的能力，它表现为该企业对企业之外的网络中的知识进行获取、吸收、整合、利用等方面的能力。邢小强、仝允桓（2006）认为网络能力的基础是知识，表现为网络嵌入企业内部所积累的知识及与别的企业在沟通交流以及合作过程之中获得的知识的数量和质量。在全球"制造与服务混沌模块化网络"中存在着激烈的竞争，当外部环境由于激烈的竞争而发生变化时，隐藏在网络能力背后的知识不再适合环境的变化，全球"制造与服务混沌模块化网络"中的嵌入企业能力改变过程的实质是企业知识更新的过程，当企业的能力真正发生改变时，往往伴随着一套新的知识体系的建立。虽然当今学者进行的网络能力维度的研究中并没有涉及知识吸收与利用这样的维度，但是在前面我们分析网络能力的定义及其特点时分析到了网络能力应当具备知识性这样的一个维度，这对于全球"制造与服务混沌模块化网络"中的嵌入企业来讲也是必需的。

所以综合上述分析，我们认为全球"制造与服务混沌模块化网络"中的企业应具备这样几个方面的能力：与网络规划方面相关的能力、与网络配置方面相关的能力、与网络协调方面相关的能力，以及与知识获取与吸收方面相关的能力。前面三个方面的能力体现了网络能力动态性的维度，后面一个方面的能力体现了网络能力的知识性维度。当然在这里所给出的能力仅仅是一个大体的范围，在结合第4章我们分析的全球"制造与服务混沌模块化网络"所具备的五个网络特性的基础上，我们得出了全球"制造与服务混沌模块化网络"中嵌入企业具体所需要的能力包括：在网络规划方面是生产性服务产品模块化能力；在网络配置方面是柔性生产能力；在网络协调方面是依特定情势的协调能力；在知识获取与吸收方面是组织学习能力。全球"制造与服务混沌模块化网络"的五个网络特性决定了这四种能力的关系，如图 5 - 1 所示。

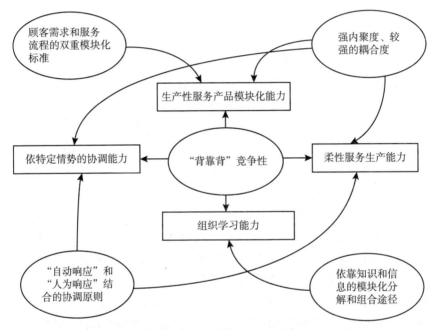

图 5 - 1　全球"制造与服务混沌模块化网络"的
五个网络特性与四种能力的关系

资料来源：笔者测算所得。

5.3 "制造与服务混沌模块化网络"中本土生产性服务企业所需网络能力的四个维度

5.3.1 生产性服务产品模块化的能力

生产性服务产品模块化能力是指利用设计规则将生产性服务进行模

块化的能力。它要求本土生产性服务企业对全球"制造与服务混沌模块化网络"中的设计规则有较高的认知力，能够识别生产性服务作业流程环节之间的关联性并完成复杂性分割，以形成生产性服务模块化的相关架构。在前面论述了生产性服务产品的模块化必须有相应的模块化组织与其相对应，当跨国公司、各生产性服务模块供应商、各生产性流程模块供应商、各生产要素模块供应商按照设计规则依次完成各自所负责的模块解构与整合时，在该网络中，相应的各模块供应商之间的结构关系也得以对应确立，网络运行蓝图得以绘制。这是跨国公司依据自身的经营战略、规划设计规则的指导而完成的，所以可以认为生产性服务产品模块化能力属于跨国公司网络规划方面的能力。

　　全球"制造与服务混沌模块化网络"中的顾客需求和服务流程的双重模块化标准决定了参与企业应当具备什么样的生产性服务产品模块化能力。从第 4 章的图 4-8 中可以看出，生产性服务产品模块化的能力应该包含不同的层次。最高层次的生产性服务产品模块化能力是跨国公司所具有的，或者说是舵手企业所具有的能力，跨国公司从市场上获得市场需求的知识和信息，并展开结构化分析，进而确定全球"制造与服务混沌模块化网络"整体发展战略并对市场需求进行基于知识专业化的解构，在此基础上，对整个网络的价值链进行分解，整个分解过程是以知识专业化分工为导向的，并以实现整合之后的价值链价值最大化为目标。整个生产性服务价值链被分解之后，被分为具有专用属性和通用属性的生产性服务模块，这些模块都具有半自律的特性。生产性服务价值链经过跨国公司分解之后被分成专用服务模块和通用服务模块，然后分别交给专用生产性服务模块供应商和通用生产性服务模块供应商，生产性服务模块供应商在接收到生产性服务模块之后，也会在传递过来的生产性服务模块设计规则基础之上将生产性服务模块分解为各生产性服务作业流程模块，分别由各生产性服务产品模块供应商的下属部门或外包给别的生产性服务产品供应商的下属部门进行完成；生产性服务模块供应商的下属部门接收到生产性服务作业流程模块及其设计规则之后，生产性服务模块供应商的下属部门在该规则基础上将其分解为各生产性服务要素模块，并交付给生产性服务供应商下属部门中的工作团队完成（或利用外包资源），最后由工作团队依据传递过来的生产要素设计规则完成生产性服务要素的设计与生产，此为整个生产性服务价值链的分

197

解过程。三层架构所生产的各级生产性服务模块生产完成之后还需整合起来才能给顾客提供一个完整的生产性服务，在生产性服务要素层，生产性服务要素的供给团队将生产性服务要素设计和生产完成之后，会将完成之后的生产性服务要素传递给生产性服务供应商部门，生产性服务供应商部门再进行组合优化，之后传递给生产性服务供应商，生产性服务供应商再进行生产性服务模块的组合优化，最终端的跨国公司将生产性服务供应商所提供的生产性服务模块进行价值链的整合。这些运营过程可保证生产性服务质量和多样性，以满足不同细分市场顾客的需求。

在这样的一个流程之中，我们可以看出，虽然三层架构中的各层级所具有的生产性服务模块化能力层次不同，但基本上都包括三个方面的能力：顾客需求分析能力、设计能力和整合能力。顾客需求分析能力是在生产性服务模块化之前和设计、开发过程中对不同细分市场的顾客需求所作的准确把握能力，是生产性服务模块设计、完善和后期高效运行非常重要的依据；设计能力致力于完成生产性服务模块构建，包括对系统显性信息的收集、分解后的各生产性服务模块之间的对接等方面；整合能力是在整个网络设定的设计规则的基础上，依据顾客需求对成员企业所提供的生产性服务产品模块以及企业之间的利益和目标进行协调和有机组合的能力。

1. 顾客需求分析能力

顾客需求分析能力首先要求企业依据自身的资源和能力正确选择自身的目标市场，在此基础上认清目标市场中顾客的真正需求是什么。在这里，有些需求是明确的，通过市场市调查之后并经过数据的统计分析就能够发现。但是，还有一些顾客的需求是顾客自己都难以表达的，而发现这种潜在顾客需求的企业，往往能够获得更高的市场竞争优势。对这种潜在需求的把握，要求企业从分析现有目标市场顾客生存和发展的生产性服务基本功能入手，进而发现现有生产性服务商品未来演化的方向和空间，从而把握未来的生产性服务需求。另外生产性服务产品消费的特点还具有很大的顾客参与性，企业应将获取顾客的经验纳入顾客需求分析能力之中。在生产性服务消费中，顾客已经变成了生产性服务价值的共同创造者和消费者，这为企业明确顾客未来的需求提供了很大的帮助。在生产性服务生产过程中，在顾客需求介入的各个去耦点

（CODP），消费者可以向服务企业传递消费需求知识。因此如何与参与到服务生产流程之中的消费者进行对话，以增加顾客参与到服务生产之中的学习与实践的意愿，并获取顾客参与所带来的顾客需求知识，这将成为服务企业服务需求分析能力增长的一个新的源泉。

2. 设计能力

设计是将现有的元素情形改变成向往情形的构想行动方案。它关心的是目标事物应当如何达成，并据此设计出方案以达到目标。全球"制造与服务混沌模块化网络"的网络特性使生产性服务产品模块化能力成为各级服务模块供应商所必须具备的重要能力。设计能力代表了本土生产性服务企业认识、分析、解构互联的网络系统，进而建构新的生产性服务的累积性学识。拥有设计能力的本土生产性服务企业需要先认识到现有的生产性服务产品模块之间的联结关系与知识交互关系。这种联结与交互关系是由全球"制造与服务混沌模块化网络"的"强内聚度和较强的耦合度"特性所决定的。设计时，在遵守跨国公司所制定的设计规则基础上，必须达到模块化所遵守的基本原则，即绝大部分信息保留在分割之后的生产性服务模块内部，并尽量使生产性服务模块之间的联系信息达到最小。除此之外，还要考虑到生产性服务模块之间的联系要素：显性知识和隐性知识，以及生产性服务模块供应商之间的依赖要素：契约和信任，并据此完成对互联的生产性服务产品的分拆和解构原有的知识互联结构；设计能力还需要在分拆与解构的基础上，构建生产性服务模块之间的架构关系，设计统一的界面接口标准。接口标准应有利于全球"制造与服务混沌模块化网络"中上下游的生产性服务模块供应商之间所形成的特定诀窍（即默会知识）的生成、传递与分享，也应当有利于互联的各生产性服务模块供应商协同合作，并且有利于与相关顾客之间的互动参与。可以说设计能力是一种创造性的能力，它包括设计参数的合理选择和设计结构的巧妙构建，这都依赖于生产性服务模块设计企业的创新思维。生产性服务设计企业结合设计规则和顾客需求分析之后，在自身所具有的资源能力和知识背景上，形成生产性服务模块设计方案和图景，并实现和相关其他模块的顺利对接。

3. 整合能力

生产性服务产品模块化过程中涉及生产性服务产品的整合，在三层

199

架构的生产性服务产品模块（生产性服务要素、生产性服务作业流程模块、生产性服务模块）生产过程中都有生产性服务模块的整合过程。所以整合能力也应成为生产性服务模块化能力的构成维度。简而言之，整合能力是指全球"制造与服务混沌模块化网络"中的生产性服务企业按照界面规则对网络内自己和其他企业主体所生产的生产性服务模块进行目标、功能、利益等的协调及有机组合能力。一般来说，通用生产性服务模块与其他通用模块之间的整合是相对较容易的，这是因为设定的设计规则为这种整合提供了特定的可以依据的标准。而专用生产性服务模块与其他模块之间的整合较难，它要求进行整合的服务企业对生产服务模块所具备的一部分隐性知识有一定的整体认知和宏观的把握，在相关知识的属性、结构以及未来发展的方向上具备较高的敏锐洞察力。另外，生产性服务模块的整合也涉及对不同模块生产商所具备的目标、利益和信任的协调与融合，这个特点代表了一种可以保证全球"制造与服务混沌模块化网络"有效运行的能力。在全球"制造与服务混沌模块化网络"的三层架构中，整合能力的运用与升级可以拓展生产性服务企业的能力边界，随着全球"制造与服务混沌模块化网络"中生产性服务企业的数量增加，新思路、新方法将不断涌现，这有利于那些具有整合能力的企业在竞争中将自身的设计规则进行不断完善和不断改进，直至产生优于其他竞争对手的更加科学合理的设计规则，在最终的竞争中胜出，成为全球"制造与服务混沌模块化网络"中的新的显性设计规则，从而该模块企业也就成为新的舵手企业。

5.3.2　柔性服务生产能力

安索夫（Ansoff，1965）最早提出了柔性的概念，他认为柔性是企业提升自身资源的适应性、应对偶然突发事件、获取解决突发事件机会的能力。他将柔性分为组织外部柔性和组织内部柔性两种。埃平克（Eppink，1978）认为柔性是某些组织所具备的一种特征，这种特征能帮助组织减少外部环境变革的不确定性，或者可以帮助组织在外部环境发生变化时能占据一个相对有利的位置。米罗什尼琴科等（Miroshnychenko et al.，2021）认为柔性是一个组织对外部发生的、不确定的、要求具备快速反应应对的事件，这些事件对未来组织的绩效会产生深远意义的影响，而组织对这种影响的适应能力即为柔性。可以看出这些定义基本的出发点是柔性的动态权变理论，其基本思想都认为柔性是组织与环境之间保持动态匹配性的一种潜在能力。在这样一个基本思想的指导下，我们认为全球"制造与服务混沌模块化网络"中本土生产性服务企业所具有的柔性服务生产能力应当是本土生产性服务企业能够根据市场需求的变化，按照网络中设计规则的战略要求，以重新组合、重新利用、革新自身元素或子系统的方式，快速调整生产性服务设计与生产的可变服务制造能力。

　　本土生产性服务企业所具备的柔性服务生产能力应具备什么样的能力维度呢？我们需要先分析一下柔性能力的维度。莱乌和沃尔贝达（Leeuw & Volberda，1996）从控制论的视角，认为在高度动态变化的竞争环境中，柔性能力表现为管理控制力和组织控制力之间相互作用达到平衡之后的一种状态，它的维度可以通过速度和程度来加以体现和测量。速度意味着对外部的变化进行响应所需要的时间；程度意味着对外部环境变化进行反应的适宜程度。厄普顿（Upton，1994）认为组织柔性能力的维度可分为三种，即范围、易变性和一致性。范围指测量产品丰富性的区间，即生产产品时可变化的数量和生产这些产品时所受的运作的局限度；易变性是由时间和成本来进行衡量的，指组织从一种状态转移到另外一种状态的容易程度，如果同时考虑时间和成本两个因素，一般认为在转变中增加了额外成本，但缩短时间的组织比没有发生额外成本但转变所需更长时间的组织更具有柔性；一致性是指组织在一段时间内获得绩效结果的相似性，反映了在一段时间内组织生产的运作均衡能力，即无有大起大落的现象，反映了质量和业绩的平稳性。科斯特和马尔霍特拉（Koste & Malhotra，1999）认为厄普顿（1994）的研究中，关于范围的分类还可以再细些，他将范围维度扩充为两种不同性质的选择，即一个是对同质、不同数量的产品生产活动的选择范围；另一个是对异质、不同性质的产品生产种类的选择范围。他们认为仅仅用单一的数量范围标准来进行考察并不能反映柔性化的本质特征，因此，范围可进一步细分为数量化的选择和种类化的选择，即范围—数量、范围—异质性两种。戈尔登和鲍威尔（Golden W. & Powell，2000）在进行大量文献研究的基础上，认为柔性能力可分为四个维度，即时间、目标、范围以及焦点。其中，时间指组织对环境变化反应所需时间长度；范围是考察组织适应可预见以及不可预见的外部环境变化的能力，包括两个方面：一是对可预见的变化的反应能力，它主要体现在组织预先计划制订的能力，即组织预先对资源进行合理的计划安排，并据此对可能发生的事件进行回应的能力；二是对环境中不可预见的变化应对的能力，它主要体现在组织对不确定因素做出反应的能力。目标是考察组织面对外部环境变化时选择的反应策略，即是防御还是进攻。焦点考察组织获得柔性的途径领域：一是从组织内部获得；二是从组织外部获得。获得内部柔性的途径主要是内部资源的合理开发利用所产生的内部生产能力。孙明玉（2018）在研究企业柔性能力与战略纯度匹配关系的研究中，将企业柔性能力的维度划分为开放程度和递归程度。所谓开放程度是指企业能力时刻关注外部环境出现的各种机会的能力；递归程度是指企业往往需要重新审视自身的战略，并经常回顾之前某个特定时间的战略方案。在综合当前学者研究的基础上，我们结合全球"制造与服务混沌模块化网络"的特性，将网络中的本土生产性服务企业所具备的柔性服务生产能力的维度分为时间、范围和焦点，并将其具体定义为外部组合能力、内部变化能力和潜在柔性能力，用图 5-2 表示。

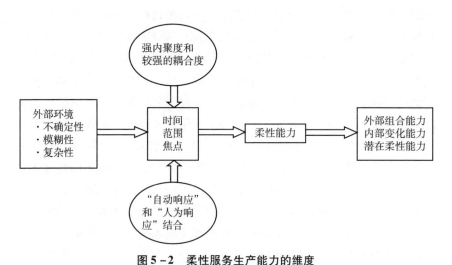

图 5-2　柔性服务生产能力的维度

资料来源：作者自行绘制。

1. 外部组合能力

外部组合能力体现了科斯特和马尔霍特拉（1999）所认为的范围—数量和范围—异质性特性。同时，也体现了时间特性或莱乌和沃尔贝达（1996）所认为的速度特性、威廉·戈尔登和鲍威尔（2000）所认为的组织外部获得的焦点特性，以及孙明玉（2018）所认为的开放程度。

全球"制造与服务混沌模块化网络"中本土生产性服务企业的外部组合能力主要体现在其在网络动态环境下，为更有效地实现自身的目标，主动适应变化以提高自身竞争力而制定的一组可选择的组合方案的能力。

全球"制造与服务混沌模块化网络"是由异质性的生产性服务模块供应商、制造模块供应商所构成的一种价值网络，在生产性服务模块供应商类别中既有各种通用生产性服务模块供应商，也有差别更大的各类专用生产性服务模块供应商，它们之间资源和能力的差异表现在与制造模块供应商之间的合作可以实现不同速度和范围的产品生产。在全球"制造与服务混沌模块化网络"的"自动响应"与"人为响应"结合的网络特性中，我们分析到标准化生产性服务更多发生在供应链的上游，而定制化生产性服务更多发生在供应链的下游，依据程度的区别，两种极端是纯标准化生产性服务和完全的定制化。依据顾客需求的切入点（或称去耦点，CODP）不同，我们可以将顾客的需求分为四类：即MTS、ATO、MTO 和 ETO 四种方式。对于某些能够提前预测的顾客需求，所有生产性服务模块均已按通用化阶段要求预备出来，跨国公司用这些通用生产性服务模块与制造模块之间的组合来满足不同顾客之间的需求，但这些通用生产性服务产品的定制化程度较低，这是因为顾客对这些产品生产涉入度较低的原因。生产这种服务产品的前置时间较短，最终装配产品的环节甚至可以延迟到与顾客接触的界面之前。去耦点（CODP）发生在装配环节之前，这种反应模式是我们前面所分析的"自动响应"模式，体现了服务柔性生产能力的"时间"特性和组织外部获得的焦点特性，即在短时间内对外部顾客需求的快速响应能力。而当外部环境的模糊性、复性和不确定性增加时，顾客的需求往往非常难以事前完全预测，这时顾客的需求往往用"自动响应"和"人为响应模式"结合的方式来进行满足，即通过使用通用生产性服务模块、专用生产性服务模块与制造实体模块的组合来实现的，通用生产性服务模块来满足顾客的一些共同模式的服务要求，专用生产性服务模块在通用生产性服务模块的基础上来满足某些顾客特殊的需求。这种方式的优点是既能在一定的成本优势情况下满足绝大部分顾客的个性化需求，又缩短了顾客获得产品的等待时间。这种生产方式体现了服务柔性生产能力的"时间"特性、"范围"特性以及外部获得的"焦点"特性。

2. 内部变化能力

无论是通用生产性服务模块供应商还是专用生产性服务模块供应商都是一个半自律性的独立主体，它们在遵守整个"制造与服务混沌模块化网络"界面规则的前提下，利用自身的隐性规则进行独立的生产性服务模块设计和生产。但是由于环境中充满了很多的变化复杂性，这些生产性服务模块供应商在保持显性设计规则基本稳定的前提下，还要根据环境变化适时调整隐性设计规则，将环境因素中的变化需求信息"浓缩"和"吸收"到隐性模块的生产之中，再通过隐性服务模块的改变和不同组合实现生产性服务产品创新。生产性服务模块供应商所具备的这种能力被称为内部变化能力。内部变化能力表现在生产性服务模块供应商所具备的组织柔性、资源柔性和管理柔性上。其中组织柔性是指相对于传统的层级组织而言，其组织结构扁平化，组织边界具有更大的动态性，并能够根据外部环境变化及时调整组织结构和生产性服务模块生产的流程，加快组织创新的速度，同时还能保持与网络中的设计规则的战略协调。资源柔性指资源进行转换用途的难度较小，即具有较低的转换成本。生产性服务模块供应商所具有的资源主要是指人员（包括顾客和企业内人员）、技术（知识和信息）、设备，当这些资源的可利用范围较大时，从一种用途转到另一种用途的难度就较小，资源的价值就高，资源的柔性就大。资源的柔性还涉及上述几种资源要素之间的配合和联系，如果这些资源能够相互配合、彼此促进而形成整体优势，从而满足顾客广泛的多样化需求，这时我们也认为该生产性服务模块供应商具有更高的资源柔性。管理能力是指生产性服务模块供应商所具备的以适应外部变化为导向的管理制度、内部运行规则以及方式方法的灵活性。优秀的管理能力能够最大限度地激发生产性服务模块化提供商的创造性,它依靠人本管理、民主制度,创新文化等从内心深处来激发每个员工的内在潜力、主动性与创造,从而不遗余力地为企业提供优良业绩。

3. 潜在柔性能力

潜在柔性能力反映了威廉·戈尔登和鲍威尔(2000)所定义柔性能力的焦点维度中对环境中不可预见的变化应对能力的特性,以及孙明玉(2018)所认为的递归性。即主要应对的情况是出现在生产性服务模块供应商应对顾客需求的主观不确定性以及生产性服务产品生产中上下游企业合作时所应用特定"诀窍"的模糊性和复杂性。

由前面我们分析的全球"制造与服务混沌模块化网络"中强内聚度和较强的耦合度分析可知,生产性服务模块供应商与上下游环节模块供应商之间的联系要素既有相关设计规则规定的显性知识,还有在二者之间所形成的一种特定诀窍,生产性服务产品生产的序贯性决定了全球"制造与服务混沌模块化网络"中的生产性服务模块供应商与上下游环节的其他模块供应商之间联系比较紧密,相互联系的双方在长期相互合作的过程中会形成一定的默会知识(特定的诀窍),这些诀窍即不是以显性设计规则的形式存在,也不是全部隐藏在某一方的内部,因此可以称为半显性的诀窍,它的存在对生产超越顾客满意的产品有重要的意义。

另外,前面还分析到,"制造与服务混沌模块化网络"中生产性服务模块供应商与上下游环节模块供应商之间的依赖要素为契约和信任要素。这是因为生产性服务产品并非像实体制造业产品那样标准化,顾客对于生产性服务产品的消费具有很大的效用判断主观性。顾客在生产性服务产品生产的过程中往往在 CODP 点就介入其中,生产性服务模块供应商、与其合作的其他模块供应商以及顾客之间的合作和互动交流对最终产品的最终消费结果具有很大的影响。所以全球"制造与服务混沌模块化网络"中生产性服务模块供应商与上下游模块供应商之间的依赖要素仅仅包含契约是远远不够的,更重要的还要包含信任要素,在它们之间如果缺乏相应的信任不仅无法形成特定的隐性诀窍,甚至都无法完成对产品最基本功能的诉求。

因此,生产性服务模块供应商所具备的潜在柔性能力是指运用与上下游的合作伙伴之间形成的特定半显性诀窍的能力，即能否运用半显性规则的诀窍生产出不断跟踪顾客需求变化的生产性服务产品的能力。

5.3.3 依特定情势的协调能力

在组织管理中，协调是一个应用较为普遍的功能，恰当的协调往往能清除一个组织运行中的障碍，保证该组织高效率地实现组织目标。明茨贝格（Mintzberg，1979）认为一般组织的活动都可包含在两个基本内容之中：一是把组织的目标使命分解为各类分工活动；二是对这些分工之后的活动进行协调，以实现组织的目标和使命。所以，可以认为协调是一种手段，它使系统中各分散的活动具有系统性和目的性，从而更快、更低成本地实现组织的目标。贝尔托洛蒂等（Bertolotti et al.，2019）认为协调产生的原因是企业内部的分工专业化，专业化分工造成一个工作流程中的组织任务被分配给不同的组织成员来完成，在完成的过程中必然会涉及资源在不同的组织成员之间的分配关系，如何平衡以及处理好这些分配关系，就是协调。全球"制造与服务混沌模块化网络"是建立在专业化分工基础之上的网络性组织，根据生产性服务产品生产的特点，各生产性服务模块供应商所提供的各生产性服务模块是建立在最终产品分解基础上的，而在最终产品解构与重新整合的过程之中必然会涉及在不同生产性服务模块提供商之间如何分配资源的问题，这种处理机制就是全球"制造与服务混沌模块化网络"中的协调。

富盖特等（Fugate et al.，2011）将协调理解为对组织活动相互依赖关系的管理。对于全球"制造与服务混沌模块化网络"而言，网络中各生产性服务模块供应商集中于各自不同的专长领域独立开展生产性服务模块的研发和生产活动。各生产性服务模块供应商的活动构成了整个"制造与服务混沌模块化网络"的流程。该流程表现为在一定的资源约束条件下所汇聚的相互依赖关系的活动集合。而决定全球"制造与服务混沌模块化网络"能否对外部环境和顾客需求的变化做出快速反应的根本就在于建立一个有效率的、有绩效的生产作业流程，而该流程正常运作的保证就必须依靠相关的协调。因而如果要实现全球"制造与服务混沌模块化网络"中各模块供应商合作所追求的各种优势，就必须对全球"制造与服务混沌模块化网络"中在知识分工基础之上所产生的相互依赖关系进行协调，这就是"制造与服务混沌模块化网络"中协调的依据。

　　汤普森（Thompson，1967）认为既然组织中要素或活动间的依赖关系是产生组织协调行为的根本原因，那么组织在制定协调方法时也必须从这些活动间的依赖关系出发。他认为在组织中有三种基本的依赖关系，即顺序关系、总和关系和互动关系。顺序关系是指某一活动的产出是下一活动的投入，由此所形成的一种次第投入—产出关系称为顺序关系；总和关系是指两个或多个活动的产出共同为下一活动提供投入，由此所形成的多对一的投入—产出模式为总和关系；互动关系是指两种活动的产出互相作为对方活动的投入，由此所形成的相互依赖的投入—产出模式。这三种关系如图5-3所示，对这三种关系的有效管理必须依靠相应的关系协调才能解决。

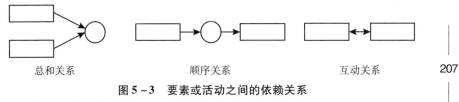

总和关系　　　　　　　　顺序关系　　　　　　　　互动关系

图5-3　要素或活动之间的依赖关系

资料来源：笔者自行绘制。

　　全球"制造与服务混沌模块化网络"中的本土生产性服务企业与网络中的跨国公司之间的关系可称之为总和关系，而其与上下游合作的其他模块供应商之间的要素关系为顺序关系，同时，与上下游的合作伙伴之间还存在着互动关系。我们在分析本土生产性服务模块供应商应具备的协调能力时也是从这三种活动出发来进行分析。

　　在对总和关系进行协调时，本土生产性服务接包商需要具备的能力是设计规则适应与调整能力；在对顺序关系和互动关系进行协调时，本土生产性服务接包商需要具备的能力是合作伙伴关系管理能力。下面对协调能力的这两个维度来做具体分析。

1. 设计规则适应与调整能力

　　汤普森（1967）认为，对总和关系进行协调可以使用标准化的协调方式，所谓标准化的协调方式是指协调的规则是事先制定好的，是有一定的标准的,然后据此对组织中的各种依赖关系进行协调和控制。贝尔托洛蒂等(2019)也认为这种总和关系的协调主要是利用程序化协调方法来进行协调,所谓程序化协调方法是指协调的标准是事前已经设定好的,然后依据该标准对组织中的各种依赖活动进行处理和控制。

全球"制造与服务混沌模块化网络"中冲突产生的最深刻根源,还是在于利益上的分配或称为资源分配的冲突。对于"制造与服务混沌模块化网络"中的各成员来讲,如果无法解决产品生产中的利益或资源分配方式,那么冲突将会一直存在,此即没有规矩不成方圆。基于此种原因,跨国公司为"制造与服务混沌模块化网络"中的成员制定了设计规则,全球"制造与服务混沌模块化网络"的整个构建及运行都是以该设计规则作为支撑的,它是在跨国公司主导下,由其制定的相应资源和利益分配规则,用以规范各模块供应商的运营行为。同时也是跨国公司与各模块供应商在合作过程中所达成一致认识的约定,它传导了秩序、惯例、政策以及权威的信息。作为全球"制造与服务混沌模块化网络"成员的本土生产性服务企业如果想在网络中生存下来,其对网络规则的遵守和理解具有重要的作用。

在全球"制造与服务混沌模块化网络"中,因在该网络中的本土生产性服务企业的运行必须遵守跨国公司所制定的界面规则,即在正常的状态下,通常以"自动响应"方式来进行运营。而从上一章的相关分析可知不确定性与"人为响应"度成负相关关系、模糊性与"人为响应"度成正相关关系、复杂性与"人为响应"度呈正相关关系。当系统复杂性、不确定性及模糊性交错变化出现时,会造成系统对"人为响应"需求程度的增加或减少交替出现的状态,所以在"制造与服务混沌模块化网络"运行的过程中,通常会表现出"自动响应"和"人为响应"相结合的协调原则特性。

设计规则适应与调整能力要求本土生产性服务企业在遵守全球"制造与服务混沌模块化网络"设计规则的前提下,根据自身资源、能力及自身发展战略的需要,在外部环境变化及自身资源能力优势分析的基础上,把握全球"制造与服务混沌模块化网络"提供的机会,避开环境威胁与不利因素,顺利实现企业目标的能力。

2. 合作伙伴关系协调能力

费内马(Fenema,2002)认为可用人际关系协调来管理顺序关系和互动关系，其方式主要包括相互调整、知识共享、工作关系建立等。爱尔兰（Ireland，2012）认为在对顺序关系和互动关系进行协调时，协调的方法是以人际关系沟通协调手段为主，协调的方式有沟通会议、情况反馈、相互之间的调整、相互之间建立合作和信任等。

　　与本土生产性服务企业相连接的上下游模块供应商有自身的独特目标，是一个具有独立利益的实体组织，它们和本土生产性服务企业之间并不是一体化组织中的层级式关系，而是存在着较大的异质性，因为它们在组织文化、组织目标、产生背景、运营模式、绩效目标、环境政策等方面都具有很大的不同。而在另一方面，相对于整个"制造与服务混沌模块化网络"来说，本土生产性服务企业只有与上下游的模块供应商进行合作，才能实现其企业目标。在上一章的网络特性"强内聚度、较强的耦合度"分析中可知，本土生产性服务模块供应商与上下游合作伙伴之间的界面接口标准并不像制造业模块化网络一样，是一个标准的界面。它的界面交互的知识既有跨国公司制定的设计规则中所明确的显性知识，另外也包括与上下游模块供应商互动过程所产生的难以编码的隐性知识。即本土生产性服务企业与上下游合作伙伴之间合作的依赖要素既包括显性知识，也包括难以编码的隐性知识。在隐性知识形成的过程中，需要形成共同的信念，这种信念的形成需要认知的协调，因为双方在半显性规则的创新上可以有多个方向，也会有多个技术方案，在这个过程中只有认知的协调才能完成这项任务。所以双方需要在共同信念的引导下，在这个创新的过程中逐步确定技术选择的方向，最后明确双方的半显性规则。

　　另外，由"强内聚度、较强的耦合度"分析中可知，由于生产性服务产品消费效用感知的主观性、生产性服务产品生产过程中的顾客参与性、生产性服务产品生产的过程性或序贯性，本土生产性服务企业与上下游模块供应商之间的依赖要素既有契约，也更需要信任，单纯的契约设计规则已经无法满足本土生产性服务企业与上下游合作伙伴之间的耦合要求，只有加入信任这一设计规则才能使本土生产性服务企业生产出满足顾客需求的产品。双方需要用信任建立"知识冲撞的协调机制"，半显性规则的建立，一方面会给双方都带来巨大的利益，另一方面在知识共享过程中，合作伙伴所拥有的一些技术秘密不再成为秘密，这在无形中将削弱他们的谈判优势，上下游的合作伙伴也会担心本土生

209

产性服务企业会利用半显性规则对其进行知识掠夺,因此本土生产性服务企业必须具有"知识冲撞"的协调能力,才能形成生产顾客满意产品所需要的半显性规则。

可以看出,合作伙伴的管理能力包括本土生产性服务企业引导合作伙伴们产生共同信念的认知协调能力,也包括建立双方共同需要的半显性规则的"知识冲撞"协调能力,可以用图5-4来表示。

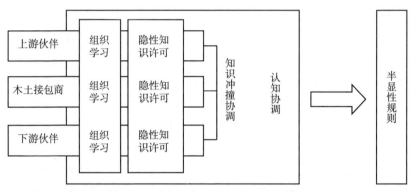

图5-4 本土接包企业的合作伙伴关系协调能力

资料来源:笔者自行绘制。

5.3.4 组织学习能力

马奇和西蒙(March & Simon,1958)首次提出了组织学习的概念,他们认为组织学习是一个组织在面临外部不断变化的复杂环境时,通过系统的、有组织、有计划以及分层次的学习行为,实现组织提升绩效所必需的知识与能力的获得与提高。菲奥尔和莱尔斯(Fiol & Lyles,1985)认为组织学习是提升组织行为有效性的一种有效途径,而这种有效途径的达成必须伴随学习中能获得丰富的知识。于海波等(2004)认为组织学习是组织为了实现自己的任务以及更好地适应外部环境的变化,在个体、团队、组织层和组织间进行的、不断产生和获得新的知识,并对其进行解释、整合和制度化的行为互动过程。沈波等(2020)认为组织学习是在组织所处的环境下,获取组织竞争优势和保持核心竞争力,不断学习的过程,组织通过组织学习引入新知识,可以有效地促进组织对知识内容的更新。从以上定义中可以知道,组织学习是一个组织从外部环境中获得不存在于组织中的知识的过程，该过程依靠学习主体的不同是分层次的。

在第 4 章分析全球 "制造与服务混沌模块化网络" 的 "顾客需求和服务流程的双重模块化标准" 特性时，我们已经知道，跨国公司将相应的市场需求理解为某种产品概念时，这种产品概念被分解为生产性服务模块和制造模块，生产性服务模块外包给各生产性服务模块供应商来提供。生产性服务模块供应商会将生产性服务模块分解为各生产性服务作业流程模块，分别由各生产性服务模块供应商的下属部门或外包给别的生产性服务模块供应商的下属部门来完成；生产性服务模块供应商的下属部门将生产性服务作业流程模块分解为各生产性服务要素模块，分别由各生产性服务模块供应商下属部门中的工作团队来完成（或利用外包资源）。在生产性服务模块供应商、其下属部门、下属部门中的工作团队共同进行生产性服务产品的生产过程中会不断产生和获得新的知识，相关知识在三个层次中进行流动，如图 5 – 5 所示。

211

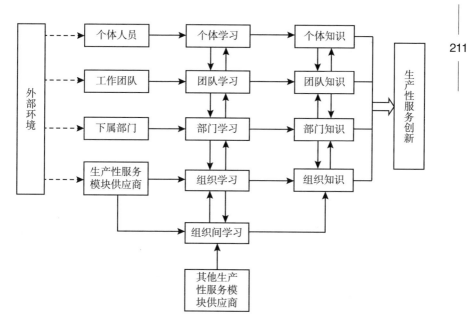

图 5 – 5　全球 "制造与服务混沌模块化网络" 中的组织学习模型
资料来源：笔者自行绘制。

全球 "制造与服务混沌模块化网络" 是由具备异质性能力要素的

企业组成的一个中间性组织，本土生产性服务企业的组织学习可分为五个层次：一是个体学习。生产性服务人员学习生产性服务生产与创造的个体新技能、新规则并形成新的个体知识体系。二是团队学习。即利用团队这种正式性的小组形式来进行群体和跨群体学习。三是部门学习。即利用生产性服务模块供应商部门这种正式的组织结构形式进行群体和跨群体学习。四是组织学习。即通过组织正式的规章制度和塑造组织文化来促进生产性服务模块供应商内部的学习。五是组织间学习。即不同的生产性服务模块供应商之间相互学习与相互交流以提高整个"制造与服务混沌模块化网络"的组织绩效和组织效率。个体、团队、部门、生产性服务模块供应商之间的学习行为是互相联系和互相影响的，个体层面的学习旨在通过探索新知识的前馈过程影响团队、部门和生产性服务模块供应商层面的组织学习。而生产性服务模块供应商层面的组织学习也会通过知识的"反馈"过程来影响部门、团队、个体层面的学习。

在五个层面的学习中，个体学习是组织学习的前提和基础，也是整个"制造与服务混沌模块化网络"进行组织学习的起点。个体学习包括两种形式：条件学习和复杂学习（张钢、于小涵，2005），条件学习是生产性服务个体人员通过简单的行为就可以完成的学习，其较多地与显性知识相联系，对"制造与服务混沌模块化网络"中设计规则的学习就是条件学习；复杂学习较多地与隐性知识相联系，是生产性服务个体人员进行的生产性服务设计与生产的诀窍、技巧的学习。在"制造与服务混沌模块化网络"中存在着生产性服务设计与生产的团队，团队学习延伸了生产性服务个体人员的学习能力和学习目标，团队学习是连接个体层面的学习与部门学习的中间层面的学习活动，它可能发生在一个生产性服务模块供应商内部的部门，也可能通过外包与研发合作发生在不同的生产性服务模块供应商部门之间。生产性服务模块供应商部门将团队所研发的生产性服务要素聚合成生产性服务作业流程模块，它整合与萃取部门产生的显性与隐性知识。生产性服务模块供应商的组织学习整合了个体层面的学习、团队层面的学习和部门层面的学习，它是全球"制造与服务混沌模块化网络"保持核心竞争力的主要来源。组织间学习是生产性服务模块供应商之间的学习活动，其学习方式包括的两类：单环学习和双环学习。其中单环学习是指生产性服务模块供商发现组织策略和行为错误并加以纠正，使组织运作的表现能够符合一定的规范和要求

（Slater & Narver，1996），生产性服务模块供应商对于"制造与服务混沌模块化网络"中设计规则的学习及理解加深就是单环学习，它是线性学习，也是一种适应性学习，它可以在"制造与服务混沌模块化网络"这样一个系统框架下提升生产性服务模块供应商的能力，其目的是适应环境，取得效率和延长组织生命（张钢、于小涵，2005）。而当外部环境变动时，生产性服务模块供应商的组织学习有针对深一层的组织规范进行相应的检测和纠正的作用，这时的组织学习就是双环学习。生产性服务模块供应商与上下游合作伙伴之间形成半显性规则的学习就是一种双环学习，在第 4 章全球"制造与服务混沌模块化网络"中"依靠知识和信息的模块分解和组合途径"这一特性的分析中，我们知道，支撑整个生产性服务作业流程的是"制造与服务混沌模块化网络"中的知识，这些知识按照其属性和专用化的程度被归属于不同的生产性服务流程模块之中，被属于不同的生产性服务模块供应商所掌握，生产性服务模块供应商与上下游合作的模块供应商之间联系紧密，在共同服务顾客以及与顾客互动体验的过程之中，形成了一些特定的知识，这些知识是服务于生产性服务生产的特定流程环节的，所以在其他环节并不一定能适用，而被隐藏在生产流程的生产性服务模块供应商与其合作伙伴之中，在它们之间是互通的，是显性的，但对于整个生产流程的其他模块供应商则是隐性的，不可见的，因此，这些知识被称为半显性规则。这个半显性规则也即"依靠知识和信息的模块分解和组合途径"这一特性中所论述的 I′规则，也即人为响应规则。半显性规则也并不是固定不变的，当外部环境发生变化时，生产性服务模块供应商会发现半显性规则中指导策略和行为规范方面的错误，并且通过双环性的组织学习方式与上下游的合作伙伴之间共同转换运作模式，最后成功更新成新的半显性规则。

前面我们通过"制造与服务混沌模块化网络"中组织学习模型论述了生产性服务模块供应商组织学习的机理，可见，组织学习能力就是指生产性服务模块供应商从整个组织学习的视角，反映其学习效率和效果的一种描述，是生产性服务模块供应商立足环境的变化，在获得、吸收、转化、应用创新知识的整个过程表现出来的能力。那么它的维度应该包括什么呢？我们可以从其学习的过程得出结论。关于组织学习的过程，不同的学者提出了不同的见解。休伯（Huber，1991）从知识产生、吸收与利用的角度论述了组织学习的流程,他认为,组织学习有四个阶段:一是获得知识,是新知识的获得过程;二是分配知识,是在组织内部共享不同来源的信息,共同产生新知识的过程;三是理解知识,指组织成员共同理解这些新知识的过程;四是组织记忆,指组织将知识储存起来以供将来使用的过程。尼维斯等(Nevis et al., 1995)从知识管理的角度提出组织学习过程包括获取、共享、应用三个阶段。贝茨(Baets, 1998)认为组织学习的过程就是新知识产生的过程,包括产生、精炼、促进和扩散四个阶段,这四个阶段被贝茨划分为知识获得和知识管理两个部分。同时,他还提出了三种组织学习的情景:一是组织成员探测组织及外部环境中发生的变化;二是组织成员在组织中分享他们的新知识以形成大家所共识的新知识;三是组织成员在外部变化的环境中形成更新后的知识。克洛桑等(Crossan et al., 1999)认为连接个人学习和组织学习的有四个过程:直觉—说明—整合—制度化。他们认为组织学习是一个分层次的过程,学习首先是从个人学习开始,其次进行的是集体的共同认知,最后是整个组织形成制度化,在这个分层次的学习过程中,很多学习是双向的,即会形成创造知识和应用知识的相互的交叉和重叠。孟炎、田也壮(2014)认为组织学习划分为三个阶段:应用性模式、探索性模式以及共享心智模式。在第一阶段,主要是对现有知识的学习和扩展,主要以个体学习为主,组织个体通过对新知识的观察、评价、设计、执行的 OADI 过程,完成对新知识的吸收、掌握、整合与应用;在第二阶段,主要是对新技术的改进、新知识的创新,主要以团队学习为主,个体学习能力有限,在此阶段以团队的形式集思广益,对知识进行重组与创新;在第三阶段,在上述组织层次学习的基础上,企业进入共享心智模式,建立组织的共同愿景,对组织进行改革等。雷妮(2016)认为组织学习是一个发生在个人、团队及组织三个层面知识的直觉、解释、整合和制度化的过程,组织学习还是一种行动结果,是从具体经验、观察和反思、抽象和概念化到主动应用和实验的四阶模型。基于以上,本书认为组织学习过程包含发生于个人、团队和组织层的信息获取、直觉解释、互动整合、行动反思以及制度化环节。

综合上述学者的观点我们可以发现,从知识角度来认知组织学习的过程基本都差不多,只不过有的学者划分得粗略些,而有的学者划分得相对精细一些，其本质都描述清楚了组织学习的过程，结合前面论述的"制造与服务混沌模块化网络"中的组织学习模型，我们认为"制造与服务混沌模块化网络"中生产性服务模块供应商的组织学习包括获取、共享、组织记忆与形成半显性规则。第一，获取是个人、团队和部门获取新知识的过程，获取首先应包括对全球"制造与服务混沌模块化网络"设计规则这种显性知识的学习，应当说对设计规则的学习及理解程度的加深也是获得能力的重要方面。其次是隐性知识的学习，获取新隐性知识的来源可以来自内部，如个人的经验积累、团队和部门因生产性服务设计和生产的渐进创新所累积的经验曲线；也可以来源于外部，包括个人、团队和部门通过与上下游合作伙伴合作过程中产生的新知识，以及通过市场调查和消费者调查所获得的新知识。生产性服务模块供应商作为一个组织整体，它是否能够通过制定相应的规则和制度、创造学习氛围、创造学习型文化，设计利于学习的组织结构安排等方式来激励个人、团队和部门的新知识的获得与学习，这种能力就是生产性服务模块供应商的获取能力。第二，共享是获取的知识在生产性服务模块供应商内部以及与上下游合作伙伴之间共享的过程，共享的最终目的是形成更高一层次的新知识。它的实质是将前面所获取的新知识，尤其是对生产性服务产品生产和设计有实质性影响的新知识予以推广，这种推广的范围不仅局限于在组织的个人、团队和各部门之间，而且还包括在上下游的合作伙伴之间，这种推广过程既有新知识的推广，同时也有新知识的筛选和提炼，是新知识扩散过程和整合过程的紧密结合，它的学习过程是双环的。第三，组织记忆与半显性规则形成。这一阶段是组织学习的成果阶段，包括组织记忆与半显性规则形成两个方面。组织记忆是生产性服务模块供应商将上一阶段共享的知识融入原有的知识结构中，使之成为组织成员共有的思维模式；半显性规则形成是生产性服务模块供应商将与上下游合作伙伴之间的学习成果通过一种机制（政策、交易流程规范、双方的共同默会等）保存下来，从而形成半显性规则。综上所述，全球"制造与服务混沌模块化网络"中生产性服务模块供应商所具有的组织学习能力应包含的维度为获取能力、共享能力、组织记忆与半显性规则形成能力。

215

5.4 网络能力对成长绩效的
影响作用及相应假设

本土生产性服务模块供应商是嵌入全球"制造与服务混沌模块化网络"中的企业,其与跨国公司及网络中的其他成员具有必不可少的网络联系,本土生产性服务企业所具备的网络能力是依托全球"制造与服务混沌模块化网络"的能力,其应当对本土生产性服务企业更好处理网络中的不同关系和发挥自身的资源优势有很大的促进和增强作用,这种增强作用对本土生产性服务企业的生产性服务产品模块的设计与生产会产生正向积极的影响,从而会提升成长绩效,下面一一对此进行分析。

1. 服务产品模块化能力的影响作用

服务产品模块化能力包含顾客需求分析能力、设计能力、整合能力三个维度。顾客需求分析能力是指发现目标市场顾客的需求以及顾客自己都难以表达清楚的潜在需求,还包括如何与参与到生产性服务生产流程之中的顾客进行对话,通过激发顾客参与生产性服务流程之中的意愿获得顾客更多的生产性服务产品消费知识,这种顾客需求分析能力能够通过发掘顾客未来真正需求的知识进而发现现有商品未来演变的方向和空间,所以可以增加最终产品的销售,扩大企业的市场份额,因此对提升成长绩效有正向的影响。设计能力代表了本土生产性服务企业认识、分析、解构互联的生产性服务系统,进而建构新的生产性服务模块的累积性学识。设计能力需要在分拆与解构的基础上,构建生产性服务模块之间的架构关系,设计统一的界面接口标准。合理的接口标准有利于上下游模块供应商之间形成的特定诀窍(即默会知识)的生成、传递与分享,因此强的设计能力能提升本土生产性服务企业生产服务模块的创新能力,从而促进企业成长。整合能力是指本土生产性服务企业按照界面规则对网络内其他企业所生产的模块进行功能、知识、利益、目标等的协调与有机组合能力。因此,整合能力强的企业可以产生更多的产品创新,并可降低产品的生产成本,通过提高销量与市场占有率,从而提升企业成长绩效。另外,整合能力强的企业可以产生优于其他竞争对手的更加科学合理的设计规则，甚至可以成为全球"制造与服务混沌模块化网络"中新设计规则的设计者，从而加速自身的成长。综上所述，服务产品模块化能力对本土生产性服务企业的成长绩效有正向的影响。

2. 柔性服务生产能力的影响作用

柔性服务生产能力包含外部组合能力、内部变化能力、潜在柔性能力三个维度。外部组合能力中的"自动响应"模式通过通用生产性服务模块之间的组合来满足不同顾客之间的需求，虽然这些通用生产性服务模块的定制化程度较低，但可以通过缩短生产前置时间，达到缩短产品提供等待时间，还可通过通用生产性服务模块之间的组合提供种类有限的生产性服务模块创新，因此有利于销售额的增长，从而提升本土生产性服务企业的成长绩效。外部组合能力中的"自动响应"＋"人为响应"模式中，本土生产性服务企业通过使用通用生产性服务模块及专用生产性服务模块的组合来实现服务产品的提供，这种方式的优点是既能在一定的成本优势情况下满足绝大部分顾客的个性化需求，又缩短了顾客获得生产性服务产品的等待时间，因此，既降低了产品的成本又可提升产品的销售量，从而可以提升生产性服务企业成长绩效；内部变化能力表现在本土生产性服务企业所具备的组织柔性、资源柔性和管理柔性上。组织柔性指组织的边界具有较大的伸缩性和动态性，组织结构更趋于扁平化，当外部环境发生变化时，组织结构和生产性服务模块生产流程可以被及时调整，从而生产更能符合市场需求的产品，从而提升企业成长绩效。资源柔性越高，则资源的转换成本越小，资源要素之间的搭配和整合就越容易，能满足顾客更广泛的多样化需求，从而更容易实现生产性服务产品差异化的创新，通过产品创新提升企业成长绩效。管理柔性是指本土生产性服务企业所具备的以适应外部变化为导向的管理制度、内部运行规则及方式方法的灵活性。优秀的管理能力能够从内心深处来激发每个员工的内在潜力、主动性与创造，通过产生更多的创新生产性服务产品从而提升企业成长绩效；本土生产性服务企业所具备的潜在柔性能力是指与上下游的合作伙伴之间形成的特定半显性诀窍的能力，以及联合合作伙伴与参与生产性服务模块生产的顾客进行沟通，深入挖掘顾客的生产性服务产品消费知识，从而生产出不断跟踪顾客需求变化的生产性服务产品的能力,这种能力越强,越能生产出更多的满足顾客需求的产品,从而占有更多的市场份额,从而提升企业成长绩效。综上所述,柔性服务生产能力对本土生产性服务企业的成长绩效有正向的影响。

3. 依特定情势协调能力的影响作用

依特定情势协调能力包括设计规则适应与调整能力、合作伙伴关系协调能力两个维度。设计规则适应与调整能力要求本土生产性服务企业在遵守全球"制造与服务混沌模块化网络"制定的设计规则的前提下,根据自身资源、能力及自身发展战略的需要,依据外部环境变化的特征,运用"自动响应"+"人为响应"模式协调自身的生产方式,生产出更符合市场需求的生产性服务产品,因此设计规则适应与调整能力越高,越能提高市场占有率与销售额,从而成长绩效越高;合作伙伴关系协调能力中的认知协调能力有利于本土生产性服务企业与上下游合作伙伴之间达成一致认知,从而更容易形成半显性规则,也有利于双方在共同信念的指引下,在合作创新的过程中选择确定双方共同认可的技术方向,从而更容易以高效率、高效果达成生产性服务产品的创新,从而促进企业成长,提升成长绩效。合作伙伴关系协调能力中的"知识冲撞"协调能力避免双方合作过程之中出现的利用半显性规则进行的知识掠夺现象,有利于双方的隐性知识共享,从而在双方合作的过程中产生和分享更多的生产性服务产品生产的隐性知识,从而生产出更多的创新型生产性服务产品,从而促进企业成长。综上所述,依特定情势协调能力对本土生产性服务企业的成长绩效有正向的影响。

4. 组织学习能力的影响作用

组织学习能力包含获取能力、共享能力、组织记忆与半显性规则形成能力四个维度。获取能力可以使本土生产性服务企业通过对全球"制造与服务混沌模块化网络"的设计规则的学习和理解来领会跨国公司深层次的意图,并更易达成与其余模块供应商的默契配合,有利于以更低成本和更高效率生产出符合顾客需求的生产性服务产品,实现低成本和高效率的结合,从而促进企业成长。而个人、团队和部门所进行的隐性知识的学习更利于个人、团队、部门发现市场需求中的潜在部分、未来市场变革的趋势及生产性服务产品分解和设计的诀窍，通过生产满足顾客需求的创新产品从而促进企业成长；共享能力使获取的知识在生产性服务模块供应商内部以及与上下游合作伙伴之间进行共享，这种共享过程是双环的，其中既有新知识的推广，同时也有新知识的筛选和提炼，是新知识扩散过程和整合过程的紧密结合，所以这种内、外部知识的整合与共享肯定会有利于未来创新生产性服务产品的设计和生产，从而提升本土生产性服务企业的成长绩效。组织记忆与半显性规则形成能力中的组织记忆是本土生产性服务企业将共享的知识融入原有的知识结构中，使之成为组织成员共有的思维模式，是组织内部知识与外部知识互动、协同与融合的结果，是组织对外部环境的重新认识，这些将为组织提供创新的新的源泉，必将促进本土生产性服务企业的成长。组织记忆与半显性规则形成能力中的半显性规则形成能力是将本土生产性服务企业与上下游合作伙伴之间的学习成果通过一种机制（政策、交易流程规范、双方的共同默会等）保存下来，是存在于双方之中的共同服务顾客和提升顾客满意度的诀窍，这些默会知识无疑会生产更符合顾客需求的产品，扩大企业市场份额和总资产额，从而提升成长绩效。综上所述，组织学习能力对本土生产性服务企业的成长绩效有正向的影响。

上面是对全球"制造与服务混沌模块化网络"中本土生产性服务企业需具备的能力对其成长绩效作用效果的分析，我们可将其归纳为以下假设：

假设：全球"制造与服务混沌模块化网络"中，本土生产性服务企业的网络能力对其成长绩效有正向的影响。

219

第6章 本土生产性服务企业在全球 "制造与服务混沌模块化网络" 中的关系嵌入与结构嵌入

在第5章，我们分析了本土生产性服务企业所具有的网络能力对其成长绩效的影响，然而，一个不容忽视的问题是，即使具有相同网络能力的本土生产性服务企业，它们的成长绩效也可能是不相同的。也就是说，本土生产性服务企业的成长绩效除了受到自身能力特征的影响之外，还会受到外部环境因素的影响，即它们所嵌入的网络环境以及在网络环境中的位置也会对其成长绩效产生影响。在本章我们对这一问题进行具体分析。

6.1 与网络嵌入相关的理论

6.1.1 网络经济学

1938 年美国学者莫雷诺（Moreno，1938）以小群体为研究对象，他运用计量经济学开展了相关的实证研究，这项研究目前被认为是开创了网络研究的先河。20 世纪 80 年代之后，这种网络研究的方法被借鉴到经济研究领域，经济学界的研究者以此为基础开创了企业网络理论。后来发展到 20 世纪 90 年代，经济学的研究者进一步扩展了网络研究的领域，将其扩展到企业行为、企业领导者行为、组织结构、人际关系等方面。

与仅仅研究单个企业相比，网络经济学将企业的经济活动放到了更实际和更广的网络环境下进行分析。对单个企业的研究往往集中于企业内部组织结构形式的选择、如何确定企业的边界、企业和市场之间如何进行互动等方面。而网络背景下的企业研究则聚焦于与企业相联结的网络的网络结构、网络关系及其演进的各种要素上。

6.1.2 嵌入性的概念

1944 年，经济学家波兰尼（Polanyi，1944）首次提出了嵌入性的概念，他认为人类的经济活动不仅嵌入经济制度之中，还嵌入非经济制度之中。之后，格拉诺维特（1985）在波兰尼（1944）的理论之上进一步发展了嵌入性理论，他提出一切经济行为通过信任机制嵌入社会关系网络之中。他将嵌入性分为两种，即结构嵌入性和关系嵌入性。结构嵌入性是指行动者嵌入社会关系网络之中，行动者的行为和结果会受到网络结构的影响，即在网络中的嵌入位置会影响行动者的行为及结果；关系嵌入性是指行动者嵌入行动者与其相关者所形成的个体关系之中，影响这种关系的因素包括持续程度、远近程度、互惠程度等，并可将之分为强关系与弱关系两类。乌兹（1997）对嵌入性的概念也进行了深入的研究，他认为，嵌入性关系所包含的内涵远远超出了有距离的关系，有距离的关系仅仅涉及交易中的数量、条件、质量、价格等，而嵌入性关系包含了更多有距离关系不包含的社会因素。自波兰尼、格拉诺维特、乌兹等学者对嵌入性进行研究之后，后来的研究者在他们的基础上对嵌入性进行了更深入细化的研究，这使嵌入性理论逐渐成为社会网络研究领域中的重要问题之一。

6.1.3 社会资本理论

嵌入性理论的出现使很多学者将关注的目光转移到企业所嵌入的外部网络上，而社会资本是和企业网络理论关联非常密切的一个概念。人们通常认为所谓的资本是可以为企业带来经济增值的企业资源，而社会网络一旦被企业使用为其绩效目标服务，社会网络就像其他形式的资本一样变成了企业的一种生产力，变成了企业所拥有的社会资本。布尔迪厄（Bourdieu，1984）第一次对社会资本进行了相应的系统分析，他认

221

为，社会资本是以网络资源的形式存在的，它包括网络中的真实资源和虚拟资源两个组成部分。科尔曼（1988）、伯特（Burt，1992）、英克潘和臧（Inkpen & Tsang，2005）则认为，社会资本是与行动者在社会网络中所获得的某种能力相关的，通过这种能力，行动者可以从所嵌入的社会网络中受益，比如获得某些网络机会、取得网络声誉、优先得到某些信息和知识、对网络规范更加熟知和理解等。

纳沙皮特和戈沙尔（1998）对社会资本的定义是：当组织嵌入某种社会网络之中时，社会资本就是网络本身所蕴含的以及通过网络可以动员到的所有现实及潜在的资源总和。拉森（Larson，1992）、林和维恩（Ring & Ven，1992）、纳沙皮特和戈沙尔（1998）认为企业社会资本可分为三个部分：企业间社会交互作用的水平、以信任和互惠描述的关系质量、通过关系所建立的网络联系的水平。张其仔（2002）认为社会资本就是社会网络。拉森（1992）、林和维恩（1994）、纳沙皮特和戈沙尔（1998）认为社会资本由三个部分组成：以信任和互惠描述的关系质量、通过关系所建立的网络联系的水平、企业间社会交互作用的水平。张其仔（2002）认为社会资本和社会网络二者在内涵和概念上是一致的。郭劲光等（2003）认为企业竞争优势的来源包括两部分：一部分是企业所占有的企业内部资本；另一部分则是企业外部的网络资本，它是通过企业的社会认知关系形成的，是一种社会资本。韦影、王昀（2015）将社会资本定义为嵌入于可利用的并源于个体或社会单元拥有的关系网络中实际的和潜在的资源，它是一个多层次的概念。张远为、严飞（2018）对社会资本的定义是：在社会关系的基础上，以群体的共同利益作为目的，通过人与人之间的交往形成的社会网络关系和社会规范，它能够促进合作行动从而提高社会效率。

总之，我们可以看出，社会网络对企业的最重要作用是成为企业的一种外部社会资本，对企业来说，企业嵌入的外部网络是企业与相关利益者之间相互认可的或者可以称之为在一定程度上被制度化的关系，它可以随着时间的发展而不断积累，从而成为企业的一种资本。所以，社会资本与企业对某种外部的社会网络持久占有有关，即某个行动者所拥有的社会资本的数量与网络中其他相关利益者所占有的网络资源数量成正比（Bourdieu & Pierre，2008）。所以，社会资本理论向我们表明，企业嵌入的外部网络可以成为企业的一种社会资本，企业可以通过其增加收益。

6.2 本土生产性服务企业在"制造与服务混沌模块化网络"中的结构嵌入分析

社会网络理论认为，在社会网络中，嵌入网络中的各个企业所占有的网络位置是不同的，占据网络优势位置的企业在创新过程中比占据网络一般位置的企业具有更多的创新优势（Dyer J H & Nobeoka K.，2000）。结构嵌入就是描述企业在网络中占据什么样的位置的一个概念，它可以用有关网络位置的一些变量来衡量。例如，吉尔辛和诺特布姆（Gilsing & Nooteboom，2005）认为，描述整体网结构嵌入的变量可以有以下几个方面：结构洞、中心度、规模、密度、认知距离、进出比等。蔡和戈沙尔（1998）认为结构嵌入的特征可以用四个变量来描述：密度、广度、网络稳定性和中心性。其中密度指网络中相互之间直接相连的节点数占网络中总节点数的百分比，百分比越大，则密度越大；广度是指网络中节点的数量，数量越多则广度越高；网络稳定性指进出网络的行动者的比率；中心性指行动者对网络中心位置占据的程度。吉尔辛等（Gilsing V. et al.，2008）认为结构嵌入包括四个方面：一是网络密度，指网络节点间直接连接数占总联结数的比例，高密度的网络可以使嵌入企业获得更多的信息。二是网络规模，指网络中行动参与者的总数。三是网络稳定性，指网络中行动者数量的增减变化。四是网络中心性，指企业对网络中心位置的占有情况。刘兰剑、司春林（2010）认为网络结构性嵌入可以从两个方面分析：一是网络密度及其稳定性；二是个体企业的结构中心性；钱锡红等（2010）认为描述网络结构的指标有两类：一类是整体网络指标；另一类是个体网络指标。前者包括网络中心性、网络密度、网络对称性等；后者包括中心度、节点度、结构洞等。蒋丽芹、李思卉（2020）认为结构嵌入程度与企业优势位置呈正相关，结构嵌入程度高的企业能够从网络中获取更多异质性资源。企业在网络中的位置优势由结构洞、中心度两方面体现。文金艳、曾德明、赵胜超（2020）认为结构嵌入性强调组织间网络连接的非个体布局影响个体对信息、知识和资源的占有量，在结构嵌入性视角下，可用中心度和结构洞两个核心指标表征企业网络位置特征。

本书的立足点是个体网的研究,即研究单个嵌入企业的网络位置对其成长绩效的影响,因此本书选择最能反映全球"制造与服务混沌模块化网络"网络位置影响的变量:中心度、结构洞和节点度。

6.2.1 中心度

在描述社会网络结构嵌入特征的变量中,中心度是描述行动者对网络中心位置占据程度的一个变量,中心度越高,则行动者在网络中的资源获取能力越强,对网络的控制度也越高(Wasserman & Faust,1994)。如果一个企业在社会网络中处于中心位置,那么它可以获得以下的位置优势:第一,信息获取优势。当一个企业嵌入某网络的中心位置时,企业可以通过此位置获得很多网络内外的信息,而这些信息中有很多是在网络中心位置之外的其他企业很难获得的。企业在网络中的中心度越高,则企业与网络中的其他企业的联系越多,所以依据此条件可以加快信息获取的速度。由于可以对不同信息源所获得的信息进行比较,所以获得的信息精确度也较高。在获得的信息中有很多是关于产品创新、顾客需求、技术革新以及市场变化趋势的,企业依据这些信息进行决策,就有可能在竞争中获得竞争优势。第二,信息控制优势。当企业占据社会网络中的中心位置时,很多信息会经由它接收、发送与传递,所以它的位置优势赋予其一种信息"把关人"的角色。它能决定什么样的信息可以流动,什么样的信息将被筛选,即它可以控制信息流动的内容、频率以及方向。可见,企业在网络中的中心度越高,该企业的信息决定权就越大,其他企业对它的依赖度就越高。具体来说,中心度对企业作用的研究集中在以下几个方面:

(1)在网络中嵌入的企业其中心度越高就越容易获取和创新相关的信息及其他资源。众所周知,获取有用的创新信息对生产性服务设计及生产的过程来讲非常重要。当一个生产性服务企业嵌入网络的中心位置时,它可以比别的位置的企业更容易获得生产性服务设计与开发相关的创新信息,从而具有非常明显的信息优势(Powell et al.,1996)。而且,从促进企业知识吸收与整合的角度来讲,中心度高的企业可以接触到众多的新信息,可以根据企业自身情况有选择性地吸收相关的新知识，降低知识流动的粘滞性，并可将多种新知识进行组合创新，从而开发出新知识，促进企业成长（Lyu et al.，2019）。

（2）中心度高的企业由于与网络内其他企业联系广泛，所以它拥有多方位、多渠道的信息来源。通过这些多种信息获取途径，一方面降低了信息的误传率，另一方面可以对不同信息进行组合，实现组合创新。具体来讲，第一，拥有多种信息来源途径意味着企业不容易错失对企业有价值的信息。现在企业竞争能力的差异往往表现在信息获取能力上，在很多情况下，企业的成功可能就是因为获得了一条有价值的信息造成的，嵌入网络中心位置的企业更容易通过多种信息源的比较发现有价值的信息（Gilsing et al.，2008）。另外，在现实的竞争中，企业的竞争对手往往由于竞争原因限制信息资源的外流或更有甚者向企业散发错误的、有误导性的信息，网络中心度高的企业由于拥有多种信息来源渠道，通过信息比对可以正确评估信息的有用性和真伪性，因此，这种结构也具有防范机会主义行为的重要作用。第二，中心度高的企业由于拥有多种信息来源渠道，所以可以将不同来源的信息进行组合，从而实现组合创新（Dougherty & Hardy，1996）。与中心度高的企业相联系的有多种信息渠道，由于它们之间在知识结构、行业经验、技术背景、客户结构等方面都有很大的差异，因此，对它们所传递过来的信息进行组合，往往更能看到事情的本质问题所在，从而产生组合创新性，以上结果都能促进企业成长。

（3）网络中心度高的企业更能找到与自身能力互补的企业，并争取到与行业内非常优秀的企业进行合作的机会。王燕梅（2006）以我国机床工业为研究对象，她的研究表明，在现代行业分工体系下，企业可以嵌入社会分工网络之中，借由与其他企业建立稳定的战略合作关系来弥补自身能力不足的问题。随着市场环境的不断变化，技术进步的速度也在加快，对于一个单一的企业来讲，同时开发并具备多种市场所需要的能力是比较困难的，而在市场上购买这些能力也可能会遇到资金及封锁壁垒的限制，这时与相关企业合作开发就是一个相对可行的方案。当需要合作伙伴来共同合作时，中心度高的企业由于与网络内的企业具有广泛的联系，因此可以从众多备选企业中轻易找到理想的合作伙伴。另外，当网络内别的企业寻找合作伙伴时，由于中心度高的企业可以获得这方面的及时信息，所以，中心度高的企业可以迅速成为正在进行有前景创新活动企业的合作伙伴（Gómez et al.，2020）。以上这些条件都可以促进企业成长。

对于全球"制造与服务混沌模块化网络"而言，其设计规则包括三个层次：第一层是适用于所有模块供应商的一般设计规则，这一部分设计规则是纯显性可见的，是绝大部分模块供应商所通用和遵守的设计规则；第二层是对生产性服务模块供应商及与其连接的上下游模块供应商可见的设计规则，是被隐藏在生产流程的上下游模块供应商之中，但对于生产流程的其他模块供应商则是隐蔽的，不可见的。第三层是模块供应商内部的设计规则，这部分设计规则对整个系统来说都是不可见的，被称为"隐性规则"。因此，可以得知，成员模块供应商在外部的显现上，它遵循系统舵手企业即跨国公司所设定的设计规则，这些规则是显性的，为所有成员企业所共知。全球"制造与服务混沌模块化网络"中的本土生产性服务企业主要与生产流程中的上下游企业之间存在着联系，因此可知，在全球"制造与服务混沌模块化网络"中绝大部分信息是以公共信息（设计规则）的形式而存在，本土生产性服务企业所拥有和控制的信息仅仅局限于与上下游的合作伙伴之间。当前学者们所研究的：中心度高的企业在网络中更容易获取和创新相关的信息和其他资源、中心度高的企业拥有多种的信息获取方式与信息源、中心度越高的企业越容易汇聚不同企业的互补性技能等种种理由对于本土生产性服务企业来讲并不明显。因此，综上所述，我们提出以下假设：

假设1：全球"制造与服务混沌模块化网络"中，中心度对本土生产性服务企业的成长绩效无明显的影响。

6.2.2 结构洞

"结构洞"的概念是由伯特（1992）提出的，他认为"结构洞"就是网络中的一个好位置，结构洞是一个连接枢纽，连接了网络中两个不直接接触的节点，行动者可以利用"结构洞"位置增加其获利空间。他的意思是在社会网络中，当两个节点或两个群体之间没有直接或间接的联系时，二者无法展开互动，这时就形成了"洞"。如果某个行动者能填补"洞"的位置即在两个缺少连接的节点或群体之间扮演"桥"的角色，这个行动者就会获得某种程度的位置优势，从而获得某种利益。这是因为扮演"桥"角色的行动者会比网络中的其他企业拥有更多的对信息的控制权，例如，它可以更及时、更迅速地获得某些重要信息，它可以通过对信息的筛选和过滤使自身获得对创新有关键作用的信息和知识，从而保持自身在网络中的创新优势。

在现实的网络组织中，任意两个个体之间不可能都存在着联系，因此占据结构洞的位置对企业的影响非常重要。如麦克维利和查希尔（McEvily & Zaheer，1999）通过研究认为，当某一个企业占据网络中"结构洞"位置的时候，该企业与其他企业之间的联系为异质性的和非冗余性的，因此，它可以接触到更多的差异化的信息，当对这些差异化的信息进行整合时，更容易产生创新成果，从而促进企业成长。乌兹（1997）认为占据结构洞位置的企业由于可以获得差异化的非冗余性知识，因此它可以更明晰地了解合作伙伴的资质，可以更好地利用合作的机会，避开合作中的威胁，从而避免创新失败，最终促进企业成长。伯特（1992）认为，占据网络中"结构洞"位置的行动者由于可以接触相互之间无法直接相连接的企业，因此，它可以获得异质化的信息流，这些信息往往带来不同背景、不同用途的知识。并且，仅从合作关系的效率而言，与网络中的企业进行合作的关系最好是非重复性的，因为重复性的关系效率较低，而"结构洞"能降低行动者在网络中的冗余连接关系，并使这种关系的冗余度降至最低。因此，占据结构洞位置的行动者可以以最高的关系效率、最低的关系成本构建信息异质化的知识网络，从而促进企业加速成长。瓦瑟曼和浮士德（Wasserman & Faust，1994）认为占据许多结构洞的企业在网络中具有许多优势，使得它们可以利用自己的位置成功地选择未来的合作伙伴与新兴技术，从而促进企业成长。范群林等（2011）通过实证研究得出结论，占有网络结构洞位置的企业，其结构洞特征与企业创新能力成显著的正向相关关系。每一个处于"桥"位置的企业能获得更多的外部资源，使其企业增长拥有绝对优势。钱锡红等（2010）通过实证研究后认为，当一个企业处于网络中心位置并且该位置富含结构洞时，该企业将拥有创新方面的很大优势，且具有提升企业网络能力的作用，从而能更快地推动企业成长。姚艳虹、龚榆（2021）认为知识网络结构洞——开放度促进利用式创新绩效提升，而协同网络结构洞——战略柔性促进探索式创新绩效提升。可见，在当前主流对结构洞的研究中都普遍认为，占据网络中的结构洞对企业的成长绩效有正向的影响。

在全球"制造与服务混沌模块化网络"中，舵手企业（跨国公司）对整个网络实行全面的控制，网络中的设计规则显而易见并为各个模块供应商所共知，生产性服务模块供应商主要与产品生产流程上下游的合作模块供应商进行联系，与背靠背竞争企业之间的关系也基本局限于同类企业之间的竞争，所以很少有结构洞的存在，或者说，在稀疏的相互联结并不广泛的网络中结构洞的行为是不必要的。当前学者的研究中，认为结构洞位置拥有非冗余的异质性联系、更快地获知机会与威胁、构建信息丰富的网络、主动筛选合作伙伴、获得更多外部资源等理论并不适用于"制造与服务混沌模块化网络"中的本土生产性服务企业。因此，我们做出假设：

假设2：全球"制造与服务混沌模块化网络"中，结构洞对本土生产性服务企业的成长绩效无明显的影响。

6.2.3 节点度

节点度指与一个网络节点直接相连的节点数目，与该网络节点直接相连的节点数目越多，则该节点度就越大，所以该变量是反映某节点在网络中的重要程度的变量。

当某企业嵌入一个社会网络之中时，与该企业有连接关系的其他节点包括竞争对手企业、供应商、经销商、科研机构、大学、政府、金融机构、市场研究机构和各类中介机构等。拥有较高的节点度意味着企业有较多机会接触各种各样的信息，有更多的机会向其他节点学习，从而能促进企业创新，促进企业的快速成长。从社会网络分析法的理论角度来讲，节点度基本等同于绝对度数中心度，点A的绝对度数中心度就是与点A直接相连的其他点的个数。如果某点具有最高的度数，则称该点居于局部中心，很可能拥有局部最大的权力。由于度数中心度在测量与某点相连的节点数时，忽略了与该点间接相连的那部分节点，因此，节点度有时也被称为"局部中心度"。

在全球"制造与服务混沌模块化网络"中，与任一节点企业相连接的有"背靠背"竞争企业、供应商、经销商、市场中介机构、大学、研究所等。网络中模块之间的联系规则一旦确定，每个生产性服务模块供应商独立于其他生产性服务模块供应商进行生产性服务模块的设计与改进，各生产性服务模块供应商所进行的信息处理过程可以相互保密，这也使得围绕某种生产性服务模块设计有多个主体同时展开竞争成为可能，应当说适度的"背靠背"竞争在一定程度上可以提升企业的创新动力和积极性，从而从相互竞争中汲取经验，促进企业成长。同时，与某个生产性服务模块供应商相联系的也有很多研究所、大学、中介机构、金融机构和市场研究机构等，单个生产性服务模块供应商可以从这些机构中获得更多的有利于生产性服务模块设计和生产的信息与资源，从而有可能选择更好的方式和技术来进行服务模块产品设计，提升产品销量，占有更高的市场占有率，保证了企业的成长。因此，可以做出以下假设：

假设3：在全球"制造与服务混沌模块化网络"中，节点度对本土生产性服务企业的成长绩效有正向的影响。

因为假设1和假设2中都已假设中心度和结构洞对本土生产性服务企业提升成长绩效没有明显的影响，所以我们也可假设中心度和结构洞在网络能力影响本土生产性服务企业成长绩效中无明显的调节作用；而节点度越高的企业，意味着企业有较多机会接触各种各样的信息，有更多的机会向其他节点学习，这些学习的知识不仅有顾客需求的知识、竞争环境变化的知识，还有生产性服务产品解构、设计与整合的知识等。顾客需求知识、生产性服务产品解构、设计与整合知识的积累能正向提升服务产品模块化能力对企业成长绩效的作用；顾客需求知识的积累有利于准确预测顾客需求的种类、模式和时间，因此可以提升柔性服务生产能力对企业成长绩效的作用；竞争环境变化知识的积累，可以使生产性服务企业抓住环境变化的特征，运用"自动响应"+"人为响应"模式协调自身的生产方式，生产出更有竞争力的产品，所以可以提升依特定情势协调能力对企业成长绩效的影响作用。各类知识的积累会增加生产性服务企业知识的存量，将更多的知识融入原有的知识结构中，在这种知识正反馈积累的循环中，可以提升组织学习能力对企业成长绩效的作用。所以，可以做出以下假设：

假设4：中心度和结构洞在网络能力影响成长绩效的过程中无明显调节作用，节点度在网络能力影响成长绩效的过程中有正向的调节作用。

6.3 本土生产性服务企业在"制造与服务混沌模块化网络"中的关系嵌入分析

关系嵌入概念来源于格拉诺维特（1973）对联系观念的阐述，他把企业在社会网络之中的关系分为两种，即强联系和弱联系。所谓强联系是指两个相联系个体间关系较密切、互惠性的交换较多、联系的深度较深、联系频率较高等，反之，则为弱联系。虽然有很多学者就关系嵌入与企业成长绩效的关系展开了研究，也取得了相当数量的研究成果，但他们的研究结论却不尽相同。部分学者，如格拉诺维特（1985）、罗杰斯（Rogers，1995）认为网络中的弱联系可以使企业获得非冗余的有用知识，这些知识可以有效提升企业能力，从而促进企业成长。其中最具代表性的是格拉诺维特（1992），他的观点可以表述为：发生强联结的个体之间往往具有某些相似的社会经济特征，由于背景、知识、行业、经验、技术等各方面具有相似性，因此通过强联结所获得的信息和知识往往和企业自身所具有的信息和知识非常相似，其利用价值也比较低；相反，弱联结往往存在于社会经济特征差异化比较大的个体之间，而且从数量上来讲，也不像弱联结仅仅局限于一个熟悉的小圈子内，它的数量非常广泛。所以弱联结可以从一个非常广泛的范围内获得信息，且会获得很多与企业自身异质性非常大的知识和信息，这些信息往往来自其他群体，也可以说弱联结的信息是通过跨越社会边界来获取的。当然也有部分学者持与弱联结优势论相反的观点，如乌兹和兰开斯特（Uzzi & Lancaster，2003）、里根和麦克维利（Reagans & McEvily，2003）认为，当企业之间存在强联结时，由于强联结能带来企业之间的互动频率增加、互动程度加深，提升了企业所获得知识的数量和深度，从而有利于促进企业成长。当然，还有研究发现，企业间联结强度和企业间知识转移绩效之间不存在必然的联系（周密等，2007）。到底企业间联结强度对企业的成长绩效会造成什么样的影响？在全球"制造与服务混沌模块化网络"中企业间的联结强度和企业的成长绩效之间又是什么样的关系呢？这是我们在这里需要探讨的问题。

第一，强联系分析。格拉诺维特（1973）认为，强联系关系对一

个企业来讲有很重要的作用，这是因为处于弱势地位的企业可以借助强
联系得到对方的支持，从而降低自身的风险和不确定性。乌兹和兰开斯
特（2003）认为，强联系的最大优势是塑造企业之间的信任感，增强
企业之间的信任程度，保障企业之间资源的顺利交换。克拉克哈特和斯
特恩（Krackhardt & Stern，1988）认为当危机发生时，强联系对于组织
采取及时的危机处理措施非常重要，尤其是这种强联系发生在不同组织
之间时，它可以帮助组织应对环境中各种不确定因素的冲击，保持组织
稳定。强联系之所以能够提升企业的成长绩效，其原理就在于相互强联
系的双方之间频繁的、深度的互动交流，这为双方信任感的建立提供了
非常必要的前提条件。当双方之间的高度信任感得以确立之后，深层次
的诀窍类知识更容易在双方之间互相流动。而这种流动对于企业创新是
有很大价值的，因为类似这种深层次的诀窍类隐性知识的转移一般只发
生在高度信任的两个企业之间，弱联系是没有可能引发此类知识转移
的，由此可见，强联系是对促进企业成长有一定帮助的。当前学者们的
实证研究也证明了强联系对企业成长绩效的正向影响作用。乌兹
（1996）以美国纽约服务产业作为研究对象，经过实证研究后发现，强
联结关系更容易使企业从网络中获得精炼的知识，因此可以加速企业成
长。后来，乌兹（1997）经过进一步的研究后发现，当双方的关系为
强联结关系时，高信任度和其他嵌入性成分就比较容易在双方之间建
立，这些要素对于企业加快信息处理、获得新方法和新知识有非常重要
的影响，在此基础上，企业可以通过对这些新方法和新知识创造新颖的
组合而创新，而且所获得的新知识和新方法对企业的现有资源也有放大
效应，因此可以促进企业成长。诺特布姆（Nooteboom，2006）认为当
企业之间建立强联结关系时，它们之间关系质量的特征就是相互信任，
信任的关系促使了双方更多善意的行为并使双方行为的可预见性增
加，这也使双方更积极履行承诺，更大限度地向对方开放资源，更有
效地化解冲突，这些都提升了嵌入强联结关系企业的知识共享度，促
进了其成长。

　　强联系也会通过提高退出门槛来保持企业之间合作关系的稳定性。
当企业与合作伙伴为了共担创新风险、共享知识、获取互补技术等原因
结成强关系网络时，强联结会激发企业与合作伙伴之间进行相互的专用
性资产投资。众所周知，社会网络中的企业之间的合作并不像科层制企

业一样拥有绝对的完全控制，社会网络中企业之间的合作只能通过签订某些合约来保障，但这些合约并不能穷尽所有可能发生的情况，因此合约是不完备的，并不能完全防止合作伙伴所产生的某些机会主义行为，甚至会使合作中断。而相互之间进行专用性资产投资则可以很好地防止上述情况的发生，随着相互之间的专用性资产投资越多，合作伙伴中断关系的成本就越高，退出壁垒就越大，这就会激励双方之间保持长久的合作，更有利于知识在双方之间的转移和扩散，从而促进企业成长（武志伟等，2005）。

第二，弱联系分析。在上面的分析中，我们分析了强联系可以通过信任与承诺为企业获取资源、降低风险和提高合作双方的退出门槛，但强联系本身也有缺点，那就是强联系会造成企业所接收的信息大量是重复和冗余的。而弱联系则不同，具有弱联系的企业所接收到的是异质的、具有较低冗余度的信息。格拉诺维特（1973）在《弱联系的力量》中认为，在传递知识的过程中弱联系比强联系更有优势，因为强联系的企业之间的知识、经验、行业、技术等社会经济特征都非常相似，虽然它们之间可以进行程度较深的频繁互动，但互动所带来的知识分大部分都是同质的、冗余的。而弱联系的企业之间往往由于互跨不同的群体，它们之间的社会经济背景具有较大的差异，因此互动可以带来异质性的新知识。

莱文与克罗斯（Levin & Cross，2004）的研究认为，相对于强联系，弱联系更有利于知识的转移和扩散，因为强联系所获得的是大量的冗余的知识和信息，会造成很大的知识筛选与更换成本，从而知识传递的成本也加大了，弱联系带来的知识量少，又是异质性的知识，因此，弱联系这种途径对企业获取新知识更有效。李（Rhee，2004）对社会网络中的企业进行了实证，他认为弱联系会造成参与成员的异质性，参与成员不像在强联系网络中被固定的角色所限定，所以它们更有条件进行探索式的创新学习，相比较而言，强联系的学习更多的是利用式的，利用更多的是显性知识，因为很多隐性知识具有很强的适用主体和不可言喻性，是无法传递的。同时，强联系中的成员角色是被固化的，是不自由的，这使得它们要遵守既定的规则来行事，而很少有机会尝试新鲜的事物，这非常不利于企业进行创造性的知识创新。与此相反，弱联系所组成的社会网络则有利于获取新的知识，它们的角色自由、思想自由、身份背景也具有很大的区别，这些都有利于创新技术，从而促进企业成长。吉尔辛和戴思特斯（Gilsing & Duysters，2008）也认为社会网络中对于企业成长绩效的追求可以通过两个方面来实现：一是认知的差异化；二是维持足够的吸收能力。认知的差异化是通过弱联系来实现的（在联系的所有维度上都要弱，仅仅联系频度这一维度除外）。吉尔辛等（Gilsing et al.，2008）、伯特（1992）认为在高密度强联系的社会网络中，企业与企业之间所传递的是编码化的、显性的简单知识；而在低密度的弱联系网络中，由于企业之间的异质化程度较大，范围也是跨组织的广泛范围，因此可以传递更多的差异化新知识。

也有很多学者从实证的角度对弱联系影响企业成长绩效的效果进行研究。德金（Friedkin，1980）的研究是以美国大学的科学家作为研究对象，首先他设定了强联系和弱联系的界限，认为当两个科学家相互之间沟通了他们自己近期的研究工作，这是属于强联系；而如果两个科学家只是单方面向对方讲述了自己近期的研究工作，这是属于弱联系；其次通过实证检验，德金认为从结果角度来讲，弱联系比强联系更有力量，弱联系预示着研究者能发现更多的机会，并有可能抓住这些机会。莫罗内和泰勒（2004）利用计算机来模拟社会网络中相互接触的企业在接触后其知识发生变化的情况，在进行了30次的迭代模拟运算之后，他们发现当两个企业的异质性较强时，经过接触之后两个企业的知识增长相对较多，而异质性较少的企业（知识认知差异小）在经过接触之后所产生的知识增长相对较少。异质性较少的企业通过互动创造新知识的能力增长非常有限，但互动之后，它们的同质性增强了。与此相反，异质性较大的企业在互动后创造新知识的能力增长很大，并能使整个社会网络中的知识存量增长。

全球"制造与服务混沌模块化网络"中的本土生产性服务企业位于三种关系嵌入之中：一是顾客需求关系嵌入；二是跨国公司所制定的设计规则关系嵌入；三是全球"制造与服务混沌模块化网络"中的文化与价值观关系嵌入。下面我们依据这里提及的强联系与弱联系理论对这些关系嵌入进行逐一分析。

233

6.3.1 与顾客需求的契合度

全球"制造与服务混沌模块化网络"中的本土生产性服务企业通过两种方式来准确界定顾客的需求,从而使企业的产品与顾客的需求相一致。一是在进行生产性服务产品生产的过程中,需兼顾顾客需求与服务流程的双重模块化标准,这是跨国公司通过建立顾客需求矩阵、顾客竞争性评估矩阵、服务特征矩阵、关系矩阵等来达到的,它的前提是必须对顾客的需求信息进行广泛的调研和筛选。二是"制造与服务混沌模块化网络"为了提供给顾客多样化的创新性产品往往在生产性服务产品生产的过程中就将顾客的需求介入其中了。因此,"制造与服务混沌模块化网络"中本土生产性服务企业对顾客需求的契合度嵌入是通过两个方面进行的,即顾客需求调研和服务产品开发中的顾客参与,也可以说本土生产性服务满足顾客需求的方式是通过顾客需求关系的嵌入来达到的。

234

1. 顾客需求关系嵌入的维度

博尔曼等(Bolman et al., 2017)认为顾客不仅仅是企业服务或产品的消费者,更重要的是顾客还可以提供相应的资源,从而使顾客的身份演变为购买者、消费者和共同生产者为一体。里特和沃尔特(Ritter & Walter, 2003)也认为优秀企业的新产品开发活动是顾客参与开发的活动,反映了顾客为企业新产品开发所贡献的知识和力量。本报告将顾客需求关系嵌入定义为本土生产性服务企业在服务产品设计与生产的过程中,通过顾客需求调研和顾客参与等方式嵌入顾客关系之中,从而利用顾客关系中隐含的知识、思想和信息为企业开发创新生产性服务产品。格拉诺维特(1992)认为关系嵌入注重嵌入双方之间的互动过程,它使参与者能够通过社会化的联系对最终行为产生影响。邦纳和沃克(Bonner & Walker, 2004)认为企业嵌入顾客关系网络之中有利于促进双方进行有效的信息沟通与交流,从而开发出更好的产品。因此,我们可以看出本土生产性服务企业嵌入顾客需求关系网络之中有重要的意义。

关于关系嵌入的维度,现有的学者还未达成一致共识,但总的来说现有的研究可以分为两类：第一类可称为行动结果界定法，指从关系嵌入所产生的效果或者说是对企业的影响来进行界定；第二类称为特征表现界定法，指从关系嵌入的表现来进行界定，如联系的紧密度、频率和广泛度等。当然也有学者将二者结合起来进行关系嵌入的测定，如麦克维利和马库斯（Mcevily & Marcus，2005）就将以上两种方法结合起来对关系嵌入进行维度划分。在这里，考虑到顾客关系嵌入的特点，我们使用特征表现界定法来进行顾客需求关系嵌入的维度划分。方（Fang，2008）在对顾客参与企业新产品开发活动的程度进行界定时，使用了顾客参与的广度和深度这两个维度。在借鉴方（2008）、朗尼克－霍尔（Lengnick－Hall，1996）以及格拉诺维特（2019）研究的基础上，本书将顾客需求关系嵌入分为两个维度：顾客介入广泛度和顾客介入深度。前者是指本土生产性服务企业在进行市场需求调研和顾客参与生产性服务产品生产和设计过程中接触到的顾客基数的大小。一般来讲，所接触到的顾客基数越多，企业会获得更多和更新的产品需求信息、市场信息和产品开发信息，则更有利于企业的新产品开发活动。后者是指顾客需求调研和产品开发过程中顾客介入的深度，所谓深度是指顾客对将要开发的生产性服务产品了解的程度以及所提供的有利于生产性服务产品开发的信息的多少。生产性服务产品开发过程中顾客介入的深度是指顾客需求的切入点（或去耦点、CODP点）的位置，在本土生产性服务企业的生产流程上，CODP的位置越靠近顾客，顾客需求的介入深度就越低，顾客定制化活动复杂程度越低；CODP的位置越靠近企业生产供应链的上游，则顾客定制化活动的复杂程度越高，顾客需求的介入深度就越高。

2. 顾客需求关系嵌入在网络能力影响成长绩效中的调节作用

根据关系营销和社会网络领域研究的成果，当顾客通过市场调研或参与新产品开发而成为企业新产品的共同创造者的时候，必将使顾客与企业之间的互动越来越深入并形成一种网络联系，最终将导致双方之间交流层次的加深，从而形成强联系的状态。其机理大概在于随着顾客和企业之间沟通交流和联系的不断深化，双方之间更容易形成相互的信任感和忠诚感，在高度信任与忠诚的基础上，企业就更容易获取顾客在信息、知识和经验等方面的帮助（Uzzi & Lancaster，2003；Granovetter，

2019），往往有一些经验性的、诀窍类的隐性知识隐藏在这些帮助之中。从前面理论所述可以知道，这些经验性的、诀窍类的隐性知识的转移只有当企业和顾客之间处于高度信任状态时才能成功。因此，我们可以认为，本土接包企业所嵌入的顾客需求关系网络是一种强的关系嵌入，这种强关系嵌入会提升企业开发新产品的能力，从而促进企业成长。

生产性服务产品模块化能力包含顾客需求分析能力、设计能力、整合能力三个维度。当顾客需求关系嵌入越深时，企业越能在被顾客高度信任的基础上发现目标顾客的潜在需求，更能通过高度信任增强顾客参与共同开发生产性服务产品的意愿，并获得更多生产性服务产品设计与生产的隐性知识，所以强的顾客需求关系嵌入能增强顾客需求分析能力对企业成长绩效的正向影响作用。设计能力是进行生产性服务价值链解构和重新整合的能力。顾客需求关系嵌入越强，企业所得到的顾客需求信息就越深入，那么在进行生产性服务价值链解构时，就越能对知识进行恰当的分割，就比较容易达到将大部分信息保留在分割之后的生产性服务模块内部，从而节省了分割的成本。由于对顾客需求信息了解得比较深入和细致，在对生产性服务模块进行重新整合的时候，所设计的接口标准也有利于本土生产性服务企业与上下游模块供应商之间以及与参与顾客之间的默会知识的传递，以上这些都说明强的顾客需求关系嵌入可以提升设计能力对企业成长绩效的正向影响效果。整合能力是指本土生产性服务企业对网络内自己及其他企业主体所生产的模块进行功能、知识、利益、目标等的协调与有机组合能力。当强的顾客需求关系嵌入给企业带来更广泛、更深入的顾客需求知识时，企业不仅掌握自己生产的生产性服务模块中的隐性知识，而且对其他模块供应商所生产模块的隐性知识有所了解，这样企业就越能从一个更高的高度对生产性服务产品整体的特性及未来发展方向进行把握，从而更能整合出更具创新性的产品，因此，强的顾客需求关系嵌入可以提升整合能力对企业成长绩效的影响作用。

柔性服务生产能力包括外部组合能力、内部变化能力和潜在柔性能力三个维度。当顾客需求关系嵌入越强时，企业可以提前精确地预测到顾客的生产性服务需求，使预备的通用生产性服务模块更具有顾客需求的针对性，且对需采用什么样的通用生产性服务模块之间进行组合来满足顾客需求更为了解。当企业需要采用通用生产性服务模块、专用生产性服务模块和制造模块之间的组合来满足顾客需求时，由于专用生产性服务模块的生产发生在生产性服务产品生产价值链的上游，它的定制化程度较高，需要较高的顾客涉入度，因此强的顾客需求关系嵌入能够满足高顾客介入度的情形，生产出更符合顾客需求的专用生产性服务产品，从而提升市场占有率。因此，高的顾客需求关系嵌入度能提升外部组合能力对企业成长绩效的影响。内部变化能力是企业根据外部环境的变化适时调整自身的隐性规则以生产出更符合顾客需求产品的能力，它通过组织柔性、资源柔性和管理柔性来实现。但无论是通过组织结构的动态调整，还是组织资源的相互配合、联系和优化调整，还是施行灵活的以人为本、增加员工创造力的内部管理制度，这些都是应对市场环境变化（尤其是顾客需求变化）的有效手段，当顾客需求关系嵌入越强时，则可以消除更多的信息不对称的情形，预测的顾客需求变化也就越准确，因此，可以提升内部变化能力影响企业成长绩效的正向作用。潜在柔性能力是指企业运用与上下游的合作伙伴形成的特定半显性诀窍来生产出不断跟踪顾客需求变化的生产性服务产品的能力。这种能力的运用需要在本土生产性服务企业与上下游的模块供应商之间以及与顾客之间形成高度的信任，如果缺乏高度的信任，不仅无法形成特定的半显性规则，更不可能依靠半显性规则来正确跟踪顾客需求变化。由于强的顾客需求关系嵌入能带来企业与顾客之间的高度信任感，从而提升所生产的生产性服务产品满足顾客需求的能力，提升企业占有的市场份额，因此，强的顾客需求关系嵌入度能提升潜在柔性能力对企业成长绩效的影响。

　　依特定情势的协调能力包括设计规则适应与调整能力、合作伙伴关系协调能力两个维度。设计规则适应与调整能力是企业在遵守跨国公司制定的设计规则的前提下，结合自身资源和战略发展的需要相机进行生产性服务产品生产的能力。当顾客需求关系嵌入越深时，企业会对市场及顾客需求有更深入的了解，客观上顾客需求知识的增加会在一定程度上降低系统复杂性、不确定性及模糊性出现时企业的信息不称情况，因此，这些会降低企业生产生产性服务产品的盲目性，有利于企业增加销售量，从而提升企业成长绩效。因此，强的顾客需求关系嵌入度能提升设计规则适应与调整能力对企业成长绩效的影响。合作伙伴关系协调能力是企业引导合作伙伴们产生共同信念的认知协调能力和建立双方共同需要的半显性规则的"知识冲撞"协调能力。因此,其作用对象主要是与企业进行合作的上下游合作伙伴,与顾客需求关系嵌入的相关性并不大。

组织学习能力包括获取能力、共享能力、组织记忆与半显性规则形成能力三个维度。获取能力是个人、团队和部门获取新知识的能力,获取的对象既有网络设计规则这种显性知识,也包括来源于组织内部的隐性知识,如个人的经验积累、团队和部门因生产性服务设计和生产的渐进创新所累积的经验等,同时也包括个人、团队和部门与上下游合作伙伴合作过程中产生的新知识,以及通过市场和消费者调查所获得的新知识。所以可以看出,强的顾客需求嵌入可以使企业获得更广泛和更深入的有关顾客需求的知识,虽然顾客需求知识仅是企业获取的若干知识的一种,但它也一定会正向影响获取能力对企业成长绩效的影响作用。共享能力是获取的知识在生产性服务模块供应商内部以及与上下游合作伙伴之间共享的过程,结果会形成更高层次的一种知识。组织记忆能力是企业将共享的知识融入原有的知识结构中,从而更新了企业的存量知识;半显性规则形成能力是将企业与上下游合作伙伴之间的学习成果以半显性规则的形式保存下来。所以,可以看出,强的顾客需求关系嵌入并不会直接影响共享能力及组织记忆与半显性规则形成能力对企业成长绩效的作用,它的作用是通过获取能力间接产生的。

综上所述,我们可以得出以下假设:

假设5:顾客需求关系嵌入在网络能力对成长绩效的影响中有稍强的正向调节作用。

6.3.2 对设计规则的遵守度

本土生产性服务企业对全球"制造与服务混沌模块化网络"设计规则的遵守度可以用设计规则的嵌入度进行表示;同样,本土生产性服务企业与跨国公司网络的价值观/文化的相似度也可以用价值观/文化的嵌入度进行表示。

对设计规则嵌入度和价值观/文化嵌入度的研究可以归结于制度嵌入的研究之中,诺思(North,1990)在其著作《制度、制度变迁与经济绩效》中对制度进行了定义,他认为制度是一种约束,它是事先设计出来以规范组织之间的互动关系。它由两个方面组成：正式规则和非正式约束。制度的两个方面之间的关系就好像体育比赛中的比赛规则，它包含了书面意义的正式规则和非书面化的支持或替代正式规则的非正式规则。后来，组织社会学家肖恩·斯科特（Shane Scott，1995）发展和完善了诺思（1990）对制度的定义，他对制度的认知可以表述为：制度的组成要素有三种，即规范、规制、文化—认知，这三种要素与企业之中的活动和资源相结合共同保证了组织的稳定性。这三个方面就是后来斯科特（1987）所称的制度的三个支柱，其中，规制性要素指的是对组织具有影响力的具有强制性的约束性条款或规定，组织如果违反这些规定就会受到相应的惩罚；规范性要素是组织价值观，这主要表现为组织对其角色的认知，也就是说当组织处于某特定的位置时应该追求何种组织目标和开展何种组织活动，所以处于一定位置或扮演某种角色的组织必须考虑其他组织对自己的行为期望；文化—认知要素来源于特定组织群体的共有信念系统，它将行为主体的制度压力内化为自身的潜意识，并在内心成为一种"不言自明"的基因。如果详细思考之后，我们会发现在全球"制造与服务混沌模块化网络"中也存在着相应的这三种制度，下面我们逐一进行分析。

1. 全球"制造与服务混沌模块化网络"的设计规则嵌入度

从全球"制造与服务混沌模块化网络"形成的过程我们可以看出，由跨国公司主导建立的设计规则是一种制度或正式规则。

"制造与服务混沌模块化网络"是由发达国家的跨国公司主导和推动的。为了适应日益激烈的全球竞争的需要，跨国公司为了加快对全球市场顾客的需求反应速度以及提升自身的竞争力，它们往往会解构其价值链，并在全世界范围内重新布局其价值链的研发、设计、生产和销售等不同价值链环节。由于我国所具有的劳动力低成本优势以及新兴市场的旺盛生命力，跨国公司往往会把其生产价值链环节之中的低附加值、劳动密集型的生产性服务模块发包给我国的生产性服务企业进行生产，这是跨国公司理性选择的结果。由于我国本土的生产性服务接包企业与跨国服务公司之间在生产性服务技术积累、品牌及市场势力等方面的不对等，本土生产性服务企业与跨国公司之间形成了一种治理与被治理的关系，或者说是一种准层级关系。这种关系的形成是由两方面的原因决定的:一方面,由于我国存在金融体系发展滞后的现象,本土生产性服务企业大都面临融资困难的问题,在一个生产性服务产业中,往往会有很多中小企业参与生产流程的不同环节生产,这种生产方式使生产性服务价值链垂直片段化,这可以降低每个生产环节进入的资本壁垒,从而使融资能力有限的广大中小企业能够进入生产性服务生产的分工体系之中。但是,当这些中小生产性服务企业在面向本土市场进行销售时,由于存在社会信用体系缺失的现象,会造成销售终端商对本土生产性服务生产与设计企业的货款恶意拖欠现象,相对于这些恶意拖欠现象,虽然选择从跨国公司那里进行生产性服务接包的利润要低一些,但由于跨国公司的信用体系比较健全,接包的货款回收还是非常及时的,因此,很多的本土生产性服务企业会选择嵌入全球"制造与服务混沌模块化网络"是其自身的一种理性选择。另一方面,跨国公司为了让接包的本土服务企业提供质量更高、价格更低的服务产品,往往会向本土生产性服务企业提供一定的技术和知识信息转移。例如,本土生产性服务企业可以从跨国公司那里获得生产性服务产品设计、生产性服务技术人员培训、先进的服务配套设备以及能够提升生产性服务流程效率的技术支持与知识转移,跨国公司也通常会把顾客对生产性服务产品的要求、服务质量、服务设计等方面的需求信息及时反馈给本土生产性服务企业。因此,这些方面的原因就决定了跨国公司在整个网络中的主导和控制作用,具备对全球价值链控制和治理的能力和资本,众多的本土中小生产性服务企业在生产性服务设计和生产上受其控制、调配和管理。为了更好地实现跨国公司的目标,跨国公司会设计出设计规则对整个网络中的参与者进行管理,由于跨国公司和本土生产性服务企业在技术实力和市场势力等方面的不平衡,大多数的本土生产性服务企业与跨国公司之间的交易是不平衡和不对等的,它们在市场发展、技术进步、信息分享、利润分配等方面都处于一种准层级的治理与被治理的关系,而相应的跨国公司所制定的设计规则也几乎起到了正式制度或正式规则的作用。因此,我们在第 4 章分析的全球"制造与服务混沌模块化网络"设计规则中的第一层规则中,本土生产性服务企业在跨国公司所制定的第一层规则中的关系嵌入属于强联系,且更有利本土生产性服务企业本身成长绩效的提升,也就是说遵守跨国公司所制定的第一层规则不仅是本土生产性服务企业能够在本土社会信用体系缺失的环境下生存下来的基础,而且是本土生产性服务企业利用跨国公司转移的生产性服务技术和知识及整个网络中溢出的知识进行生产性服务产品创新并发展自身的前提。另外，在前几章我们也分析到，位于不同地位的生产性服务模块供应商所获得的租金大小是不同的，本土生产性服务企业对租金追逐的倾向也必然造成两种行为：第一，遵守跨国公司所制定的设计规则；第二，对系统（设计规则）的理解力进行提升。这两点要求无论是通用本土生产性服务模块供应商还是专用生产性服务模块供应商必须与系统设计规则的第一层规则建立紧密的强联系，才能取得更好的成长绩效。

在全球"制造与服务混沌模块化网络"设计规则的第二层规则中，通过前面的分析，我们知道，全球"制造与服务混沌模块化网络"中的本土生产性服务企业都尽可能地与上下游模块供应商合作，它们之间的强信任是创造出满足顾客需求的产品的前提。这也要求本土生产性服务企业与合作企业之间的联系必须是强的联系，即在设计规则的第二层规则中，强的关系嵌入能取得更好的企业成长。在设计规则的界面接口标准中，本土生产性服务企业都尽可能地与上下游模块供应商合作，同时，在合作中还要积极参与接口标准的竞争，即合作中的竞争，合作竞争博弈是一种稳定均衡，且具有无限重复的性质，强联结能使博弈双方决信息不对称问题，减少机会主义行为，有利于合作竞争博弈中的网络资本和嵌入关系的形成，从而促进本土生产性服务企业的成长。

从以上分析可知，在"制造与服务混沌模块化网络"中，强的设计规则嵌入有利于提升本土生产性服务企业的成长绩效。

2. 设计规则嵌入在网络能力影响成长绩效中的调节作用

生产性服务产品模块化能力包含顾客需求分析能力、设计能力和整合能力三个维度。当本土生产性服务企业的设计规则嵌入度较高时，更能获得跨国公司所收集的对生产性服务产品功能、流程、质量等方面的要求和信息，甚至有时很多国际买主也会主动向本土生产性服务企业反馈其需求和生产性服务产品设计的未来发展趋势，所以强的设计规则嵌入能提升顾客需求分析能力对成长绩效的影响作用。设计能力是对生产性服务价值链解构和重新整合的能力。当本土生产性服务企业的设计规则嵌入度较高时，本土生产性服务企业更能获得从发达国家的跨国公司那里转移过来的有关生产性服务解构、整合设计，以及能够提升和改善生产性服务生产流程的技术，也有利于与上下游的合作伙伴合作共同开发有利于生产性服务设计的半显性诀窍，因此，强的设计规则嵌入能提升设计能力对成长绩效的影响。整合能力是指本土生产性服务企业对自身及其他合作者所生产的生产性服务模块进行功能、知识、利益等的有机组合能力。在前面的章节已经分析到，整合能力可分为四个层次：跨国公司整合层次、生产性服务供应商整合层次、部门整合层次、团队整合层次。它要求本土生产性服务企业不仅对自身生产的生产性服务模块特性、功能等非常熟悉，另外还要熟悉合作者最好是整个局域网络内其他生产性服务模块供应商的情况。而当本土生产性服务模块供应商的设计规则嵌入越强时，跨国公司从一个很高的高度进行生产性服务整合的相关经验与技巧就会越容易传递到本土生产性服务供应商，而这些整合的技巧很多是无法从"制造与服务混沌模块化网络"这种网络结构的底层获得的。由此可知，强的设计嵌入能提升整合能力对成长绩效的影响作用。

柔性服务生产能力包括外部组合能力、内部变化能力和潜在柔性能力三个维度。外部组合能力是本土生产性服务模块供应商所进行的在通用生产性服务模块、专用生产性服务模块和制造模块之间进行迅速和有机的组合，从而快速满足目标顾客不同需求的能力。当本土生产性服务企业在设计规则中的关系嵌入越强时，就可以越早地从跨国公司那里获得某些生产性服务产品所使用的生产性服务模块组合信息，这样就可以及早生产相应的专用生产性服务模块。也就是说，本土生产性服务企业就越有充足的时间和精力去精心设计专用生产性服务模块，生产的前置时间由于信息的充分就相应得到了提升，所以强的设计规则关系嵌入能提升外部组合能力对成长绩效的影响作用。当外部市场环境尤其是顾客需求发生变化时，内部变化能力是本土生产性服务企业根据外部的变化适时调整自身的隐性规则以生产出更符合顾客需求产品的能力。可见，内部变化能力与本土生产性服务企业嵌入设计规则的强度关系不大，即设计规则嵌入度在内部变化能力影响成长绩效的过程中没有影响作用。潜在柔性能力是指本土生产性服务企业运用与上下游的合作伙伴形成的特定半显性规则来生产出不断跟踪顾客需求变化的服务产品的能力。当本土生产性服务企业的设计规则嵌入度高时，其与上下游合作企业的信任度就越强，双方之间的交流与沟通就会越充分，充分的沟通和交流会更利于合作双方之间形成一定的隐性知识或特定诀窍，因此，强的设计规则嵌入能提升潜在柔性能力对成长绩效的影响作用。

　　依特定情势的协调能力包括设计规则适应与调整能力、合作伙伴关系协调能力两个维度。设计规则适应与调整能力是本土生产性服务企业通过对"制造与服务混沌模块化网络"中的设计规则深入理解与把握，灵活性地利用设计规则，并在结合自身资源能力和外部环境分析的基础上，相机进行调整自身发展战略的能力。所以当本土生产性服务企业对设计规则的嵌入度越高时，其对跨国公司的意图及设计规则的理解就越深刻，灵活地利用设计规则调整自身战略的能力就越强，因此，强的设计规则嵌入能提升设计规则适应与调整能力对成长绩效的影响作用。合作伙伴关系协调能力是本土生产性服务企业对与其合作的上下游合作伙伴进行协作沟通、共同完成组织目标的能力。强的设计规则嵌入有利于合作双方之间隐性知识的转移，由于信任感的增强，也弱化了一方对另一方利用隐性知识转移使自身陷入谈判弱势地位的担心，更能加强双方的协作和交流，所以强的设计规则嵌入能提升合作伙伴关系协调能力对成长绩效的影响作用。

　　组织学习能力包括获取能力、共享能力、组织记忆与半显性规则形成能力三个维度。获取能力是个人、团队和部门获取新知识的过程。获取能力包括对网络设计规则中显性知识的学习、个人员工及团队部门等所累积的经验曲线、各种合作过程之中所产生的新知识，市场消费者调查所获得的新知识等。由此可知，强的设计规则嵌入度提升了本土生产性服务企业对设计规则的理解和领会，从而会提升对设计规则中显性知识的获取能力，设计规则嵌入度的提升也会提升其与合作伙伴之间的信任度，同时也会提升与合作伙伴之间合作时知识与信息的获取能力。因此，可以认为强的设计规则嵌入能提升获取能力对成长绩效的影响作用。共享能力是前面获取的知识在本土生产性服务企业内部及与上下游合作伙伴之间共享的过程，其目的是形成更高一层次的新知识。强的设计规则尤其是第二层规则的嵌入会提升本土生产性服务企业与上下游合作伙伴之间的信任度，这种信任度会起到知识冲撞的缓冲作用，会降低对对方进行知识掠夺等投机行为的预期，从而加强了双方的合作，有效促进了隐性知识的传递和交流。所以，可以认为强的设计规则嵌入能提升共享能力对成长绩效的影响。

组织记忆与半显性规则形成能力中的组织记忆能力是本土生产性服务企业将共享的知识融入自身知识结构的过程；半显性规则形成能力是本土生产性服务企业将学习成果保存下来，从而在上下游合作伙伴之间形成半显性规则的能力。当本土生产性服务企业在设计规则中第二层规则的嵌入度越强时，其与上下游合作伙伴之间的信任度越高，这种信任除了基于正式制度契约的信任之外，还有认知型信任及双方之间进行长期的持续交易和无数次博弈行为之后的过程型信任，这些信任都会使对方相信合作者不会利用其优势影响半显性规则的形成并进而获利，所以双方更能达成一致，从而促进半显性规则的迅速形成。因此可以认为强的设计规则嵌入能提升组织记忆与半显性规则形成能力对成长绩效的影响作用。

综上所述，我们做出以下假设：

假设6：设计规则嵌入在网络能力对成长绩效的影响中有强的正向调节作用。

6.3.3 与跨国公司网络中价值观/文化的相似度

本土生产性服务企业与跨国公司网络的价值观/文化的相似度可用价值观/文化的嵌入度表示。

泽利泽（Zelizer，1988）既反对社会经济网络应包含一切现象的"社会绝对论"，也反对仅用文化就可以描述全部经济现象的"文化绝对论"，她同意把经济、文化、社会等都考虑在内的一种均衡思考方法。祖金和迪马乔（1990）对"关系嵌入"的概念进行了扩展，认为文化嵌入、政治嵌入也应包含在关系嵌入的体系之中。对于文化嵌入，他们认为经济学的假设、理论及规则受到文化的制约和影响，文化嵌入也是影响嵌入双方关系嵌入种类的一种因素。后来，库克和斯琴斯托克（Cooke & Schienstock，2000）在进行产业集群分析时引入了文化嵌入的理论，认为文化嵌入的内涵是组织个体对区域文化整体的融入和适应，并受其制约。在这里，我们接受祖金和迪马乔（1990）的观点，认为文化嵌入是关系嵌入的一种，并认为文化会对嵌入其中的企业产生制约和影响。

1. 本土生产性服务企业在全球"制造与服务混沌模块化网络"中文化嵌入的过程

全球"制造与服务混沌模块化网络"中既有跨国公司的母国文化，又有本土生产性服务企业的当地文化，这二者的交叠与融合产生了一种特有的"制造与服务混沌模块化网络"文化，这种文化经过产生、筛选、遵守、内化，并最终以集体共享的形式保留下来，并在网络中许多企业中体现出来，从而成为全球"制造与服务混沌模块化网络"之中的网络文化，本土接包企业文化嵌入是指在这种文化之中的嵌入。其形成过程可以这样描述：

首先，在全球"制造与服务混沌模块化网络"中文化形成过程中，跨国公司可以认为是一个关键性的个体，它的价值观对全球"制造与服务混沌模块化网络"中文化的形成具有重要的作用。由于跨国服务发包商制定了强大的设计规则，其自身具有强大的权威和影响力，且当网络中的模块供应商产生遵循跨国公司价值观的行为时，也会给其带来强烈的奖励性正反馈，这些特性都决定了跨国公司的价值观具有主导网络文化的作用。

其次，嵌入全球"制造与服务混沌模块化网络"中的其他模块供应商也会受到跨国公司价值观的影响，并使它们之间的价值观逐渐趋同，从而使网络文化表现出共同的特征。根据维特（Witt，2014）的研究，他认为当某种特定行为更频繁地出现于某群体之中时，这种特定行为更有可能被某单个企业所选择，这就是频率—依赖效应。在这种效应的作用下，全球"制造与服务混沌模块化网络"中拥有同质性文化的个体数量越多，则选择这种文化的个体也会变得越来越多，从而形成一种正的数量反馈。

再次，本土生产性服务企业所处地区的公共机构，如研究机构、行业协会、政府等，它们也会对"制造与服务混沌模块化网络"中的文化产生影响，其影响机制主要通过引导舆论、规定社会制度、弘扬正确的价值观等方式来实现，这也会对"制造与服务混沌模块化网络"中的模块供应商产生作用。

最后，文化的形成和传播也受到交互行为的相互影响。文化归根结底可以认为是一种指导企业行为的知识，所以，企业与其他组织之间的频繁近距离相互交往行为也会对本土生产性服务企业文化的形成产生影响，即本土生产性服务企业所位于的本土区域文化也会对其文化形成产生影响。

本土生产性服务企业文化嵌入的形成机制可以用图6-1表示。

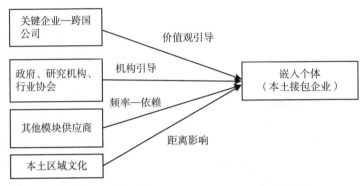

图6-1　本土生产性服务企业文化嵌入的形成机制

我们可以认为，本土生产性服务企业所嵌入的文化是全球"制造与服务混沌模块化网络"在面对外部环境不断自我调适的演变中形成的，在这一过程中，一些适合的做法被确定下来了，当这些确定下来的做法逐渐演变成行为习惯后，它们就成了网络中大多数成员共同遵循的做法。被嵌入这种文化之中的本土生产性服务企业通常会经过遵守、认同、内化三个阶段从而使这种网络文化成为指导自身行动的一种价值观。就像爱图生等（Andersen et al.，2015）认为的那样，文化信念需要传授、灌输、然后内化之后才能成为有效的促动因素。沙因（Schein，1992）认为文化包含三个层次，最外层是显现在外部的标志和行为，中间层是态度和惯例，最内部的核心层是隐藏的价值观。本土生产性服务企业在刚开始嵌入全球"制造与服务混沌模块化网络"时，必然先需要遵守网络中的传统和惯例等，从而不断地使自身网络社会化；下一个阶段，当本土生产性服务企业通过主动观察和学习网络中其他众多行为主体的行为，并受网络文化的规范、导向、激励和约束，从而实现社会认同感的不断提升；再下一个阶段，随着认同感的不断提升，尤其是在这一个阶段，本土接包企业会通过其他行为主体外显的语言和文档等形式，以及受到与其他行为主体交往中潜移默化思想的影响，不断领会到全球"制造与服务混沌模块化网络"中的价值观，并在社会认知不断调整的基础上，将其逐渐内化为自身的价值判断和行为指导标准。

从本土生产性服务企业在全球"制造与服务混沌模块化网络"中文化嵌入的形成过程可以看出，文化可以以传统、惯例、集体信念、理念、态度、价值观等不同的层次对本土生产性服务企业产生影响，如果不加以详细区分的话，文化可以近似等于价值观。如果详细进行区分的话，价值观则是文化影响企业行为的一种高级内化形式。

2. 本土生产性服务企业在"制造与服务混沌模块化网络"中文化嵌入的维度

某个组织持有的文化价值观应该具有两个方面的含义：一是文化价值观包含的内容，即价值判断；二是该文化价值观到底有多强，即强度。戈登和迪托马索（Gordon & Ditomaso，1992）也认为对组织文化可以从其特质和强度两个方面进行研究。但在对文化内容方面的研究上，可谓研究甚多，不同的组织的文化千差万别，如彼得斯和沃特曼（Peters & Waterman，1982）将对文化具体内容的分析化为文化特性方法，提出了组织文化 8 个方面的内容；其他的追随组织文化特性方法的研究者们，也纷纷提出了自己偏爱的不同的组织文化内容（Hartnell et al.，2011；Büschgens & Bausch，2013）。但后来有的学者发现即使不同或内容相差很大的组织文化都有可能对组织的发展产生积极作用。如萨克森宁（Saxenian，1994）在文化对硅谷和 128 公路集群发展差异的比较研究中，发现两种风格差异的文化都对嵌入该种文化中的企业产生了正向积极的影响，虽然这两种文化是有巨大差异的，甚至在某些元素上还是相反的。所以后来的研究者认为文化嵌入如果从内容上进行研究的话，往往会陷入只见树木不见森林的误区。因此，不能仅仅以文化的内容来评价一种文化的好坏，文化嵌入更应当考虑一个企业在某个文化价值观中嵌入的水平及在整个企业中价值观的一致性程度（James.，2005；Büschgens & Bausch，2013）。鉴于此，本书也是从文化嵌入强度这一视角来对全球"制造与服务混沌模块化网络"中的文化嵌入进行研究，其前提是凡是现存的集群或区域文化都有其存的合理性，在一定的阶段，无论其内容是什么样的，都会对嵌入该文化中的企业产生影响。

在文化嵌入程度的研究中，不同的学者从不同的角度对文化嵌入程度进行了描述，萨福尔德（Saffold，1988）认为组织受文化强度的影响分析可以从嵌入文化程度的四个方面来进行考量：一是在该组织中有多少人接受了这种文化价值观的影响，即从数量范围的角度进行考量；二是组织在多大程度上被这些价值观所影响，即从影响程度的角度进行考量；三是时间影响程度，即存续在组织某一段时间内的某文化价值观在该时间段内保持稳定的程度；四是文化价值观的外显标志物的渗透程度，即文化价值观（如价值观、深邃精神等）在外部可见的外显物中可见的程度。其实，我们可以看出，萨福尔德（1988）认为文化影响的程度完全可以概括为这样的两个方面：一是该文化价值观对组织的影响程度，即该文化价值观被组织内群体所持有的程度；二是文化价值观对组织内群体的心理影响程度，即不同群体对文化价值观、设定的规则等认可和内化的程度。另外，还有很多学者对强度的维度进行了研究，如稳定的和强烈的（Schein，2010）、黏性和紧密交织（Detert et al.，2000）、在组织内被广泛分享和强烈支持（Sørensen，2002）、内部控制（Hartnell et al.，2011）、稠密和广泛分享（Hosseini et al.，2020）。但我们经过总结之后还是可以看出，上述学者对文化嵌入维度的描述基本是大同小异的，只不过使用的描述词语不同而已，因此，本书使用萨福尔德（1988）所定义的文化嵌入维度，即从文化嵌入影响的深度和广泛度两个方面来对全球"制造与服务混沌模块化网络"中嵌入企业的文化嵌入程度进行描述。

3. 文化/价值观嵌入在网络能力影响成长绩效中的调节作用

服务产品模块化能力包含顾客需求分析能力、设计能力、整合能力三个维度。当本土生产性服务企业文化嵌入的广泛度越高时，就相当于缩短了与跨国公司及网络中的其他成员之间的知识距离，在本土生产性服务企业进行顾客需求行为知识搜寻时，更能从跨国公司和其合作伙伴之中寻求到范围更广和更多的顾客需求知识。另外，文化嵌入的广泛度越高时，由于文化的相似性，这将使得网络中的其他成员乐于将自己对于顾客需求的了解告诉本土生产性服务企业，相当于组织可以有机地整合分布在网络中各个角落的知识（James，2003）。因此，强的文化嵌入能提升顾客需求分析能力对成长绩效的影响作用。设计能力是进行生产性服务价值链解构和重新整合的能力。本土生产性服务企业文化嵌入的程度越深时，由于具有的文化价值观深度的认可使它能够避免与跨国公司沟通中可能产生的误解以及有更多机会充分交流和沟通，本土生产性服务企业更能充分理解从跨国公司那里转移过来的有关生产性服务产品设计以及能够提升和改善生产性服务生产流程的技术支持。同时，充分的沟通和交流也更容易与上下游的合作伙伴合作共同开发有利于生产性服务产品设计的半显性诀窍，因此，强的文化嵌入能提升设计能力对成长绩效的影响作用。整合能力是指本土生产性服务企业对自身及其他合作者所生产的生产性服务模块进行功能、知识、利益等的有机组合能力。它要求本土生产性服务企业不仅对自身生产的生产性服务模块特性、功能等非常熟悉，另外还要熟悉合作者最好是整个局域网络其他生产性服务模块提供者的情况。而深度和广泛的文化嵌入能够增加合作双方共同的价值观和愿景，增进双方的信任关系，使它们的合作更为紧密，于是由机会主义带来的风险行为被大大降低了，双方相互的资源交换和组合程度也得以提升（Hosseini et al.，2020）。由此可知，强的文化嵌入能提升整合能力对成长绩效的影响作用。

柔性服务生产能力包括外部组合能力、内部变化能力和潜在柔性能力三个维度。外部组合能力是本土生产性服务企业进行的在通用生产性服务模块、专用生产性服务模块和制造模块之间进行迅速和有机的组合，从而快速满足目标顾客不同需求的能力。深度和广泛的文化嵌入创造了合作与协同的文化氛围，正如布池金斯等（Büschgens et al.，2013）所指出的企业和其他合用者通过信任、合作、沟通交流等"非经济性"的手段是促进交易费用降低的关键，而这一过程又依赖于区域特定的制度文化。因此，深度和广泛的文化嵌入降低了本土生产性服务企业进行各种模块组合时所产生的交易成本，从而强的文化嵌入能提升外部组合能力对成长绩效的影响作用。内部变化能力是在外部环境变化的前提下，本土生产性服务企业利用自身的隐性规则进行独立的生产性服务模块设计和生产的能力。这种能力表现在组织柔性、资源柔性和管理柔性上，当本土接包企业具有深度的文化嵌入时，它会深入领会到跨国公司先进的管理理念和价值观，如合作、创新、耐受挫折、人本管理等，当这些被本土生产性服务企业内化为自身的价值观时，就会在不知不觉中影响企业内部的管理，从而也会增强自身的组织柔性、资源柔性和管理柔性方面的能力。因此，强的文化嵌入能提升内部变化能力对成长绩效的影响作用。潜在柔性能力是指企业运用与上下游的合作伙伴形成的特定半显性诀窍来生产出不断跟踪顾客需求变化的能力。沃尔夫和洛拉斯（Wolfe & Loraas，2011）认为当两个企业在文化价值观或空间位置较邻近时，有助于它们之间正式及非正式的相互作用，使它们之间的交互学习得以增强。而充分的交互学习会更利于合作双方之间形成一定的隐性知识或特定诀窍，因此，强的文化嵌入能提升潜在柔性能力对成长绩效的影响作用。

依特定情势的协调能力包括设计规则适应与调整能力、合作伙伴关系协调能力两个维度。在全球"制造与服务混沌模块化网络"中，因在该网络中的本土生产性服务企业的运行必须遵守跨国公司所制定的设计规则，且在实际运作过程中，还要达到"自动响应"与"人为响应"协调运行的原则，这要求本土生产性服务企业除了遵守网络设计规则之外，还要对网络设计规则具有深度的理解力。詹姆斯（James，2003）认为共同的文化黏性有助于发展企业间的信任，而这有助于企业间结网和合作，当一个企业对本地网络文化有深深的认同感时，这会使它产生强烈的本地身份认同，这种身份认同又会使它倾向于嵌入本地网络进行学习，并获得本地的隐性知识。由此可知，随着本土生产性服务企业文化嵌入深度的提升，其对设计规则的理解能力也大大加强，从而也会提升其设计规则适应与调整能力。可见，强的文化嵌入能提升设计规则适应与调整能力对成长绩效的影响作用。合作伙伴关系协调能力是本土生产性服务企业对与其合作的上下游合作伙伴进行协作沟通、共同完成组织目标的能力。侯赛尼等（Hosseini et al.，2020）认为在企业相互之间的合作创新过程中，如果在它们之间形成了良好的合作文化，这种文化将使合作双方形成积极的合作态度，双方的合作交流会更为默契和配合，这对降低企业合作中不确定性和保障合作的成功是非常重要的。强的文化嵌入可以使本土生产性服务企业形成共同认可的价值观，提升双方之间的信任度，提升双方的关系协调能力，所以强的文化嵌入能提升合作伙伴关系协调能力对成长绩效的影响作用。

组织学习能力包括获取能力、共享能力、组织记忆与半显性规则形成能力三个维度。获取能力是个人、团队和部门获取有关生产性服务产品需求知识的能力。获取能力包括对网络设计规则显性知识的学习、个人员工及团队部门等所累积的经验曲线、各种合作过程之中所产生的新知识，市场消费者调查所获得的新知识等。强的文化嵌入可以缩短本土生产性服务企业与跨国公司之间的文化和价值观距离，从而提升本土生产性服务企业对设计规则的深入理解能力，并可从获得更为详细和更深一层次的设计规则显性知识。同时，强的文化嵌入可以缩短本土生产性服务企业与合作伙伴之间的认知距离，从而更容易分享到合作过程之中所产生的新知识。所以，强的文化嵌入能提升获取能力对成长绩效的影响作用。共享能力是第一阶段获取的知识在本土生产性服务企业内部及与上下游合作伙伴之间共享的过程，其目的是形成更高一层次的新知识。贝卡蒂尼（Becattini，1978）认为共同的文化价值观可以激发企业内部面对面的交流、信任以及协同的氛围，使得企业内部的新知识与新思想不断地被激发，并得以迅速传播开来。所以强的文化嵌入可以提升企业内部员工与员工之间、团队与团队之间、部门与部门之间分享知识的意愿。再者，强的设计规则尤其是第二层规则的嵌入会提升本土生产性服务企业与上下游合作伙伴之间的知识交流与共享的意愿。大卫·基布尔等（Keeble et al.，1999）认为企业与合作伙伴之间通过正式及非正式的合作产生隐性知识的转移与扩散、诀窍的转移、成功管理实践的模仿等行为时，这些行为会增强双方的学习和知识共享能力，而互动的双方所嵌入的社会文化环境则对这种能力具有提升作用。所以，可以认为强的文化嵌入能提升共享能力对成长绩效的影响作用。组织记忆与半显性规则形成能力中的组织记忆能力是本土生产性服务企业将共享的知识融入自身知识结构的过程。当一个组织具有好的文化价值观时，其对创新知识的接受及包容能力就越强。索伦森（Sørensen，2002）研究了企业在强文化中的嵌入对其组织绩效的影响，他认为，强文化嵌入可以使员工个人目标更趋于和企业目标一致，增强了企业的内部控制和协调度，从而提升了对新知识的接受能力和对创新失败的容错能力，因此可以提升企业绩效。半显性规则形成能力是本土生产性服务企业将学习成果保存下来，从而在上下游合作伙伴之间形成半显性规则的能力。泽布等（Zeb et al.，2021）认为共同的文化背景和价值观有利于资源的交换和组合，当合作双方持有共同的文化价值观时，这将使它们对将来的合作行为达成共识，从而避免未来合作中的误解和风险，使资源交换顺利进行。同时，这种共同的文化价值观也会增进合

251

作双方的信任感，使它们之间的合作更紧密，可以极大地减少由机会主义带来的合作风险，促进创造共同的行为规范和行为模式。因此可以认为强的文化嵌入能提升组织记忆与半显性规则形成能力对成长绩效的影响作用。

综上所述，我们提出以下假设：

假设7：文化嵌入在网络能力对成长绩效的影响中有强的正向调节作用。

第7章 实证研究

7.1 变量设定与问卷设计

本书使用的数据大部分是通过调查问卷收集来的。在设计的变量中，除中心度、结构洞、节点度外，其余的变量如关系嵌入、结构嵌入、网络能力、企业成长绩效等都比较难以完全量化测定，对这些变量的测量，本书采取了利克特7级量表法。

7.1.1 中心度的测量

当前，对中心度的测量，有些学者采用了利克特（Likert）量表和打分的方法来进行测量，但该种方法的主观性较强，易产生主观性误差，因此，本论文运用社会网络分析法中的中心度测量方法。

中心度所衡量的是企业嵌入网络位置的优越性以及在网络中所享有声望的一种指标。测量中心度的方法有三种：中介中心性、程度中心性和亲近中心性（刘军，2009）。

中介中心性可以衡量一个企业作为主媒介者的能力，占据两个企业联系中重要位置的另一个企业，如果它拒绝做媒介，则这两个企业无法实现沟通。媒介企业占据这样的位置越多，就代表该企业具有越高的中介中心性。中介中心性的标准化无方向性公式为：$C_B(n_i) = \dfrac{2\sum\limits_{j<k} g_{jk}(n_i)/g_{jk}}{(g-1)(g-2)}$，该计算方法与结构洞的含义有重合的部分，如果采用该计算方法，中心性指标易与结构洞指标产生多重共线性。

程度中心性是衡量哪个企业会在网络中成为中心企业，拥有最高程度中心性的企业，在该网络中是最有权力的企业。衡量个体企业程度中心性的公式，如果用无方向性图形可表示为：$C_D(n_i) = d(n_i) = \sum_j x_{ij} = \sum_j x_{ji}$；$C'_D(n_i) = \dfrac{d(n_i)}{g-1}$，g 是该网络中的企业数。

亲近中心性计算中心度的原理是基于距离来计算，某行动节点与别的节点距离越近则中心度越高，与别的节点相距远则中心度低，其公式为：$C_c(n_i) = \left[\sum_{j=1}^{g} d(n_i, n_j)\right]^{-1}$，$d(n_i, n_j)$ 代表 n_i 与 n_j 之距离。但这一方法的使用有一个较高的前提条件，就是计算的对象必须是完全相连图形，否则一些企业可能与别的企业没有关系，没有距离，越是孤立，距离加总值反而越小。在全球"制造与服务混沌模块化网络"中，这一要求太过严格，所以此指标并不适合全球"制造与服务混沌模块化网络"中企业的中心度测量。

所以，经以上分析可知，本书用程度中心性来测量全球"制造与服务混沌模块化网络"中企业的中心度。

7.1.2　结构洞的测量

结构洞是两个节点之间存在的一种非冗余的联系。对于结构洞的计算，目前共有两种计算方法，一种是伯特（1992）给出的计算方法，另一种是中介中心度方法。应用广泛、比较权威的测量方法为伯特所提出的方法，该方法可以分为以下三类。

1. 有效规模

一个节点的有效规模是网络中的非冗余度，计算时可用该节点所嵌入的个体网规模减去网络冗余度。计算的公式可以表达为：$\sum_j (1 - \sum_q P_{iq}m_{jq})$，$q \neq i, j$，其中 i 代表自我点，j 是与 i 相连接所有点，q 是第三者点。

2. 限制度

限制度是指嵌入某网络的企业在该网络中具有的运用结构洞的能

力。它取决于两个方面伯特（1992）：一是该企业有一个接触者 q，该企业曾向 q 投入精力的程度；二是 q 有一个接触者 j，q 在与 j 的关系上投入精力的程度。伯特（1992）给出了相应的计算公式：$C_{ij} = (p_{ij} + \sum_q p_{iq}m_{qj})^2$，其中 i 为行动者，$P_{iq}$ 是行动者 i 在与 q 的关系中的关系投入占其所有关系投入的比例，限制度的结果值越高，表明该企业拥有的结构洞越少，企业绩效就越低。同时，限制指标的最大值为 1，所以可以用 1 与限制的差来衡量结构洞的丰富程度。

3. 等级度

伯特（1992）认为等级度指限制性在多大程度上集中在一个行动者身上。其计算公式为科尔曼—泰尔失序指数：$H = \dfrac{\sum_j \left(\dfrac{C_{ij}}{C/N}\right)\ln\left(\dfrac{C_{ij}}{C/N}\right)}{N\ln(N)}$，其中 N 是点 i 的个体网规模。C/N 是各个点的限制度的均值。

由于我们所测量的是个体网结构洞指标，所以用限制度来测量全球"制造与服务混沌模块化网络"中企业的结构洞更为适合。

7.1.3 节点度的测量

前面已经提到，节点度类似于"局部中心度"，可以用与该节点直接相连的节点数进行衡量。对于有向图，可分为节点的入度和节点的出度：节点的入度是指进入该节点的关系的个数；节点的出度是指从该节点出发的关系的个数。本书并不对入度和出度进行区分，以无向图的方式来对节点度进行计算，即：$d(n_i) = \sum_{j=1}^{k} n_{ij}$。

7.1.4 关系嵌入的测量

在第 6 章的分析中，我们将全球"制造与服务混沌模块化网络"中的关系嵌入分为顾客需求关系嵌入、设计规则嵌入度、文化/价值观嵌入度三个维度。其中顾客需求关系嵌入包含了顾客介入广泛度和顾客介入深度两个子维度，文化/价值观嵌入度包含文化嵌入的深度和文化嵌入的广泛度两个子维度。

在对顾客需求关系嵌入进行测量时，立足于第6章的顾客需求关系嵌入的理论分析，两个子维度中，顾客需求介入的广泛度是指本土接包企业在进行市场需求调研和顾客参与服务产品生产和设计过程中接触到的顾客基数的大小。顾客需求介入的深度又包括两个方面：一是顾客需求调研的深度，是指顾客对将要开发的生产性服务模块了解的程度以及所提供的有利于生产性服务模块开发的信息的多少；二是生产性服务模块开发过程中顾客介入的深度，即指顾客需求的 CODP 点的位置，CODP 的位置越靠近顾客，顾客需求的介入度就越低，CODP 的位置越靠近企业生产供应链的上游，顾客需求的介入度就越高。在立足于理论分析界定的基础上，还同时借鉴了以下学者对关系嵌入测量的理论，如格拉诺维特（Granovetter，1973）认为可以从互动频率、情感强度、亲密关系和互惠交换等角度来对关系性嵌入进行测量；汉森（Hansen，1999）、麦克法登和卡纳拉（McFadyen & Cannella，2004）、莱文和克罗斯（2004）、马丁内斯和威尔斯（Martínez & Wills，2013）、佐尔齐（Zorzi，2019）的研究从关系联结的频繁、密切、广泛、稳定四个方面来测量企业与外部网络的联结强度。在以上分析的基础上，本书从六个方面对顾客需求关系嵌入进行测量，相应的题项为 G1 – 1 至 G1 – 6，如表 7 – 1 所示。

表 7 –1　　　　　　　　　关系嵌入的测量量表

题号	测量题项	来源
G1 – 1	我们在开发服务产品时往往会进行大量的顾客调研	第6章的理论分析以及格拉诺维特（1973）、汉森（Hansen，1999）、麦克法登和卡纳拉（2004）、苏兰基（Szu-lanki，1996）、莱文和克罗斯（2004）、马丁内斯和威尔斯（2013）、佐尔齐（2019）的研究
G1 – 2	我们在开发服务产品时往往会有很多的顾客参与其中	
G1 – 3	我们调研的顾客对我们即将开发的服务新产品非常了解	
G1 – 4	在调研时，很多顾客会提出一些非常有益于服务新产品开发的信息	
G1 – 5	顾客会在新产品开发的早期阶段就介入我们服务新产品开发的程序	
G1 – 6	我们在服务新产品开发的过程中一直与一些顾客保持亲密和稳定的关系	

题号	测量题项	来源
G2－1	我们企业的行为不能超出网络既定的规范	第 6 章的理论分析以及常红锦、杨有振（2016），何等（2004），姚云浩、高启杰（2014），钟（2006），沙弗（1995），乌兹（1997），古拉蒂和赛奇（2007），麦克维利和马库斯（2005），马哈茂德和朱（2015）的研究成果
G2－2	我们对网络中既定的工作原则和工作程序非常认可	
G2－3	我们必须遵守与上下游合作伙伴之间制定的默定规则，这对于满足顾客的需求非常重要	
G2－4	在合作过程中，我们与合作伙伴之间的默契必须在网络规范的范围内予以达成	
G2－5	我们与合作伙伴合作过程中，大多数情况下，我们之间有明确的共同程序可以遵循	
G3－1	我们企业中的很多员工受到全球"制造与服务混沌模块化网络"中文化/价值观的影响	第 6 章的理论分析以及罗利等（2000），蔡（2009）、伊莉·伦科等（Yli－Renko et al.，2001）、穆图萨米和怀特（Muthusamy & White，2005）、爱图生等（2015）对文化/价值观嵌入的测量方式
G3－2	全球"制造与服务混沌模块化网络"中的文化/价值观成为我们企业很多员工行动的指南	
G3－3	我们企业的员工通常会按照全球"制造与服务混沌模块化网络"中的文化/价值观自觉行事	
G3－4	我们企业认为全球"制造与服务混沌模块化网络"中的文化/价值观对我们有重要的影响	

资料来源：笔者自行绘制。

　　在对设计规则嵌入进行测量时，仍然立足于第六章中所分析的设计规则嵌入的理论，第一层规则的嵌入指跨国公司主导建立的规则，是本土生产性服务企业利用跨国公司转移的技术和知识以及整个网络中溢出的知识进行生产性服务模块创新的前提；第二层规则是本土生产性服务企业与上下游模块供应商合作过程中形成的半显性规则，是它们之间通过信任合作创造出满足顾客需求的前提。除理论分析之外，还借鉴了常红锦、杨有振（2016），何等（He Z L et al.，2004），姚云浩、高启杰（2014），钟（Chung，2006），沙弗（Shaffer，1995）、乌兹（1997），古拉蒂和赛奇（Gulati & Sytch，2007），麦克维利和马库斯（2005）、马哈茂德和朱（Mahmood & Zhu，2015）研究成果，本书从四个方面对设计规则嵌入进行测量，相应的题项为 G2－1 至 G2－5。

　　对文化/价值观嵌入进行测量时，仍然立足于第六章中所分析的文化/价值观嵌入的理论，文化/价值观嵌入的深度指全球"制造与服务混沌模块化网络"中的文化/价值观在本土生产性服务企业中得到的支持和影响有多强、多深、多热切；文化/价值观嵌入的广泛度指在本土生产性服务企业中有多少人接受了这种文化价值观的影响，即从数量范围的角度来进行衡量，除理论分析之外，还借鉴了罗利等（Rowley et al.，2000），蔡（Tsai，2009），伊莉-伦科等（2001），穆图萨米和怀特（2005），爱图生等（2015）中对文化/价值观嵌入的测量方式。相应的题项为 G3-1 至 G3-4。

7.1.5 网络能力的测量

在前面 5.3 节的分析中，笔者将网络能力分为服务产品模块化能力、柔性服务生产能力、依特定情势的协调能力、组织学习能力四个维度，其中服务产品模块化能力包括了顾客需求分析能力、设计能力、整合能力三个子维度；柔性服务生产能力包括了外部组合能力、内部变化能力、潜在柔性能力三个子维度；依特定情势的协调能力包括了界面规则适应与调整能力、合作伙伴关系协调能力两个子维度；组织学习能力包括了获取能力、共享能力、组织记忆与半显性规则形成能力三个子维度。同时本报告也参考了里特和格明登（Ritter & Gemünden，2003），康明斯和滕（Cummings & Teng，2003），莱文与克罗斯（2004），麦克维利和查西尔（1999），李贞（2011），任胜钢等（2011），李飞星、胡振华（2018），李国强等（2019）的研究成果，从而进行了测量本土服务接包商网络能力的量表设计，如表 7-2 所示。

表 7-2　　　　　　　　　　网络能力的测量量表

题号	测量题项	来源
W1-1	我们企业完全有能力发现顾客的潜在需求	第 5 章的理论分析以及里特和格明登（2003），康明斯和滕（2003），莱文与克罗斯（2004），麦克维利和查西尔（1999），李贞（2011），任胜钢等（2011），李飞星、胡振华（2018），李国强等（2019）
W1-2	我们企业可以通过激励顾客参与从而获得顾客需求的信息	
W1-3	我们企业可以在遵守服务模块化原则的基础上进行生产性服务模块的设计	
W1-4	依据设计规则及顾客需求，我们企业具有解构某生产性服务流程以及设计生产性服务模块之间的架构关系的能力	
W1-5	我们企业可以按照设计规则的要求，基于功能、利益、目的等对生产性服务模块进行整合	

258

题号	测量题项	来源
W1-6	我们企业具有在生产性服务模块整合方面的专业知识的积累	
W2-1	我们企业可以运用不同的通用生产性服务模块、制造模块之间的组合来迅速满足不同目标市场顾客的需求	
W2-2	我们企业可以运用专用生产性服务模块、通用生产性服务模块、制造模块之间的组合来满足不同目标市场顾客的特殊需求	
W2-3	我们企业可以通过改变本身的设计规则来适应外部环境的变化	
W2-4	当外部环境变化时，我们企业可以通过改变组织结构，或调配不同资源，或改变管理制度来达成合格服务模块生产的目标	
W2-5	我们企业和上下游的合作伙伴之间形成了只有我们才知晓的特定诀窍	
W2-6	我们和上下游伙伴之间共享的诀窍可以让我们生产出不断跟踪顾客需求变化的生产性服务产品	第5章的理论分析以及里特和格明登（2003），康明斯和滕（2003），莱文与克罗斯（2004），麦克维利和查西尔（1999），李贞（2011），任胜钢等（2011），李飞星、胡振华（2018），李国强等（2019）
W3-1	在灵活运用设计规则的前提下，我们企业可以结合自身资源的特点顺利实现我们企业的生产目标	
W3-2	我们企业对于跨国公司制定的设计规则可以在一定的范围根据我们企业自身的情况进行微调	
W3-3	人们与上下游的合作伙伴之间建立了基于契约和信任的合作关系	
W3-4	我们完全有能力处理和协调好与上下游合作伙伴之间的关系	
W4-1	我们企业的个人、团队、部门都有获得顾客需求知识的能力	
W4-2	我们企业建立了相应的规则和制度来鼓励个人、团队和部门对新知识的学习	
W4-3	我们企业有浓厚的知识共享氛围和经验	
W4-4	我们企业可以顺畅地与上下游合作伙伴之间进行相关新知识的分享	
W4-5	我们企业善于在原有知识的基础上消化吸收分享到的新知识，并形成我们员工新的思维模式	
W4-6	新知识的获得与共享可以使我们与上下游的合作伙伴之间建立新的共同生产规则	

资料来源：笔者自行绘制。

7.1.6　成长绩效的测量

当前学者认为，企业成长表现为企业资产的增值、销售额的增加或销售利润的增加、生产规模的扩大、员工数量的增加、企业知名度和美誉度的提升等（delmar F. et al. , 2003）。

在进行实际操作时，各位学者也是基本采用多维度的指标测量企业成长绩效。钱德勒和汉克斯（Chandler & Hanks，1994）运用销售额增长、资产增长、员工数量增长、利润增长以及竞争力成长等指标测量；尤瑟夫（Yusuf，2002）用与竞争对手相比在某些方面表现的满意度来测量企业成长绩效，包括利润增长、员工数量增长、销量增长等。窦红宾、王正斌（2011）用近两年的利润率、销售额、净资产、市场份额的增长情况来测量成长绩效；常路（2014）运用销售额增长、资产额增长、市场份额提高、社会知名度提升四个方面来测量成长绩效；任胜钢、赵天宇（2018）用近三年企业利润增长率、销售额增长率和员工数量增长率 3 个指标来测量成长绩效；谷盟等（2021）从销售额增长率、净收益增长、市场份额增长三个方面测量企业成长绩效。在借鉴当前学者们的研究之后结合全球"制造与服务混沌模块化网络"中本土生产性服务企业的特点，本书选用销售增长率、利润增长率、员工数增长、市场份额增长、企业知名度的提升五个方面来测量企业成长绩效。

当前在测定企业成长绩效的具体方法上，有的学者应用了客观数据测量企业绩效，当然也有的学者应用了主观绩效数据进行测量。考虑到很多企业不愿意提供企业内部的真实财务数据并且这些数据也很难从公开渠道获得，同时，由于各个企业对内部数据的处理方法往往不同，所以在进行横向企业比较时往往有一定的难度。戴斯和罗宾逊（Dess & Robinson，1984）通过研究发现，主观成长绩效与客观统计绩效显著相关，二者的测量结果也基本相同。因此，在本书中可以用主观成长绩效来代替客观成长绩效。相应的测量题项为 C1 ~ C5，如表 7 - 3 所示。

表7-3   企业成长绩效的测量量表

题号	测量题项	来源
C1	与主要竞争者相比，近三年我们企业销售额增长率更高	德尔玛（delmar F.，2003），钱德勒和汉克斯（1994），尤瑟夫（2002），窦红宾、王正斌（2011），常路（2014），任胜钢、赵天宇（2018），谷盟等（2021）
C2	与主要竞争者相比，近三年我们企业利润增长率更高	
C3	与主要竞争者相比，近三年我们企业员工人数增长更多	
C4	与主要竞争者相比，近三年我们企业的市场份额增长较快	
C5	我们企业在主要客户群中具有更好的口碑和知名度	

资料来源：笔者自行绘制。

7.2 样本的选取与收集

样本的收集主要在生产性服务业比较发达的广东、山东、浙江、江苏、北京、天津六个省市，样本涉及的行业有物流服务、信息服务、软件服务、会计服务、数据分析、市场研究、研发、金融等。本书研究的数据收集通过目标企业的高层管理人员填写调查问卷的方式进行，历时9个月。

本问卷的数据通过三种调查方式获得：一是邮寄问卷方式。在获得所调查企业高层人员的通信地址后，直接将问卷邮寄过去。二是集中调查方式。这种形式主要在学校与企业联合举办的各类培训班中进行，如MBA班和总裁班等。三是走访面对面方式。通过课题组成员的社会关系网络介绍调查人员到企业直接走访或委托走访，找有关人员进行填写。

课题组通过各种方式共发放问卷500份，最后回收了385份，其中有效问卷301份，回收问卷率为77%，回收有效问卷率为60.2%。在所有发放的问卷中，通过邮寄方式发放问卷100份，回收35份，有效问卷21份，回收率为35%；通过集中发放方式发放问卷300份，回收255份，有效问卷193份，回收率为85%；通过走访方式发放问卷100

份，回收 95 份，有效问卷 87 份，回收率为 95%。

为了提高调查问卷的效度和信度，本书借鉴了国内外同类研究中较科学且成熟的量表，由于部分是英文文献量表，为了确保在中国环境下量表的效度和信度，首先请两名本领域的专家将英文量表翻译成中文量表，然后再请另外两名本领域的专家将中文量表翻译回英文量表，并对其中的差别反复研究、仔细核对。最后根据本书研究的特点以及中国的国情对量表做了稍许的修正，形成最终中文量表。

7.3 样本的检验

7.3.1 选择预试样本进行测试

小样本的预测试是选取济南市、青岛市的 25 家企业样本进行的，共发放调查问卷 25 份，回收有效问卷 21 份。

1. 对预试小样本进行分析的方法

进行项目分析，首先求出量表的得分总和，然后从高到低进行排序，将前面 27% 的样本作为高分组，后 27% 的样本作为低分组，再求出这两个组在每个题项的平均数差异的显著性，如果 CR 值 < 0.05 或 < 0.01，则表示 CR 值达到显著性，说明题项目对不同被试具有鉴别能力。因此，可以根据每个项目有无达到显著性水平而作为该题是否删除的条件。

项目分析完之后，为了完善量表的结构，使量表的题项之间有较大的相关性且题项较少，即让量表具有结构效度，这时需要做因素分析。因素分析完这后，还要分析量表的稳定性，这时需要做信度检验，常用检验信度的方法为克朗巴哈（L. J. Cronbach）所创的 α 系数，其公式为：

$$\alpha = \frac{K}{K-1}\left(1 - \frac{\sum S_i^2}{S^2}\right)$$

其中，K 为量表所包括的总题数，S^2 为测验量表总分的变异量，S_i^2

为每道测验题项总分的变异量。α 系数值介于 0~1 之间，一般认为 α 在 0.60~0.65 之间最好不要；在 0.65~0.70 之间是最小可接受值；在 0.70~0.80 之间相当好；在 0.80~0.90 之间非常好。

2. 对预试小样本测试的结果

在预试小样本的项目分析中，G1-1 题的"F"值检验显著，但是这些题项的"假定变异数不相等"的 t 值不显著，这说明第 G1-1 题不具有鉴别力，所以这一题应该删除；同时，第 W4-3 题中的"F"值检验不显著，但是这些题项的"假定变异数相等"的 t 值不显著，这说明这一题不具有鉴别力，应该删除。

在做因素分析和信度检验时，对于关系嵌入的 14 道测量题目中的 13 道测量题目，其 Cronbach's Alpha 系数均大于 0.7，但是由于第 G3-1 题测量的 Cronbach's Alpha 系数小于 0.7，所以删除该题；反映企业网络能力的 22 个题目中的 21 个题目的公因子大于 1，其 Cronbach's Alpha 系数也大于 0.7，但是由于第 W2-3 题测量的 Cronbach's Alpha 系数小于 0.7，所以删除该题；反映企业成长绩效的五道题目中，其公因子大于 1，其 Cronbach's Alpha 系数也大于 0.7。

通过以上三种分析，调查问卷的质量得到了进一步的改善，为大规模调查提供了良好的基础。

7.3.2　正式样本与数据

对于正式问卷，在获取原始数据后，我们仍需利用 spss 对量表做出三种分析，即项目分析、因素分析和信度分析。

1. 调查问卷的项目分析

以独立样本 t-test 检验高 27% 与低 27% 二组在每个题项上的差异时，G1-2，G1-5，G1-6，G2-1，G2-4，G2-5，G3-3，W1-1，W1-4，W2-2，W2-4，W3-4，W4-1，W4-4，W4-5，C4，C5 中的"F"值检验显著，同时这些题项的"假定变异数不相等"的 t 值显著，所以在这些题项中，都通过了鉴别度检验。

G1-3，G1-4，G2-2，G2-3，G3-2，G3-4，W1-2，W1-

3，W1 - 5，W1 - 6，W2 - 1，W2 - 5，W2 - 6，W3 - 1，W3 - 2，W3 - 3，W4 - 2，W4 - 5，C1，C2，C3 中的"F"值检验不显著，同时这些题项的"假定变异数相等"的 t 值显著，所以在这些题项中，全部通过了检验。这表明调查问卷中的各个题项中，每个题项都具有鉴别度，能鉴别出不同受试者的反应程度。

2. 调查问卷的信度分析

根据设计的问卷进行数据分析所得结果如表 7 - 4 所示。

表 7 - 4   信度分析

概念	变量	测量题项	信度系数	组合信度	平均方差抽取量
关系嵌入	顾客需求关系嵌入	G1 - 2	0.678	0.861	0.555
		G1 - 3	0.732		
		G1 - 4	0.794		
		G1 - 5	0.706		
		G1 - 6	0.807		
	界面规则嵌入	G2 - 1	0.811	0.841	0.516
		G2 - 2	0.716		
		G2 - 3	0.777		
		G2 - 4	0.678		
		G2 - 5	0.590		
	文化/价值观嵌入	G3 - 2	0.858	0.789	0.560
		G3 - 3	0.610		
		G3 - 4	0.757		
网络动态能力	柔性服务生产能力	W1 - 1	0.882	0.865	0.521
		W1 - 2	0.564		
		W1 - 3	0.741		
		W1 - 4	0.638		
		W1 - 5	0.772		
		W1 - 6	0.689		

概念	变量	测量题项	信度系数	组合信度	平均方差抽取量
网络动态能力	服务产品模块化能力	W2-1	0.814	0.867	0.567
		W2-2	0.802		
		W2-4	0.765		
		W2-5	0.659		
		W2-6	0.713		
	依特定情势的协调能力	W3-1	0.758	0.853	0.595
		W3-2	0.874		
		W3-3	0.654		
		W3-4	0.784		
	组织学习能力	W4-1	0.801	0.885	0.607
		W4-2	0.758		
		W4-4	0.729		
		W4-5	0.779		
		W4-6	0.826		
成长绩效		C1	0.834	0.864	0.562
		C2	0.725		
		C3	0.822		
		C4	0.697		
		C5	0.652		

资料来源：笔者测算所得。

由于表 7-4 参考了当前学者的成熟成果，并根据专家的意见及预调研的结果进行了调整，因此问卷也具有较高的内容效度。通过哈曼（Harman）单因素测试后，主成分分析所抽取的五个因素解释了总变异量的 67.428%，第一个因子仅解释了变异量的 18.229%，这说明没有单一因素能解释绝大部分变异量，研究数据的同源误差问题并不严重。

7.4 结构方程分析

7.4.1 变量的正态化及相关系数

在前面的分析中，结构洞、中心度及节点度我们所采用的是在无向图中以公式所计算的结果，而在测量关系嵌入、网络能力、企业成长绩效等变量时，我们所采用的是七级利克特量表，因此，必须对数据进行标准化处理。在处理时所用到的公式为 $x_i = \dfrac{x_i - \bar{x}}{\sigma_i}$，其中 x_i 为该变量的平均值，σ_i 为该变量的标准差。经过标准化后，各变量间的相关系数如表 7-5 所示。

表 7-5　标准化后各变量间的相关系数

	结构洞	中心度	节点度	网络能力	设计嵌入	文化嵌入	顾客嵌入	成长绩效
结构洞	1	0.037	-0.055	0.093	0.103	0.004	-0.066	-0.016
中心度	0.037	1	-0.026	0.028	-0.003	0.063	-0.030	0.011
节点度	-0.055	-0.026	1	0.260**	0.141*	0.054	0.112	0.438**
网络能力	0.093	0.028	0.260**	1	0.512**	0.223**	0.156**	0.669**
设计嵌入	0.103	-0.003	0.141*	0.512**	1	0.103	0.077	0.613**
文化嵌入	0.004	0.063	0.054	0.223**	0.103	1	0.048	-0.006
顾客嵌入	-0.066	-0.030	0.112	0.156**	0.077	0.048	1	0.586**
成长绩效	-0.016	0.011	0.438**	0.669**	0.613**	-0.006	0.586**	1

注：**变量之间在0.01的置信水平上显著（双尾），*变量之间在0.05的围住水平上显著（双尾）。
资料来源：笔者测算所得。

7.4.2 结构方程分析

为验证前面所提出的 10 组假设，以成长绩效为因变量，以结构嵌入、关系嵌入、网络能力各自变量为因变量进行结构方程分析，分析结果图 7 – 1 所示。

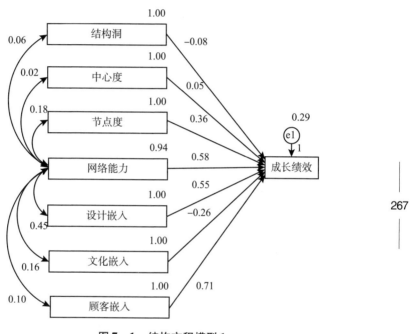

图 7 – 1 结构方程模型 1

注：为简化起见，设计规则嵌入用设计嵌入代表，文化/价值观嵌入用文化嵌入代表，顾客需求关系嵌入用顾客嵌入代表。以下图和表同此。

资料来源：笔者自行绘制。

在图 7 – 1 中，模型的适配指标为 $\chi^2 = 23.336$（$P = 0.077 > 0.05$），χ^2 自由度比 $= 1.556 < 2.0$，RMSEA $= 0.043 < 0.05$，GFI $= 0.981 > 0.90$，AGFI $= 0.953 > 0.90$，NFI $= 0.969 > 0.90$，RFI $= 0.943 > 0.90$，IFI $= 0.989 > 0.90$，TLI $= 0.979 > 0.90$，CFI $= 0.989 > 0.90$，PCFI $= 0.530 > 0.50$，PNFI $= 0.519 > 0.50$，因此模型达到适配的指标值，模型拟合良好。

回归系数如表 7－6 所示。

表 7－6　　　　　　　　　回归系数表 1

	估计值	S. E.	C. R.	P
成长绩效←结构洞	－0.076	0.031	－2.429	0.015
成长绩效←网络能力	0.581	0.038	15.279	***
成长绩效←设计嵌入	0.550	0.036	15.222	***
成长绩效←文化嵌入	－0.257	0.032	－8.063	***
成长绩效←顾客嵌入	0.707	0.032	22.418	***
成长绩效←节点度	0.362	0.032	11.209	***
成长绩效←中心度	0.052	0.031	1.674	0.094

注：*** 代表显著性 P 值＜0.001，下同。
资料来源：笔者测算所得。

网络能力对成长绩效的影响系数为 0.581（P＜0.01），因此假设 1 成立；中心度对成长绩效的影响系数为 0.052（P＞0.05），影响不显著，假设 2 成立；结构洞对成长绩效的影响系数为 －0.076（P＜0.05），假设 3 不成立；节点度对成长绩效的影响系数为 0.362（P＜0.01），假设 4 成立。

将节点度×网络能力代入结构方程，得出的结果如图 7－2 所示。在图 7－2 中，模型的适配指标为 $\chi^2 = 35.292$（P＝0.019＜0.05），χ^2 自由度比 ＝1.765＜2.0，RMSEA＝0.049＜0.05，GFI＝0.975＞0.90，AGFI＝0.944＞0.90，NFI＝0.956＞0.90，RFI＝0.920＞0.90，IFI＝0.980＞0.90，TLI＝0.964＞0.90，CFI＝0.980＞0.90，PCFI＝0.544＞0.50，PNFI＝0.531＞0.50，除 χ^2 的 P 值外，适配指标都已达到拟合要求，因 χ^2 值受样本大小的影响非常明显，当样本数变大时，所计算的 χ^2 非常容易达到显著，这将导致模型遭到拒绝。χ^2 值检验最适用的样本数为 100 至 200，而本样本数为 301，因此 χ^2 达到显著也在情理之中，所以综合来看，可以认为模型达到适配的指标值，模型拟合良好。

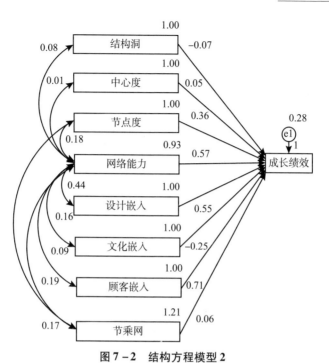

图 7-2 结构方程模型 2

注：图中节点度×网络能力用节乘网代表。
资料来源：笔者测算所得。

回归系数如表 7-7 所示。

表 7-7　　　　　　　　　　　回归系数表 2

	估计值	S. E.	C. R.	P
成长绩效←结构洞	-0.066	0.032	-2.085	0.037
成长绩效←网络能力	0.567	0.038	14.756	***
成长绩效←设计嵌入	0.548	0.036	15.291	***
成长绩效←文化嵌入	-0.252	0.032	-7.951	***
成长绩效←顾客嵌入	0.705	0.031	22.516	***
成长绩效←节点度	0.355	0.032	11.052	***
成长绩效←中心度	0.048	0.031	1.537	0.124
成长绩效←节点度×网络能力	0.062	0.029	2.118	0.034

资料来源：笔者测算所得。

交叉项节点度×网络能力对成长绩效的影响系数为 0.062（P <
0.05），因此可以认为节点度在网络能力影响成长绩效的过程中有调节
作用。那么调节作用是正向调节还是负向调节呢？我们计算出节点度的
均值，然后将节点度均值上面一个标准差区域之外作为一组，将节点度
均值下面一个标准差区域之外作为另外一组，在两组中分别回归，用
Matlab 编程得出的结果如图 7 - 3 所示。其中虚线代表高节点度，实线
代表低节点度。

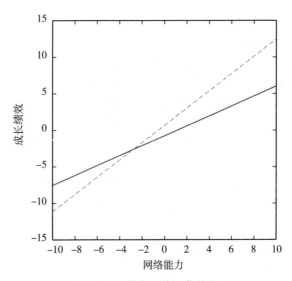

图 7 - 3　节点度的调节效应

资料来源：笔者测算所得。

从图 7 - 3 可以看出，节点度起正向调节效应，因此假设 5 成立。

将顾客需求关系嵌入×网络能力代入结构方程模型，得出的结果如
图 7 - 4 所示。在图 7 - 4 中，模型的适配指标为 $\chi^2 = 31.969(P = 0.044 <$
0.05），χ^2 自由度比 = 1.598 < 2.0，RMSEA = 0.045 < 0.05，GFI =
0.977 > 0.90，AGFI = 0.949 > 0.90，NFI = 0.960 > 0.90，RFI = 0.928 >
0.90，IFI = 0.985 > 0.90，TLI = 0.972 > 0.90，CFI = 0.984 > 0.90，
PCFI = 0.547 > 0.50，PNFI = 0.533 > 0.50，除 χ^2 的 P 值外，适配指标
都已达到拟合要求，因 χ^2 值受样本大小的影响非常明显，当样本数变
大时，所计算的 χ^2 非常容易达到显著，导致模型遭到拒绝的概率越大，

χ^2 值检验最适用的样本数为 100 至 200，而本样本数为 301，因此 χ^2 达到显著也在情理之中，所以综合来看，可以认为模型达到适配的指标值，模型拟合良好。

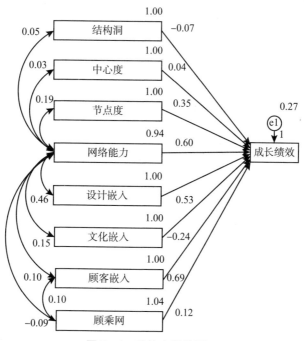

图 7 - 4   结构方程模型 3

注：图中顾客需求关系嵌入 × 网络能力用顾乘网代表。
资料来源：笔者测算所得。

回归系数如表 7 - 8 所示。

表 7 - 8   回归系数表 3

	估计值	S. E.	C. R.	P
成长绩效←结构洞	- 0.070	0.031	- 2.291	0.022
成长绩效←网络能力	0.598	0.037	16.035	***
成长绩效←设计嵌入	0.533	0.035	15.039	***
成长绩效←文化嵌入	- 0.244	0.031	- 7.840	***
成长绩效←顾客嵌入	0.694	0.031	22.458	***

	估计值	S. E.	C. R.	P
成长绩效←节点度	0.350	0.032	11.087	***
成长绩效←中心度	0.045	0.030	1.469	0.142
成长绩效←顾客需求关系嵌入×网络能力	0.121	0.030	3.991	***

资料来源：笔者测算所得。

　　交叉项顾客需求嵌入×网络能力对成长绩效的影响系数为 0.121（P<0.01），因此可以认为顾客需求关系嵌入在网络能力影响成长绩效的过程中有调节作用。我们计算出顾客需求关系嵌入的均值，然后将其均值上面一个标准差区域之外作为一组，将其均值下面一个标准差区域之外作为另外一组，在两组中分别回归，用 Matlab 编程得出的结果如图 7 – 5 所示。其中虚线代表高顾客需求关系嵌入，实线代表低顾客需求关系嵌入。从图 7 – 5 中可以看出，顾客需求关系嵌入起正向调节效应，因此假设 6 成立。

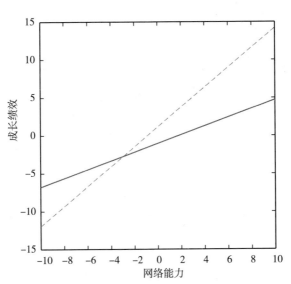

图 7 – 5　顾客需求关系嵌入的调节效应

资料来源：笔者测算所得。

　　将设计规则嵌入×网络能力代入结构方程，得出的结果如图 7 – 6

所示。在图 7 – 6 中，模型的适配指标为 $\chi^2 = 30.886$（P = 0.057 > 0.05），χ^2 自由度比 = 1.544 < 2.0，RMSEA = 0.043 < 0.05，GFI = 0.977 > 0.90，AGFI = 0.948 > 0.90，NFI = 0.961 > 0.90，RFI = 0.931 > 0.90，IFI = 0.986 > 0.90，TLI = 0.974 > 0.90，CFI = 0.986 > 0.90，PCFI = 0.548 > 0.50，PNFI = 0.534 > 0.50，因此模型达到适配的指标值，模型拟合良好。

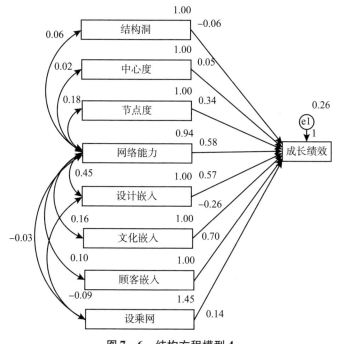

图 7 – 6　结构方程模型 4

注：图中设计规则嵌入×网络能力用设乘网代表。
资料来源：笔者测算所得。

回归系数如表 7 – 9 所示。

表 7 – 9　　　　　　　　　　回归系数表 4

	估计值	S. E.	C. R.	P
成长绩效←结构洞	– 0.064	0.030	– 2.122	0.034
成长绩效←网络能力	0.578	0.036	15.943	***

续表

	估计值	S. E.	C. R.	P
成长绩效←设计嵌入	0.566	0.035	16.369	***
成长绩效←文化嵌入	-0.258	0.030	-8.490	***
成长绩效←顾客嵌入	0.699	0.030	23.228	***
成长绩效←节点度	0.343	0.031	11.083	***
成长绩效←中心度	0.048	0.030	1.614	0.107
成长绩效←设计规则嵌入×网络能力	0.136	0.025	5.467	***

资料来源：笔者测算所得。

交叉项设计规则嵌入×网络能力对成长绩效的影响系数为 0.136（P < 0.01），因此可以认为设计规则嵌入在网络能力影响成长绩效的过程中有调节作用。我们计算出设计规则嵌入的均值，然后将其均值上面一个标准差区域之外作为一组，将其均值下面一个标准差区域之外作为另外一组，在两组中分别回归，用 Matlab 编程得出的结果如图 7 - 7 所示。其中虚线代表高设计规则嵌入，实线代表低设计规则嵌入。从图 7 - 7 中可以看出，设计规则嵌入起正向调节效应，因此假设 7 成立。

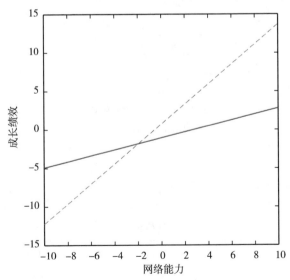

图 7 - 7　设计规则嵌入的调节效应

资料来源：笔者测算所得。

将文化/价值观嵌入×网络能力代入结构方程，结果如图 7 - 8 所示。图 7 - 8 中，模型的适配指标为 $\chi^2 = 29.308$（P = 0.082 > 0.05），χ^2 自由度比 = 1.465 < 2.0，RMSEA = 0.039 < 0.05，GFI = 0.979 > 0.90，AGFI = 0.952 > 0.90，NFI = 0.963 > 0.90，RFI = 0.933 > 0.90，IFI = 0.988 > 0.90，TLI = 0.978 > 0.90，CFI = 0.988 > 0.90，PCFI = 0.549 > 0.50，PNFI = 0.535 > 0.50，因此模型达到适配的指标值，拟合良好。回归系数如表 7 - 10 所示。

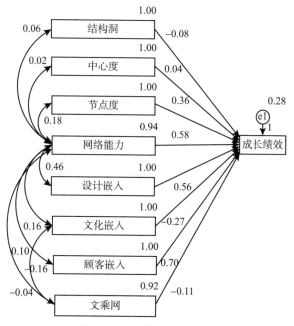

图 7 - 8　结构方程模型 5

注：图中文化/价值观嵌入×网络能力用文乘网代表。
资料来源：笔者测算所得。

表 7 - 10　　　　　　　　　　回归系数表 4

	估计值	S. E.	C. R.	P
成长绩效←结构洞	- 0.079	0.031	- 2.559	0.010
成长绩效←网络能力	0.578	0.037	15.485	***
成长绩效←设计嵌入	0.556	0.035	15.654	***

续表

	估计值	S. E.	C. R.	P
成长绩效←文化嵌入	−0.273	0.032	−8.639	***
成长绩效←顾客嵌入	0.696	0.031	22.357	***
成长绩效←节点度	0.362	0.032	11.440	***
成长绩效←中心度	0.043	0.031	1.419	0.156
成长绩效←文化/价值观嵌入×网络能力	−0.110	0.032	−3.402	***

资料来源：笔者测算所得。

交叉项文化/价值观嵌入×网络能力对成长绩效的影响系数为 −0.110（P<0.01），因此可以认为文化/价值观嵌入在网络能力影响成长绩效的过程中起调节作用。我们计算出文化/价值观嵌入的均值，然后将其均值上面一个标准差区域之外作为一组，将其均值下面一个标准差区域之外作为另外一组，在两组中分别回归，用 Matlab 编程得出的结果如图7−9所示。其中虚线代表高文化/价值观嵌入，实线代表低文化/价值观嵌入。从图7−9中可以看出，文化/价值观嵌入起负向调节效应，因此假设8不成立。

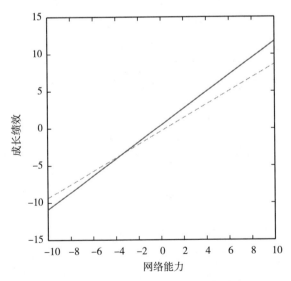

图7−9　文化/价值观嵌入的调节效应

资料来源：笔者测算所得。

综合上面的假设检验结果可知，本书研究中假设1、假设2、假设4均得到了实证支持，不能得到实证检验的是假设3，实证结果表明结构洞对成长绩效有弱的负向影响，其原因大概是因为在全球"制造与服务混沌模块化网络"中，跨国公司对整个网络实行全面控制，跨国公司所制定的设计规则显而易见并为各个生产性服务模块供应商所共知，在第4章的分析中，我们提及本土生产性服务企业与上下游合作伙伴之间的关系遵循 $(1-r)f(0)(v-t)=C'(a_i)$，$(i=A，B)$ 的规律，由于 $v-t>0$，r 越小，则子生产性服务模块供应商 A 的成本增长越快，即对生产性服务模块供应商 A 的合作激励越大；反之，r 越大，则生产性服务模块供应商 A 的成本增长越慢，即对生产性服务模块供应商 A 的合作激励越小。因此，博弈双方都尽可能地与相关模块供应商合作，同时，在合作中还要积极参与接口标准的竞争，即合作中的竞争。在全球"制造与服务混沌模块化网络"中出现结构洞的情况主要由在上下游企业之间合作中所出现的竞争裂痕所产生的，使一些合作经验、诀窍等不能在二者之间充分共享，即如伯特（1992）所主张的那样，在社会结构中，若有两个个体或群体之间缺少联结，彼此不互动往来，因此形成了"洞"，而在全球"制造与服务混沌模块化网络"中，上下游之间的企业由于服务于生产流程的相联系的两个环节，因此，彼此不互动往来是不可能的，而二者之间在互动中还要参与接口标准的竞争，所以，并不是完全的不往来，即"结构洞"并不是一个完整的结构洞。这在实证中就体现在结构洞对成长绩效有负的影响，而这个值又很小，即弱的负向的影响，究其原因，完全是因为上下游企业之间这种既合作又竞争的相互关系所造成的，也说明了本土生产性服务企业在提升自身成长绩效的过程中，虽然对接口标准的竞争胜出也很重要，但是与相互之间的信任相比较，过度的竞争反而会对成长绩效产生负面的影响。

在各结构嵌入变量及关系嵌入变量影响网络能力对成长绩效的调节效应检验中，假设5、假设6、假设7得到了验证，假设8没有得到实证的支持。在假设8中，实证的结果甚至与我们的理论预设是相反的，究其原因，大概是本土接包企业所嵌入的"制造与服务混沌模块化网络"中的文化也受到本土区域文化的影响，在我国很多的企业之间普遍盛行一种模仿—套利—低成本竞争的文化（张杰，2009）。套利本意是指对金融产品而言，当一款金融产品的收益率较高而风险又非常低时，就会吸引大量的投资者涌入，直至该款产品的收益率降低到资金成本为止。那么在我国的很多企业之间也盛行着这样一种文化，某企业通过自主创新或引入投资后改进创新发明了某种新的生产性服务产品，在市场收益预期较高且预期的风险较低的情况下，就会吸引大量的跟随企业一哄而上，它们会通过三种方式来获得该生产性服务产品研发的相关信息：一是借助各类信息外溢与互动渠道，如全球"制造与服务混沌模块化网络"中流程关联及与相关合作企业的信息外溢，基于血缘、亲缘、地缘等社会关系网络和各种社会交际圈的信息外溢；二是借助人力资本介质所进行的知识与信息外溢。跟随企业可以通过猎头公司或其他方式掘取创新企业的技术人才，从而非常简单地就可获取相应的生产性服务产品研发信息；三是通过软件工程的反向编译等工程技术来破解相应生产性服务载体的信息，从而获得生产性服务研发的相关信息。通过以上三种方式，跟随企业不仅无须高昂的前期市场需求信息调研和生产性服务研发投入，甚至还可以通过改进领先创新者生产性服务产品中的某些缺陷从而在更低的成本之上提供性能更高的生产性服务产品。这样对于领先创新生产性服务产品研发者来讲，它们在前期的市场开发、生产性服务产品研发等方面的风险和成本都较高，而一旦生产性服务产品研发成功且市场前景又非常明确后，跟随企业通过套利行为可以获得更大的利润，因为它们不但投入的成本和面临的风险很低，而且甚至其生产性服务产品的性价比还可能更高，因此从领先创新生产性服务企业的自身意愿来讲，在受到本土套利文化影响的前提下，它们本身并不太愿意进行创新。

从跨国公司的角度来讲又是一种什么样的情形呢？在我国，基本上本土生产性服务企业形成了与跨国公司之间的一种治理与被治理的"准层级"式关系。当然，这种"准层级"式的治理关系也是非常符合跨国公司利益的。当跨国公司为了促使某些优秀的本土生产性服务企业生产更多价值更低、质量更高的生产性服务模块产品时，会向某些优秀的本土生产性服务企业提供一定限度的知识和技术的转移。例如，跨国公司可以以很低的价格或者免费向某些优秀本土生产性服务企业提供顾客对生产性服务模块设计、生产性服务模块需求、生产性服务模块质量控制及生产性服务人员培训的相关信息和技术支持，而且有时也会把位于发达国家其他优秀生产性服务企业的隐性技术和服务研发诀窍转移给本土生产性服务企业，以期提升本土生产性服务企业的生产性服务模块研发能力。在本土优秀生产性服务企业付出比较大的成本进行引进技术吸收消化及开发和唤醒相应的市场需求之后，由于本土生产性服务企业之间存在着模仿—套利行为，跟随企业就会一哄而上进行套利，并相互杀价，最终的博弈均衡结果将会是跨国公司降低了生产性服务产品模块的采购价且提升了采购质量，而本土生产性服务企业却并没有从创新中获利。

我们在第6章分析文化/价值观嵌入的维度时，是从文化/价值观嵌入的程度进行分析的。在文化/价值观嵌入的内容方面，我们假定跨国公司在全球"制造与服务混沌模块化网络中"提倡的价值观是正向的、积极的和鼓励创新的一种价值观和文化。但从上面的分析可以看出，本土生产性服务企业嵌入这种鼓励创新的价值观和文化并没有相应提升其生产性服务成长绩效的实现，原因就在于本土市场中模仿—套利文化及行为的存在。虽然跨国公司在全球"制造与服务混沌模块化网络"中会积极提倡创新的文化或价值观，因为其可以在提升生产性服务模块采购质量的前提下反而降低采购成本，但广大的本土生产性服务企业并不是服务创新的获利者，假设8没有得到实证检验的原因大概就在于此。

279

7.5 实证的贡献与局限

7.5.1 实证的贡献

本书以301家企业为样本，对本土生产性服务企业的结构嵌入、关系嵌入、网络能力以及成长绩效的关系进行了实证研究，取得了一些有意义的研究结果。

第一，本书研究的关系是本土生产性服务企业在全球"制造与服务混沌模块化网络"中的结构嵌入、关系嵌入、网络能力与本土生产性服务企业的成长绩效，其中，关系嵌入是重点，结构嵌入是比较次要的。这是由于在全球"制造与服务混沌模块化网络"中，跨国公司制定设计规则，挑选与淘汰各个生产性服务模块供应商，各生产性服务模块供应商在设计规则的制约下进行活动，跨国公司处于整个"制造与服务混沌模块化网络"的中心，网络中很少有结构洞的存在，跨国公司的网络中心性也非常明显。因此，研究结构嵌入的意义远小于研究关系嵌入的意义。在实证部分，我们进行了相应的实证检验，实证检验的结果表明中心度对成长绩效的影响未达显著性标准、结构洞与成长绩效之间有非常微弱的关系，节点度与成长绩效有一定的正向关系。这些结论一方面验证了我们前面的假设，另一方面还提供给我们一些有益的思考：一是以前对企业网络的研究都认为中心度与结构洞对企业的绩效有重要的影响，学者们普遍认为不同的网络位置代表企业在获取创新性知识方面所面临的不同机遇。然而由于全球"制造与服务混沌模块化网络"中跨国公司的主导作用，使中心度和结构洞对成长绩效的影响并不明显，因此，在全球"制造与服务混沌模块化网络"中，跨国公司的指导以及本土生产性服务企业对设计规则的理解仿佛更为重要。二是以往的很多研究往往并不区分中心度和节点度，而我们在实证中证明了二者在一定的环境范围内确实是不同的。中心度体现在企业对信息资源获取的优势以及对网络成员的控制优势方面，节点度则是指与一个网络节点直接相连的节点数目，在全球"制造与服务混沌模块化网络"中，与本土生产性服务企业直接相关的节点有各类大学、科研机构、政府、金融机构、中介机构、市场研究机构等，拥有较高的节点度意味着企业有较多机会接触各种各样的信息，有更多的机会向其他节点学习。实证研究的结果也表明二者是不一样的两种概念，全球"制造与服务混沌模块化网络"中的本土生产服务企业的中心度对其成长绩效的影响未达显著性，而其节点度对企业的成长绩效有显著的正向影响。三是以往的研究中大多认为结构洞对企业的绩效有正向的显著影响，本书研究证实了本土生产性服务企业所位于的结构洞与企业的成长绩效成弱的负相关关系。这主要是由本土生产性服务企业与上下游合作企业之间特有的合作关系决定的，一方面本土生产性服务企业需要与上下游企业通力合作，以提供给顾客完整的服务价值体验；另一方面本土生产性服务企业还必须与上下游企业竞争，以争夺未来接口标准制定的权利。这种既竞争又合作的关系表现出本土生产性服务企业与上下游企业之间的合作并不是一种无缝的合作，而是一种有保留的合作，在这种情况下结构洞就出现了，这种结构洞的出现会降低成长绩效，因此其成长绩效有弱的负相关关系。

　　第二，本书突破了以往研究视网络能力为确定维度的局限，自哈肯森（1987）最早提出网络能力的概念以来，许多关于网络能力的研究一直用网络吸收能力、学习能力等作为其固定维度，这种对网络能力维度的固化理解无疑已不能满足我们指导创新活动的需要，我们应当知道不同的网络环境中所需要的企业网络能力维度应当是有所不同的。本书在深入研究全球"制造与服务混沌模块化网络"的六种网络特性的基础上提出了网络能力的四个维度及其子维度，即服务产品模块化能力、柔性服务生产能力、依特定情势的协调能力、组织学习能力。并在相应的实证研究中证实了它对企业成长绩效提升的作用。

　　第三，本书验证了顾客关系嵌入度、设计规则嵌入度在网络能力影响本土生产性服务企业成长绩效中的调节作用。因此，本土生产性服务企业如想提升服务接包的成长绩效，除了构建好本身的网络能力之外，还要提升自身的顾客关系嵌入度和设计规则嵌入度。如本土生产性服务企业在进行市场需求调研和顾客参与生产性服务产品生产和设计过程中，尽可能接触到更广泛的顾客，尽可能激励对生产性服务产品需求和消费有充足知识的顾客参与到生产性服务产品的研发之中，并与之结成战略联盟；与跨国公司建立深入的沟通与交流机制，通过这种沟通与交流机制促进本土生产性服务企业对全球"制造与服务混沌模块化网络"设计规则中第一层规则的理解；与上下游的企业之间建立亲密合作的关系，如可利用相应的契约及通过无限重复的博弈建立双方之间的信任关系，这有利于本土生产性服务企业提升在设计规则中第二层规则的嵌入度。

　　第四，虽然文化/价值观嵌入在网络能力影响本土生产性服务企业成长绩效中起调节作用的假设未得到验证，但仍然具有非常重要的启示意义。本土生产性服务企业嵌入跨国公司网络中那种鼓励创新的文化/价值观并没有相应提升其成长绩效，原因就在于本土市场中模仿—套利文化及行为的存在，虽然跨国公司会积极提倡这种创新的文化或价值观，但广大的本土生产性服务企业并不是创新的获利者。长此以往，我国本土生产性服务企业只能越来越深地陷入成长乏力，只能生存于低成本竞争的全球生产性服务价值链的低端环节。因此，最重要的是政府应加大改进知识产权保护制度和相应的执行机制，以及提倡以主导企业为龙头的集群升级机制。

7.5.2　实证研究的局限

本书研究的局限主要表现在以下三个方面。

第一，为保证样本的代表性和说服力，本书对生产性服务企业进行随机抽样，通过电子邮件发放了首批问卷，但是回收率很低，因此在正式调研中，主要采用了一些便利的抽样技术，如立意抽样等，这虽然降低了获得样本的难度，但同样也降低了样本的随机性。因此，在将来的研究中，需要进一步完善抽样技术，使研究的结论更加可靠和更具有说服力。

第二，在进行实证检验时，部分问题采用了李克特七级量表，而这种测量方法会受到调查对象主观倾向性的影响，今后应进一步完善数据的科学性和准确性；在对问卷的内容效度进行分析时，采用了专家判断和统计分析相结合的方法。所谓专家判断法是由专家主观评判所设定的题项是否符合测量的目的，因此这种方法可能会受到专家自身主观态度的影响。

第三，没有做相互的互动研究。在分析中，将本土生产性服务企业的外部网络视为外生变量，即网络已经存在并相对静止，这忽视了生产性服务企业对外部网络的能动作用。近年来，利用仿真技术和图论技术进行的网络结构演化研究已经揭示了企业对网络结构的形成和变化具有非常重要的作用，网络与企业间的关系是动态的，网络能够影响企业，企业也能够影响网络。本书研究并没有考虑本土生产性服务企业对嵌入的网络所形成的影响，这是因为相应面板数据的获得具有很大的困难，而且很难保证面板数据来源的准确性。因此，本书没有考虑时间因素，没有从动态相互影响的角度考虑本土生产性服务企业在全球"制造与服务混沌模块化网络"中的嵌入对其成长绩效的影响。

第8章 本土生产性服务企业的成长战略

近年来，随着发达国家制造业的全球化国际转移，为发达国家跨国公司制造环节服务的生产服务企业也出现了国际化转移的趋势，加之新兴市场国家的生产性服务企业不断加入跨国公司的发包链条，在国际范围内，那种以制造业有形实体产品及无形生产性服务产品的模块化为基础，以跨越式产权为纽带，以知识能力要素和交易能力要素为边界的"制造与服务模块化网络"已经形成，由于该网络中的设计规则及接口标准这种非线性因素的存在使"制造与服务模块化网络"具有了混沌系统的特征，因此该网络也可称为"制造与服务混沌模块化网络"。我国"十四五"规划明确提出以服务制造业高质量发展为导向，推动生产性服务业向专业化和价值链高端延伸。聚焦提高产业创新力、聚焦提高要素配置效率，推动生产性服务业创新发展。聚焦增强全产业链优势，提高生产性服务业发展水平。推动现代服务业与先进制造业深度融合，深化业务关联、链条延伸、技术渗透，培育具有国际竞争力的生产性服务企业。可见，推进生产性服务业与先进制造业之间的相互融合，是目前我国产业结构优化升级的战略重点。因此能否通过嵌入全球"制造与服务混沌模块化网络"平台来促进本土生产性服务企业成长，是一个非常重要的课题，本书通过理论建构—实证检验的模式为我国本土生产性服务企业的成长提供了一些有益的战略启示。

8.1 本土生产性服务企业自身的成长战略

8.1.1 内部层级解构、价值链调整，为嵌入全球"制造与服务混沌模块化网络"做准备

在本书中，我们分析了全球"制造与服务混沌模块化网络"的出现是信息技术发展和消费者需求多样化发展的必然结果。全球"制造与服务混沌模块化网络"发展有不同的阶段和层次，尽早融入全球"制造与服务混沌模块化网络"是中国生产性服务企业比较明智的选择。

我们知道，社会中的经济交易关系有三种：科层制的层级关系、市场交易关系、网络交易关系。对于一个具体的企业来说，它所采取的具体经济交易关系形式应随着环境的不断变化而进行调整。对于本土生产性服务企业来讲，如果它想嵌入全球"制造与服务混沌模块化网络"，而又不想改变自身内部组织结构，是不可能实现科层制的层级关系、市场交易关系、网络交易关系三者之间的平衡的，也就不可能形成生产性服务企业与全球"制造与服务混沌模块化网络"之间的系统关联，从而造成嵌入失败的情况。因此我们可以这样认为，本土生产性服务企业嵌入全球"制造与服务混沌模块化网络"的过程就是本土生产性服务企业内部的组织结构调整的过程。在这个过程中，本土生产性服务企业最需要做的是应该重新评估企业生产流程，找出优势环节，重新定位基于核心能力的模块化战略。

我国本土生产性服务企业如何实施基于核心能力的模块化战略呢？本书认为主要包括以下几个步骤：

首先，识别生产性服务模块、生产性服务作业流程模块、生产要素模块的边界。根据本书前面所提出的全球"制造与服务混沌模块化网络"中"顾客需求与生产性服务流程的双重模块化标准""依靠知识和信息的模块分解和组合途径"以及"自动响应"与人为响应结合的协调原则可知，在顾客参与的前提下，识别各模块的边界包括：其一，对

本企业所从事的生产性服务本质进行分析，依据生产性服务生产流程背后所需要的专业知识，使生产性服务流程环节与相应的专业知识对应，从而确定最小模块化单位——生产性服务要素模块；其二，依据不同生产性服务要素模块所占有专业知识的相似度，将不同的服务要素模块归并为生产性服务作业流程模块，相应的生产性服务人员和顾客、生产性服务实体设备也会根据需要配置到相应的生产性服务作业流程模块之中，从而构成一个完整的生产性服务作业流程模块；其三，依据不同生产性服务作业流程模块所占有的专业知识相似度，将不同的生产性服务作业流程模块归并为生产性服务模块；其四，在上述三类模块归类的过程中，当模块之间仍存留有多余的联系信息时，例如某模块还受到其他模块的影响或还会影响其他模块的，这时将多余的联系信息引入"自动响应"与"人为响应"规则，最后可确定该模块从哪里开始，到哪里结束。即完成上述三类模块边界的识别与划分。

其次，本土生产性服务企业根据上述三类模块在跨国公司整个生产性服务业务中的战略地位和附加价值的高低以及企业自身的优势，确定哪些模块由企业自身（或部门/团队）承担完成，哪些需要外包给外部的企业（部门/团队）来完成。

最后，本土生产性服务企业要重构其组织结构，通过更改组织结构层级、参与授权、跨部门的团队合作等方式实现本企业组织结构的改变，使之与自身所需承担的相应层级模块相匹配。

8.1.2 走集群升级的道路

实证检验的结果表明中心度对成长绩效的影响未达显著性标准、结构洞与成长绩效之间有非常微弱的关系，这是由全球"制造与服务混沌模块化网络"中跨国公司的主导作用造成的。对于绝大多数嵌入全球生产性服务价值链的中国本土生产性服务企业来讲，它们的实力并非十分强大，由于当前跨国公司对全球生产性服务价值链进行的俘获型和科层型治理结构，它们很难通过制造结构洞或获得中心性来提升自身的成长绩效。但是，第4章中的实证论证了"知识链整合在全球生产性服务价值链位置与创新绩效的关系中的中介作用受到'依特定情势协调'的正向调节"，所以可知通过提升知识链整合能力和"依特定情势的协调"能力可以提升本土生产性服务企业的创新绩效。即建立"政府引导"+"依特定情势协调"龙头企业带动的模式可成为促进我国生产性服务业集群升级的重要途径,所谓"依特定情势协调"龙头企业是指与跨国公司具有较近的组织临近性又深深根植于本地集群的生产性服务企业,与跨国公司较近的临近性使其具有"自动响应"能力,深深根植本地集群使其具有"人为响应"能力。由广大中小生产性服务企业集聚所形成的产业集群是我们融入全球"制造与服务混沌模块化网络"的一个良好基础,可以以"依特定情势协调"龙头企业为带动,在集群内部通过建立模块化分工体系,进一步提高生产性服务业集群的协调与合作能力,将各个生产性服务企业的"弹性专精"整合为一个新的"木桶"。通过以上途径,一方面可以提升"依特定情势协调"龙头企业的依特定情势协调能力,从而提升其嵌入全球生产性服务价值链中的创新绩效;另一方面可将其"知识链整合知识"及"依特定情势协调知识"溢出至整个本地集群,本地集群中的其他企业可依靠群中溢出的这些知识先嵌入国内生产性服务价值链中,待机会成熟时也可进一步嵌入跨国公司的全球生产性服务价值链之中,从而依靠这些知识逐步提升自身的创新绩效。

8.1.3 转变经营理念,加强与上下游服务企业之间的合作,形成新的竞争与合作并存的关系

本书分析了全球"制造与服务混沌模块化网络"中强内聚度和较强耦合度的特性中,本土接包企业与上下游合作伙伴之间既有联系要素——显性知识和隐性知识,又有依赖要素——契约和信任,这使双方之间结成了比较亲密的合作关系。但在接口标准规则的竞争中我们也分析到了二者之间还具有一种竞争的关系,且实证结果表明,过度的竞争方式会导致结构洞,并对成长绩效有弱的负向影响。因此,转变经营理念,形成新的竞合关系至关重要。全球"制造与服务混沌模块化网络"中上下游企业之间的关系是竞争与合作关系,但是竞争不应看作单纯的竞争,而应看作合作的深化与扩展。可以通过以下策略来形成新的竞争与合作关系:一是通过无形契约提高合作程度。与上下游企业之间加大互相专用性资产的投资,可以是相互培训人员和设施,建立相互衔接的

信息管理专用系统，为识别合作伙伴企业在消费者心目中的形象而进行投资等。二是通过经常性的互动交流建立新型的合作关系。本土生产性服务企业与上下游企业之间的沟通越充分，在合作中越能相互信任，合作关系越为牢固。经常性的交流与沟通可以使本土生产性服务企业与上下游企业之间相互了解、彼此熟悉，以感情上的融合来促进双方的合作。三是建立信任的程序例外关系。本土生产性服务企业对于上下游企业的办事例外程序隐含着信任关系。对上下游企业而言，过于程序化不利于信任的建立，因为它剥夺了这些企业的自主性，因而会增加它们的不满。通常较弱一方把较强一方的办事例外程序视为对它们是否真诚、平等的标志。因此，建立程序例外关系对于提升本土生产性服务企业与上下游合作业伙伴之间的信任与合作也有重要的影响。

8.1.4　构建和提升本土生产性服务企业自身的特有网络能力维度

应当说不同的网络环境中需要的企业网络能力维度应当是有所不同的。本书在深入研究全球"制造与服务混沌模块化网络"的六种网络特性的基础上提出了网络能力的四个维度，即服务产品模块化能力、柔性服务生产能力、依特定情势的协调能力和组织学习能力。并提出了四个维度分别包含的子维度，其中，生产性服务产品模块化能力包含顾客需求分析能力、设计能力、整合能力三个子维度；柔性服务生产能力包含外部组合能力、内部变化能力和潜在柔性能力三个子维度；依特定情势协调能力包含设计规则适应与调整能力、合作伙伴关系协调能力两个子维度；组织学习能力包含获取能力、共享能力、组织记忆与半显性规则形成能力三个子维度。并在相应的实证研究中证实了网络能力对本土生产性服务企业成长绩效的提升作用。因此，本土接包企业应当摒弃构建传统研究所提出的网络能力维度，从而有针对性地构建在全球"制造与服务混沌模块化网络"中对提升成长绩效有作用的专门网络能力维度，即服务产品模块化能力、柔性服务生产能力、依特定情势的协调能力、组织学习能力及其子维度。

8.1.5 深入理解全球"制造与服务混沌模块化网络"中的设计规则及顾客需求

在实证中证实了本土生产性服务企业对全球"制造与服务混沌模块化网络"中设计规则的理解有助于增强网络能力影响成长绩效的程度。这是由于在全球"制造与服务混沌模块化网络"中,跨国公司制定设计规则,挑选与淘汰各个生产性服务模块供应商,各生产性服务模块供应商在设计规则的制约下进行活动,因此本土生产性服务企业对设计规则的理解必然会影响到其网络能力的发挥。实证中也证实了顾客需求介入的深度和广泛度也是影响网络能力作用于成长绩效的变量。深入理解全球"制造与服务混沌模块化网络"中设计规则的具体措施可以是建立优秀企业家培养与选拔机制,设计规则理解能力是影响网络能力中风险较大、动态性比较高的变量,只有培育果断决策和独具慧眼的优秀企业家,才能在理解设计规则的基础上识别到本土生产性服务企业发挥资源的最佳点和最佳时机。在合作伙伴关系管理上,建立设计规则联盟或学习团队,以及企业之间设计规则互动交流机制等,注重对外合作交流人员有关网络设计规则技能的培训。在内部管理上,将设计规则理解能力纳入员工招聘和选拔的程序,将合作伙伴关系处理能力的评价纳入员工绩效考核体系。深入理解全球"制造与服务混沌模块化网络"中顾客需求的具体措施是建立相应的激励制度,激励对生产性服务产品需求和消费有充足知识的顾客参与到生产性服务新产品的开发之中,并使之成为企业忠诚顾客并与之结成战略联盟。

8.2 政府配套的成长战略

8.2.1 政府出台政策加大生产性服务外包知识产权的保护力度

本书的实证证明了文化/价值观嵌入程度的增加反而降低了网络

能力对本土接包企业成长绩效的影响。这是由于本土生产性服务企业之间存在着一种模仿—套利行为，跟随企业会一哄而上进行套利，并相互杀价，最终的博弈均衡结果将是跨国公司降低生产性服务模块的采购价且提升采购质量，而广大的本土生产性服务企业却并没有从生产性服务技术创新中获利。因此，对于政府而言，最重要的工作是加强生产性服务外包中的知识产权保护，其实我们国家早已在2013年就有相关的文件出台，如《国务院办公厅关于进一步促进服务外包产业发展的复函》中就提出"加强服务外包信息案例法律体系建设，推动示范城市所在省（区、市）尽快出台服务外包知识产权和信息安全保护等方面的地方性法规。开展服务外包信息安全认证评估，引导和支持企业建立内控机制"。但是目前，相对于发达国家来讲，我国生产性服务外包知识产权的相关政策还需进一步完善，针对生产性服务外包产业的特殊需求尚缺乏具体细化的实施规章和规程，特别是在生产性服务外包中知识产权的归属、商业秘密保护方面还存在着很多的盲区，在对打击生产性服务外包行业知识产权侵权方面，也需要进一步加大力度。

289

8.2.2 政府引导建立以"舵手潜质"企业为龙头的簇群升级机制

政府应扶持有"舵手潜质"的生产性服务企业做强做大，带动本土服务业的发展，提升中国生产性服务业在国际分工体系中的地位。政府可以扶持有条件和有一定实力的大型生产性服务企业，使其在承接跨国公司的生产性服务发包业务之后，可将发包业务再进一步分割为更小的生产性服务模块，并外包给国内中小生产性服务接包企业，通过这样的关系可形成以大企业为龙头的本土生产性服务接包簇群。龙头大企业位于"金字塔"的顶端，起着重要的主导性作用，而众多中小企业是为其提供专业的生产性服务模块生产与配套服务，簇群内生产性服务企业之间的关系主要是上下游的分工合作关系。此种情况下主导大企业可以起到规范和控制生产性服务接包簇群中的竞争秩序的作用，这在一定程度上可以缓解模仿—套利行为的不良影响。对于龙头大企业来讲，它具有获得跨国公司生产性服务外包的能力和渠道，众多的中小企业受其调配和间接管理,簇群内形成一种竞争有序或合作大于竞争的状态,这种有序竞争的状态会有效遏制模仿—套利行为,簇群内的中小企业也会随着龙头大企业的成长而不断成长。而对于龙头大企业而言,它可以借助整个簇群的优势推进其在全球生产性服务价值链中位置的攀升,另外还可以通过全球"制造与服务混沌模块化网络"中的知识将国内市场和国外市场这两种互补性的战略结合起来,一方面积极利用全球"制造与服务混沌模块化网络"所具有的知识和技术溢出效应在引进相应的生产性服务知识和技术后进行二次创新,另一方面利用从全球"制造与服务混沌模块化网络"获得的技术能力强化整个生产性服务外包簇群中广大中小生产性服务企业的自主创新能力,这样就有可能逐渐摆脱我国广大中小生产性服务企业在全球生产性服务价值链上的弱势地位,实现企业成长和产业升级。

8.2.3 加强生产性服务企业第三方公信平台的建设

公信平台可由政府建立,其主要作用是建立一种本土生产性服务企业的信用预警机制,该机制运行的基础是所建立的本土生产性服务企业信用评价体系,将本土生产性服务企业及其合作伙伴信用信息统一采集到该体系中,形成统一的信用评价,以帮助本土生产性服务企业对上下游合作企业进行信任程度的辨别。从前面的"制造与服务混沌模块化网络"的设计规则可知,与上下游模块供应商密切合作是提供超越顾客价值体验产品的前提,其关键在于使 $\begin{cases} a+d>b+c \text{ 且 } a \gg b、c、d \\ c>b>d \end{cases}$,公信平台通过对生产性服务企业及其合作伙伴进行信用评价,树立一批合作诚信、信用记录良好的标杆生产性服务企业,最终培养本土生产性服务企业及其合作伙伴群体内共享的合作文化和制度性承诺(使 $a+d>b+c$,且 $a \gg b、c、d$),对失信企业的信息及时通过网站、微信平台向所有本土生产性服务企业及其合作伙伴披露,增大背叛者的违约风险来对其行为进行约束(使 $c>b>d$),从而使上下游生产性服务企业及其合作伙伴增强双方合作的稳定性,密切合作,生产出有竞争力的产品,促进我国本土生产性服务企业快速成长。

8.3 社会组织配套的成长战略

8.3.1 形成本土生产性服务企业与相关社会组织的战略联盟

　　本书的研究证实了节点嵌入度的提升有利有企业网络能力对成长绩效的正向影响作用。因此鼓励企业产学研结合，或形成战略联盟，是提高本土生产性服务企业成长绩效的一种方式。可以采取以下产学研或战略联盟模式：一是政府主导产学研研究园模式。一方面，大学与政府密切合作，依托政府的引导和支持参与生产性服务技术的研究与开发，并服务于本土生产性服务业；另一方面，大学和生产性服务企业之间也可以展开积极的合作，合作形式也可以灵活多样，如生产性服务企业可直接将大学所研究的现有成果直接进行产业化应用，或由双方共同确定研究课题，展开共同研究。政府可有针对性地给予大学资金支持，如设立专门资助产学研联合项目的基金、经费支持等。产学研研究园内的管理和经营政策由托管委员会制定，这样园内生产性服务企业可与大学有更密切的联系。二是以大学为主的模式。国内具有相关专业的有实力的大学可以利用自己掌握的生产性服务研发知识，同时借助各类融资平台或投资公司创办高科技生产性服务企业，用这种手段来加速科技成果向生产力方面的迅速转化。或者与校外的相关企业结成企校战略联盟，共同创办校外生产性服务产业研究中心，从事生产性服务知识的继续教育、研发、孵化、转化等工作。三是以市场中介为主的模式。这种模式由市场中的一些生产性服务科研成果中介转让组织所主导，它们是架设在高校和生产性服务企业之间的一座桥梁。因为它在很多大学成立"市场咨询公司""成果转化办事处"等机构，所以它可以将大学中有关生产性服务设计和开发的一些成果介绍给感兴趣的相关企业，并同时向学校和生产性服务企业展开咨询、销售中介的服务，通过市场中介的行为，高校的生产性服务科研成果可以更有效地推向市场，提高了成果的成功转化率。随着互联网的普及，也可以通过建立专用生产性服务研发数据库来更有效地实现中介职能，如收集与生产性服务研发相关的科技人员的简历、成果、正在研究的课题以及潜在的应用范围等大量信息，以期协调产学研合作关系。这种中介组织推动的产学研合作模式，也是一种较为简便易行的合作模式。

8.3.2 充分发挥生产性服务外包行业协会的协调作用

从前面研究的全球"制造与服务混沌模块化网络"的界面标准可知，网络中的本土生产性服务企业与上下游合作企业之间具有特有的竞合关系，不正当的竞争关系会使双方的合作出现裂缝或"结构洞"，从而降低成长绩效。此问题可通过加强行业协会的协调作用来解决：①由行业协会监督"制造与服务混沌模块化网络"上下游的合作企业之间签订有关加大互相之间专用性资产投资，相互培训人员，建立相互衔接的信息管理专用系统等各类协议，并敦促实施，通过这些措施，改变 r 的值，使其为正，或在 r 为负的情况下，尽量使其绝对值变小。②首先，由行业协会督促生产性服务企业建立专门的沟通机构负责与上下游合作企业进行正式沟通；其次，由行业协会建立生产性服务企业与合作伙伴之间的多种沟通渠道，如虚拟网络社区、电子邮件、微信等；最后，行业协会定期举办大型联谊活动，为生产性服务企业与合作伙伴员工的非正式沟通提供平台。通过这些手段，改变 d 的值，使 $d < b$，从而通过正式的与非正式的互动交流弱化竞争对于合作的不良影响。

参 考 文 献

［1］曹鹏、陈迪、李健：《网络能力视角下企业创新网络机理与绩效研究——基于长三角制造业企业实证分析》，载于《科学学研究》2009 年第 11 期。

［2］曹勇、孙合林、蒋振宇、熊素莹：《异质性知识对企业创新绩效的影响：理论述评与展望》，载于《科技管理研究》2016 年第 2 期。

［3］常红锦、杨有振：《创新网络惯例、网络位置与知识共享》，载于《研究与发展管理》2016 年第 3 期。

［4］常路：《动态视角下的企业网络能力与成长绩效关系研究——基于组织学习的中介机制》，载于《现代财经》2014 年第 1 期。

［5］陈建军、陈菁菁：《生产性服务业与制造业的协同定位研究——以浙江省 69 个城市和地区为例》，载于《中国工业经济》2011 年第 6 期。

［6］陈宪、黄建锋：《分工、互动与融合：服务业与制造业关系演进的实证研究》，载于《中国软科学》2004 年第 10 期。

［7］程文：《基于模块化分工的产业组织演化及其对中国产业发展的影响研究》，华中科技大学博士学位论文 2011 年版。

［8］崔杰、吴婷婷、胡海青：《认知柔性对裂变创业拼凑的影响——母体网络关系嵌入的倒 U 型调节作用》，载于《科技进步与对策》2020 年第 17 期。

［9］党兴华、张首魁：《模块化技术创新网络结点间耦合关系研究》，载于《中国工业经济》2005 年第 12 期。

［10］董津津、陈关聚：《创新网络嵌入性，社区意识对企业创新绩效的影响》，载于《科技进步与对策》2020 年第 5 期。

［11］窦红宾、王正斌：《网络结构对企业成长绩效的影响研究——利用性学习、探索性学习的中介作用》，载于《南开管理评论》2011 年

第 3 期。

[12] 窦红宾、王正斌：《网络结构、吸收能力与企业创新绩效——基于西安通讯装备制造产业集群的实证研究》，载于《中国科技论坛》2010 年第 5 期。

[13] 范爱军、杨丽：《模块化对分工演进的影响——基于贝克尔－墨菲模型的解释》，载于《中国工业经济》2006 年第 12 期。

[14] 范群林、邵云飞、唐小我：《创新网络结构嵌入性与群内企业创新能力关系研究——以四川德阳装备制造业集群为例》，载于《研究与发展管理》2011 年第 6 期。

[15] 范群林、邵云飞、唐小我：《结构嵌入性对集群企业创新绩效影响的实证研究》，载于《科学学研究》2010 年第 12 期。

[16] 范志刚、刘洋、赵江琦：《知识密集型服务业服务模块化界定与测度》，载于《科学学与科学技术管理》2014 年第 1 期。

[17] 方刚：《基于资源观的企业网络能力与创新绩效关系研究》，浙江大学博士学位论文 2008 年版。

[18] 菲利普·科特勒：《营销管理》（十四版全球版），王永贵译，中国人民大学出版社 2016 年版。

[19] 冯泰文：《生产性服务业的发展对制造业效率的影响——以交易成本和制造成本为中介变量》，载于《数量经济技术经济研究》2009 年第 3 期。

[20] 弗里曼、卢桑：《光阴似箭——从工业革命到信息革命》，沈宏亮译，中国人民大学出版社 2007 年版。

[21] 高洋、宋宇、高翔：《生产性服务业技术关联下的制造业发展新动能》，载于《财经科学》2020 年第 5 期。

[22] 格鲁伯、沃克：《服务业的增长：原因与影响》，陈彪如译，上海三联书店 1993 年版。

[23] 苟昂、廖飞：《基于组织模块化的价值网研究》，载于《中国工业经济》2005 年第 2 期。

[24] 谷盟、张晓洁、王栋晗：《创业团队行业经验异质性、治理模式与创业企业成长绩效关系研究》，载于《科技进步与对策》2021 年第 6 期。

[25] 顾乃华：《我国服务业对工业发展外溢效应的理论和实证分

析》，载于《统计研究》2005 年第 12 期。

［26］郭劲光、高静美：《网络、资源与竞争优势：一个企业社会学视角下的观点》，载于《中国工业经济》2003 年第 3 期。

［27］郭文钰、杨建君：《对外搜寻战略与企业新产品绩效的关系研究——企业家导向和竞争的联合调节作用》，载于《科研管理》2020 年第 2 期。

［28］胡保亮、方刚：《网络位置、知识搜索与创新绩效的关系研究——基于全球制造网络与本地集群网络集成的观点》，载于《科研管理》2013 年第 11 期。

［29］胡晓鹏：《从分工到模块化：经济系统演进的思考》，载于《中国工业经济》2004 年第 9 期。

［30］胡晓鹏、李庆科：《生产性服务业与制造业共生关系研究——对苏、浙、沪投入产出表的动态比较》，载于《数量经济技术经济研究》2009 年第 2 期。

［31］胡延坤：《隐性知识对新创企业创新绩效的贡献研究》，载于《商业经济研究》2016 年第 4 期。

［32］简兆权、刘荣、马琦：《产业网络中关系镶嵌、结构镶嵌与创新绩效的关系——基于华南地区的实证研究》，载于《科技进步与对策》2010 年第 9 期。

［33］蒋丽芹、李思卉：《网络结构嵌入、双元学习对企业突破性创新的影响》，载于《商业经济研究》2020 年第 13 期。

［34］孔德洋、徐希燕：《生产性服务业与制造业互动关系研究》，载于《经济管理》2008 年第 12 期。

［35］孔晓丹、张丹：《创新网络知识流动对企业创新绩效的影响研究——基于网络嵌入性视角》，载于《预测》2019 年第 2 期。

［36］雷妮：《企业内组织信任关系对组织学习过程影响实证研究》，载于《湖南社会科学》2016 年第 4 期。

［37］雷如桥、陈继祥、刘芹：《基于模块化的组织模式及其效率比较研究》，载于《中国工业经济》2004 年第 10 期。

［38］李飞星、胡振华：《农业企业网络能力影响因素及其机理研究》，载于《科研管理》2018 年第 12 期。

［39］李钢、李西林：《服务外包产业：中国经济升级版的新动

力》，载于《中国流通经济》2013 年第 10 期。

[40] 李国强、孙遇春、胡文安、任浩：《企业网络能力对双元创新的影响机制——企业间网络位置跃迁视角》，载于《科技进步与对策》2019 年第 13 期。

[41] 李海舰、聂辉华：《论企业与市场的相互融合》，载于《中国工业经济》2004 年第 8 期。

[42] 李金波：《信任与企业成长》，载于《商场现代化》2008 年第 29 期。

[43] 李凯、李世杰：《装备制造业集群耦合结构：一个产业集群研究的新视角》，载于《中国工业经济》2005 年第 2 期。

[44] 李伟、聂鸣、李顺才：《组织文化、外部知识管理能力与网络嵌入性收益》，载于《管理科学》2010 年第 3 期。

[45] 李贞：《企业知识网络能力对技术创新绩效的影响研究》，经济科学出版社 2013 年版。

[46] 刘朝阳：《生产性服务业提升制造业效率的路径研究——基于成本路径的中介效应检验》，载于《社会科学战线》2017 年第 9 期。

[47] 刘浩、原毅军：《中国生产性服务业与制造业的共生行为模式检验》，载于《财贸研究》，2010 年第 3 期。

[48] 刘军：《整体网分析讲义》，上海人民出版社 2009 年版。

[49] 刘兰剑、司春林：《嵌入性 - 跨组织学习 - 技术创新之关系研究》，载于《技术与创新管理》2010 年第 1 期。

[50] 刘茂松、曹虹剑：《信息经济时代产业组织模块化与垄断结构》，载于《中国工业经济》2005 年第 8 期。

[51] 刘明宇、芮明杰、姚凯：《生产性服务价值链嵌入与制造业升级的协同演进关系研究》，载于《中国工业经济》2010 年第 8 期。

[52] 刘鹏，刘宇翔：《基于产业价值链的生产性服务业与制造业的融合》，载于《图书情报导刊》2008 年第 17 期。

[53] 刘书瀚、张瑞、刘立霞：《中国生产性服务业和制造业的产业关联分析》，载于《南开经济研究》2010 年第 6 期。

[54] 刘叶、刘伯凡：《生产性服务业与制造业协同集聚对制造业效率的影响——基于中国城市群面板数据的实证研究》，载于《经济管理》2016 年第 6 期。

［55］刘奕、夏杰长、李垚：《生产性服务业集聚与制造业升级》，载于《中国工业经济》2017 年第 7 期。

［56］路红艳：《生产性服务与制造业结构升级——基于产业互动、融合的视角》，载于《财贸经济》2009 年第 9 期。

［57］吕君杰：《工业服务业企业服务创新绩效与 Sp－C 互动关系研究》，华南理工大学博士学位论文，2012 年。

［58］吕政、刘勇、王钦：《中国生产性服务业发展的战略选择——基于产业互动的研究视角》，载于《中国工业经济》2006 年第 8 期。

［59］罗珉、冯俭副：《组织新论：网络经济条件下的组织管理新范式》，西南财经大学出版社 2005 年版。

［60］罗珉、刘永俊：《企业动态能力的理论架构与构成要素》，载于《中国工业经济》2009 年第 1 期。

［61］骆品亮、殷华祥：《模块化创新的知识链模型及其集成管理架构》，载于《研究与发展管理》2007 年第 3 期。

［62］孟炎、田也壮：《基于网络的组织学习过程模型研究》，载于《哈尔滨工业大学学报》（社会科学版）2014 年第 3 期。

［63］闵宏：《企业模块化理论的演进——一个文献综述》，载于《技术经济与管理研究》2017 年第 8 期。

［64］［美］尼尔·瑞克曼：《合作竞争大未来》，苏怡仲译，经济管理出版社 1998 年版。

［65］倪渊：《核心企业网络能力与集群协同创新：一个具有中介的双调节效应模型》，载于《管理评论》2019 年第 12 期。

［66］庞博慧：《中国生产服务业与制造业共生演化模型实证研究》，载于《中国管理科学》2012 年第 2 期。

［67］齐羽：《组织模块化影响组织动态能力机制研究》，浙江大学博士学位论文，2013 年。

［68］綦良群、周凌玥、王成东：《三方协同视角下的装备制造企业服务创新行为决策机理》，载于《计算机集成制造系统》2020 年第 5 期。

［69］钱锡红、徐万里、杨永福：《企业网络位置、间接联系与创新绩效》，载于《中国工业经济》2010 年第 2 期。

［70］钱锡红、杨永福、徐万里：《企业网络位置、吸收能力与创

新绩效——一个交互效应模型》，载于《管理世界》2010年第5期。

[71] 切斯特 I. 巴纳德：《经理人员的职能》，王永贵译，机械工业出版社2013年版。

[72] 青木昌彦：《比较制度分析》，周黎安译，上海远东出版社2001年版。

[73] 青木昌彦、安藤晴彦：《模块时代：新产业结构的本质》，周国荣译，上海远东出版社2003年版。

[74] 任皓、邓三鸿：《知识管理的重要步骤：知识整合》，载于《情报科学》2002年第6期。

[75] 任胜钢、孟宇、王龙伟：《企业网络能力的结构测度与实证研究》，载于《管理学报》2011年第4期。

[76] 任胜钢、赵天宇：《创业导向、网络跨度与网络聚合对新创企业成长绩效的影响机制研究》，载于《管理工程学报》2018年第4期。

[77] 芮明杰、刘明宇：《模块化网络状产业链的知识分工与创新》，载于《当代财经》2006年第4期。

[78] 芮正云、罗瑾琏：《企业创新搜寻策略的作用机理及其平衡——一个中国情境下的分析框架与经验证据》，载于《科学学研究》2016年第5期。

[79] 少振权、周飞、何美贤：《企业间关系嵌入对供应链合作绩效的影响机制》，载于《经济管理》2013年第2期。

[80] 沈必扬、邓瑞、吴添祖：《企业创新网络和企业核心竞争力》，载于《商业研究》2005年第6期。

[81] 沈波、卢宜芳、吴甜：《组织学习对知识创新的影响：以组织忘记为中介》，载于《管理评论》2020年第12期。

[82] 盛丰：《生产性服务业集聚与制造业升级：机制与经验——来自230个城市数据的空间计量分析》，载于《产业经济研究》2014年第2期。

[83] 孙明玉：《企业柔性能力与战略纯度的调节性匹配关系实证研究》，哈尔滨工业大学硕士学位论文，2018年。

[84] 孙晓峰：《模块生产网络研究》，载于《中国工业经济》2005年第9期。

［85］孙晓华、翟钰、秦川：《生产性服务业带动了制造业发展吗？——基于动态两部门模型的再检验》，载于《产业经济研究》2014年第1期。

［86］唐强荣、徐学军、何自力：《生产性服务业与制造业共生发展模型及实证研究》，载于《南开管理评论》2009年第12期。

［87］唐兴通、焦典、赵萌：《组合式创新 - 增长的机会与突破路径》，电子工业出版社2020年版。

［88］童洁、张旭梅、但斌：《制造业与生产性服务业融合发展的模式与策略研究》，载于《软科学》2010年第2期。

［89］童时中：《模块化原理设计方法及应用》，中国标准出版社2000年版。

［90］王炳成、冯月阳、张士强：《幸福感与商业模式创新：组织信任的跨层次作用》，载于《科研管理》2021年第7期。

［91］王佳、陈浩：《城市规模、生产性服务业发展与制造业集聚——基于中国地级市面板数据的实证研究》，载于《中央财经大学学报》2016年第11期。

299

［92］王建安、张钢：《组织模块化及其测量：一个基于松散耦合系统的分析框架》，载于《西安电子科技大学学报》（社会科学版）2008年第6期。

［93］王雷、姚洪心：《全球价值链嵌入对集群企业创新类型的影响——知识搜寻的中介效应》，载于《科学学与科学技术管理》2014年第1期。

［94］王丽华：《服务管理》，中国旅游出版社2007年版.

［95］王燕梅：《中国机床工业的高速增长：技术进步及其贡献分析》，载于《中国工业经济》2006年第10期。

［96］王元地、杜红平、陈劲、金珺：《企业技术创新搜寻研究综述》，载于《科技进步与对策》2015年第11期。

［97］韦影、王昀：《企业社会资本与知识转移的多层次研究综述》，载于《科研管理》2015年第7期。

［98］魏江、申军：《传统产业集群创新系统的结构和运行模式——以温州低压电器业集群为例》，载于《科学学与科学技术管理》2003年第1期。

[99] 魏龙、杨晖:《服务外包对中国制造业出口复杂度影响的研究》,载于《北京邮电大学学报》(社会科学版) 2019 年第 6 期。

[100] 温忠麟、叶宝娟:《有调节的中介模型检验方法:竞争还是替补?》,载于《心理学报》2014 年第 5 期。

[101] 文金艳、曾德明、赵胜超:《标准联盟网络资源禀赋、结构嵌入性与企业新产品开发绩效》,载于《研究与发展管理》2020 年第 1 期。

[102] 吴建祖、曾宪聚:《管理决策中的认知搜寻和经验搜寻》,载于《管理学家》(学术版) 2010 年第 11 期。

[103] 吴昀桥、毕振丽、陈英:《模块化网络:二元组织的实践之路》,载于《清华管理评论》2019 年第 5 期。

[104] 武志伟、茅宁、陈莹:《企业间合作绩效影响机制的实证研究——基于 148 家国内企业的分析》,载于《管理世界》2005 年第 9 期。

[105] 夏辉,薛求知:《论模块化在国际快递业服务流程中应用的可行性及具体路径——模块化应用领域新探索》,载于《经济问题探索》2011 年第 12 期。

[106] 夏辉、薛求知:《服务型跨国公司全球模块化与服务业国际转移及其对中国的启示》,载于《财贸经济》2011 年第 3 期。

[107] 项国鹏、吴泳琪、周洪仕:《核心企业网络能力、创新网络与科创型特色小镇发展——以杭州云栖小镇为例》,载于《科技进步与对策》2021 年第 3 期。

[108] 辛琳:《关系嵌入、企业经营绩效与关系管理》,载于《中国管理科学》2013 年第 s2 期。

[109] 邢小强、仝允桓:《网络能力:概念、结构与影响因素分析》,载于《科学学研究》2006 年第 24 期。

[110] 徐宏玲:《模块化组织研究》,西南财经大学出版社 2006 年版。

[111] 徐金发、许强、王勇:《企业的网络能力剖析》,载于《外国经济与管理》2001 年第 11 期。

[112] 杨保军:《网络嵌入、双元能力与老字号企业成长绩效研究》,载于《北方民族大学学报》2020 年第 4 期。

［113］杨仁发、刘纯彬：《生产性服务业与制造业融合背景的产业升级》，载于《改革》2011年第1期。

［114］姚艳虹、龚榆：《双层网络嵌入下结构洞对企业二元创新的影响研究》，载于《科技进步与对策》2021年第4期。

［115］姚云浩、高启杰：《制度嵌入性与旅游企业创新绩效间关系的实证研究——考虑知识流入的中介作用》，载于《技术经济》2014年第6期。

［116］叶宝娟、温忠麟：《有中介的调节模型检验方法：甄别和整合》，载于《心理学报》2013年第9期。

［117］易朝辉：《网络嵌入、创业导向与新创企业绩效关系研究》，载于《科研管理》2012年第11期。

［118］于海波、方俐洛、凌文辁：《组织学习整合理论模型》，载于《心理科学进展》2004年第2期。

［119］余东华、芮明杰：《模块化网络组织中的知识流动与技术创新》，载于《上海管理科学》2007年第1期。

［120］俞园园、梅强：《组织合法性中介作用下的产业集群关系嵌入对新创企业绩效的影响》，载于《管理学报》2016年第5期。

［121］原毅军、郭然：《生产性服务业集聚、制造业集聚与技术创新——基于省级面板数据的实证研究》，载于《经济学家》2018年第5期。

［122］昝廷全：《系统经济：新经济的本质——兼论模块化理论》，载于《中国工业经济》2003年第9期。

［123］张钢、于小涵：《组织网络化发展中的学习机制与创新效率》，载于《科研管理》2005年第6期。

［124］张虎、韩爱华、杨青龙：《中国制造业与生产性服务业协同集聚的空间效应分析》，载于《数量经济技术经济研究》2017年第2期。

［125］张杰：《制度约束与地方产业集群发展——我国地方产业集群全球价值链嵌入与升级的互动研究》，载于《浙江学刊》2009年第1期。

［126］张其仔：《社会资本论》，社会科学文献出版社2002年版。

［127］张世贤：《工业投资效率与产业结构变动的实证研究——兼

与郭克莎博士商榷》,载于《管理世界》2000 年第 5 期。

[128] 张伟、陈凤者:《基于合作竞争的模块化组织技术创新机制博弈分析》,载于《兰州学刊》2007 年第 2 期。

[129] 张亚军、干春晖、郑若谷:《生产性服务业与制造业的内生与关联效应——基于投入产出结构分解技术的实证研究》,载于《产业经济研究》2014 年第 6 期。

[130] 张琰:《生产性服务业创新问题研究》,复旦大学出版社 2012 年版。

[131] 张琰、芮明杰、刘明宇:《生产性服务外部化的内生动因、制约因素与发展对策——基于分工与交易费用视角的研究》,载于《经济与管理研究》2012 年第 3 期。

[132] 张远为、严飞:《社会资本与小微企业融资能力研究》,载于《湖北经济学院学报》2018 年第 2 期。

[133] 张月月:《网络嵌入、知识获取与代工企业成长绩效的关系研究》,浙江工商大学硕士学位论文 2014 年版。

[134] 赵卫东:《模块化组织流程研究》,载于《工业工程与管理》2005 年第 10 期。

[135] 赵曦、司林杰:《城市群内部"积极竞争"与"消极合作"行为分析——基于晋升博弈模型的实证研究》,载于《经济评论》2013 年第 5 期。

[136] 周密、赵文红、姚小涛:《社会关系视角下的知识转移理论研究评述及展望》,载于《科研管理》2007 年第 3 期。

[137] 周朋程:《知识依赖、关系嵌入对中小企业创新绩效的影响研究》,载于《商业经济研究》2019 年第 20 期。

[138] 周鹏:《DIY:企业组织分析的另一个视角》,载于《中国工业经济》2004 年第 2 期。

[139] 朱瑞博:《模块生产网络价值创新的整合架构研究》,载于《中国工业经济》2006 年第 1 期。

[140] 宗文:《全球价值网络与中国企业成长》,载于《中国工业经济》2011 年第 12 期。

[141] Aaker D A, Mascarenhas B. The Need for Strategic Flexibility. *Journal of Business Strategy*, Vol. 5, No. 2, 1984, pp. 74–82.

[142] Adler P S, Kwon S. Social Capital: Prospects for a New Concept. *Academy of Management Review*, Vol. 27, No. 1, 2002, pp. 17 – 40.

[143] Adler P S. Market, Hierarchy and Trust: the Knowledge Economy and the Future of Capitalism. *Organization Science*, Vol. 12, No. 2, 2001, pp. 215 – 234.

[144] Ahmad S, Schroeder R G, Mallick D N. The relationship among modularity, functional coordination, and mass customization. *European Journal of Innovation Management*, Vol. 13, No. 1, 2010, pp. 46 – 61.

[145] Amit R, Schoemaker P J H. Strategic Assets and Organizational Rent. *Strategic Management Journal*, Vol. 14, No. 1, 1993, pp. 33 – 46.

[146] Andersen I G, Jæger M M. Cultural capital in context: Heterogeneous returns to cultural capital across schooling environments. *Social science research*, Vol. 50, 2015, pp. 177 – 188.

[147] Anderson N, Potočnik K, Zhou J. Innovation and creativity in organizations: A state-of-the-science review, prospective commentary, and guiding framework. *Journal of management*, Vol. 40, No. 5, 2014, pp. 1297 – 1333.

[148] Andersson M. Co-location of Manufacturing and Producer Services: A simultaneous equations approach. JIBS Electronic Working paper Series, No. 167668674, 2004.

[149] Andersson U, Forsgren M, Holm U. The Strategic Impact of External Networks: Subsidiary Performance and Competence Development in the Multinational Corporation. *Strategic Management Journal*, Vol. 23, No. 11, 2002, pp. 979 – 996.

[150] Ansoff H I. *Corporate Strategy: An Analytic Approach to Business Policy for Growth and Expansion*. New York: McGraw – Hill Companies, 1965, pp. 86 – 97.

[151] Ansoff H L. *Corporate Strategy*. New York: Mecoraw – Hill, 1965, pp. 37 – 158.

[152] Aoki M, Takizawa H. Modularity: Its Relevance to Industrial Architecture. In The Saint – Gobain Centre for Economic Research 5th Conference, November, 2002.

303

［153］ Araujo L, Spring M. Services, Products, and the Institutional Structure of Production. *Industrial Marketing Management*, Vol. 35, No. 7, 2006, pp. 797 – 805.

［154］ Avella M E M, Herrera E W. Knowledge creation in management: the influence of the relational and structural characteristics of social networks. *Cuadernos de Administración*, Vol. 26, No. 46, 2013, pp. 37 – 59.

［155］ Baets W. *Organizational Learning and Knowledge Technologies in a Dynamic Environment*. Berlin: Springer, 1998, pp. 23 – 120.

［156］ Baki B, Basfirinci C S, Ilker Murat A R. An Application of Integrating SERVQUAL and Kano's Model into QFD for Logistics Services: A Case Study from Turkey. *Asia Pacific Journal of Marketing & Logistics*, Vol. 21, No. 1, 2009, pp. 106 – 126.

［157］ Baldwin, C Y, Clark K B. *Modularity – In Design: An Analysis Based on the Theory of Real Options*. Harvard Business School, 1994, pp. 1 – 44.

［158］ Baldwin C Y, Clark K B. *Design Rules: the Power of Modularity*. Cambridge: MIT Press, 2000, pp. 30 – 75.

［159］ Baldwin C Y, Clark K B. *Institutional Forms*. Boston:: Harvard Business School press, 2002, pp. 10 – 52.

［160］ Barney J B. *Gaining and Sustaining Competitive Advantage*. MA: Addision – Wesley Publishing ComPany, 1997, pp. 128 – 149.

［161］ Bask A, Lipponen M, Rajahonka M, Tinnila M. Framework for Modularity and Customization: Service Perspective. *Journal of Business & Industrial Marketing*, Vol. 26, No. 26, 2013, pp. 306 – 319.

［162］ Baum, Joel, A C, Ingram, Paul. Interorganizational Learning and Network Organization: Toward a Behavioral Theory of the Interfirm. Working Papers, No. 1356, 2000.

［163］ Becattini G. The Development of Light Industry in Tuscany: An Interpretation. *Economic Notes*, Vol. 2, No. 3, 1978, pp. 107 – 123.

［164］ Bertolotti F, Macrì D M, Vignoli M. Strategic alignment matrix: Supporting management coordination in complex organizations. *Journal of Accounting & Organizational Change*, Vol. 15, No. 4, 2019, pp. 557 – 579.

304

[165] Beyers W B, Lindahl D P. Explaining the Demand for Producer Services: Is Cost-driven Externalization the Major Factor? *Papers in Regional Science*, Vol. 75, No. 3, pp. 351 – 374.

[166] Bhagwati J N. Splintering and Disembodiment of Services and Developing Nations. *World Economy*, Vol. 7, No. 2, 2010, pp. 133 – 144.

[167] Boer M D, Bosch F V D, Volberda H. Managing Organizational Knowledge Integration in the Emerging Multimedia Complex. *Journal of Management Studies*, Vol. 36, No. 3, 1999, pp. 379 – 398.

[168] Bolman L G, Deal T E. *Reframing organizations: Artistry, choice, and leadership.* New Jersey: John Wiley & Sons, 2017, pp. 150 – 187.

[169] Bonner J M, Walker Jr O C. Selecting Influential Business-to-business Customers in New Product Development: Relational Embeddedness and Knowledge Heterogeneity Considerations. *Journal of Product Innovation Management*, Vol. 21, No. 3, 2004, pp. 155 – 169.

[170] Bottani E, Rizzi A. Strategic Management of Logistics Service: a Fuzzy QFD Approach. *International Journal of Production Economics*, Vol. 103, No. 2, 2006, pp. 585 – 99.

[171] Bourdieu, Pierre. *The Forms of Social Capital.* Westport, CT.: Greenwood Press, 2008, pp. 110 – 145.

[172] Bourdieu P. *Distintion.* London: Routledge and Kegan Paul, 1984, pp. 231 – 456.

[173] Bourne M, Franco – Santos M, Micheli P, et al. Performance measurement and management: a system of systems perspective. *International Journal of Production Research*, Vol. 56, No. 8, 2018, pp. 2788 – 2799.

[174] Browning H C, Singelmann J. *The Emergence of a Service Society.* Springfield: National Technical Information Service, 1975, pp. 23 – 25.

[175] Brown J S, Duguid P. Organizational Leaning and Communities-of-practice: Toward a Unified View of Working, Learning, and Innovation. *Organization science*, Vol. 2, No. 1, 1991, pp. 40 – 57.

[176] Brusoni S, Prencipe A. Unpacking the Black Box of Modularity:

Technologies, Products and Organizations. *Industrial & Corporate Change*, Vol. 10, No. 1, 2001, pp. 179 – 205.

[177] Büschgens T, Bausch A, Balkin D B. Organizational culture and innovation: A meta-analytic review. *Journal of product innovation management*, Vol. 30, No. 4, 2013, pp. 763 – 781.

[178] Bullinger H J, Auernhammer K, Gomeringer A. Managing Innovation Networks in the Knowledge-driven Economy. *International Journal of Production Research*, Vol. 42, No. 17, 2004, pp. 3337 – 3353.

[179] Burt R. *Stuctural Holes: The Social Stucture Competition*. Cambridge, MA: Havard University Press, 1992, pp. 178 – 211.

[180] Camuffoa A. Globalization, Outsourcing and Modularity in the Auto Industry. *Korean Journal of Political Economy*, Vol. 1, No. 1, 2002, pp. 18 – 29.

[181] Cao Q, Gedajlovic E, Zhang H. Unpacking Organizational Ambidexterity: Dimensions, Contingencies, and Synergistic Effects. *Organization Science*, Vol. 20, No. 4, 2009, pp. 781 – 796.

[182] Chandler G N, Hanks S H. Founder Competence, the Environment, and Venture Performance. *Entrepreneurship Theory & Practice*, Vol. 18, No. 3, 1994, pp. 77 – 89.

[183] Chan K S, Park S H. A Cross-country Study on the Role of the Service Sector. *Journal of Economic Development*, Vol. 14, No2, 1989, pp. 35 – 54.

[184] Chung H M. Managerial Ties, Control and Deregulation: An Investigation of Business Groups Entering the Deregulated Banking Industry in Taiwan. *Asia Pacific Journal of Management*, Vol. 23, No. 4, 2006, pp. 505 – 520.

[185] Clercq D D, Thongpapanl N T, Dimov D. Shedding New Light on the Relationship Between Contextual Ambidexterity and Firm Performance: an Investigation of Internal Contingencies. *Technovation*, Vol. 33, No. 4 – 5, 2013, pp. 119 – 132.

[186] Coase R H. The Nature of the Firm. *Economica*, Vol. 4, No. 16, 1937, pp. 386 – 405.

306

［187］ Coffey W J. The Geographies Of Producer Services. *Urban Geography*, *Vol.* 21, No. 2, 2000, pp. 170 – 183.

［188］ Coleman J S. Social Capital in the Creation of Human Capital. *The American Journal of Sociology*, Vol. 94, 1988, pp. 95 – 120.

［189］ Congram C, Epelman M. How to Describe your Service: An Invitation to the Structured Analysis and Design Technique. *Journal of Service Management*, Vol. 6, No. 2, 1995, pp. 6 – 23.

［190］ Cooke P, Schienstock G. Structural Competitiveness and Learning Regions. *Enterprise and Innovation Management Studies*, Vol. 1, No. 3, 2000, pp. 265 – 280.

［191］ Crossan M M, Lane H W, White R E. An Organizational Learning Framework: From Intuition to Institution. *Academy of Management Review*, Vol. 24, No. 3, 1999, pp. 522 – 537.

［192］ Cummings J L, Teng B S. Transferring R&D Knowledge: the Key Factors Affecting Knowledge Transfer Success. *Journal of Engineering & Technology Management*, Vol. 20, No. 1, 2003, pp. 39 – 68.

［193］ Daft R L, Lewin A Y. Where are the Theories for the 'New' Organizational Forms? An Editorial Essay. *Organization Science*, Vol. 4, No. 4, 1993, pp. i – vi.

［194］ D'Angelo A, Ganotakis P, Love J H. Learning by exporting under fast, short-term changes: The moderating role of absorptive capacity and foreign collaborative agreements. *International Business Review*, Vol. 29, No. 3, 2020, pp. 101 – 687.

［195］ Delmar F, Davidsson P, Gartner W B. Arriving at the High-growth Firm. *Journal of Business Venturing*, Vol. 18, NO. 2, 2003, pp. 189 – 216.

［196］ Dess G G, Robinson R B. Measuring Organizational Performance in the Absence of Objective Measures: The Case of the Privately-held Firm and Conglomerate Business Unit. *Strategic Management Journal*, Vol. 5, No. 3, 1984, pp. 265 – 273.

［197］ Detert J R, Schroeder R G, Mauriel J J. A framework for linking culture and improvement initiatives in organizations. *Academy of manage-*

307

ment Review, Vol. 25, No. 4, 2000, pp. 850 – 863.

[198] Devaney R L. *An Introduction to Chaotic Dynamical Systems*. Redwood city Calif: Addison – Wesley, 1986, pp. 189 – 238.

[199] Di Berardino C, Onesti G. Explaining deindustrialisation from a vertical perspective: Industrial linkages, producer services, and international trade. *Economics of Innovation and New Technology*, Vol. 30, No. 7, 2021, pp. 685 – 706.

[200] Dierickx I, Cool K. Asset Stock Accumulation and Sustainability of Competitive Advantage. *Management Science*, Vol. 35, No. 12, 1989, pp. 1504 – 1510.

[201] Dolgui A, Ivanov D, Sokolov B. Reconfigurable supply chain: The X-network. *International Journal of Production Research*, Vol. 58, No. 13, 2020, pp. 4138 – 4163.

[202] Doney P M, Cannon J P. Mullen M. R. Understanding the Influence of National Culture on the Development of Trust. *Academy of Management Review*, Vol. 23, No. 3, 1998, pp. 601 – 620.

[203] Dougherty D, Hardy C. Sustained Product Innovation in Large, Mature Organizations: Overcoming-to-organization Problems. *Academy of Management Journal*, Vol. 39, No. 5, 1996, pp. 1120 – 1153.

[204] Droege H, Hildebrand D, Forcada M A H. Innovation in services: present findings, and future pathways. *Journal of Service Management*, Vol. 20, No. 2, 2009, pp. 131 – 155.

[205] Dyer J H, Nobeoka K. Creating and Managing a High Performance Knowledge – Sharing Network: the Toyota Case. *Strategic Management Journal*, Vol. 21, No. 3, 2000, pp. 345 – 367.

[206] Echols A, Tsai W. Niche and performance: the moderating role of network embeddedness. *Strategic management journal*, Vol. 26, No. 3, 2005, pp. 219 – 238.

[207] Edvardsson B, Gustafsson A, Enquist B. Success Factors in New Service Development and Value Creation Through Services. *Advances in services innovations*, No. 8, 2007, pp. 83 – 165.

[208] Eppink D J. *Managing the Unforeseen: A Study of Flexibility.*

308

Amsterdam: Vrije Universiteit, 1978, pp. 50 – 98.

[209] Ernst D. Limits to Modularity: Reflections on Recent Developments in Chip Design. *Industry and Innovation*, Vol. 12, No. 3, 2005, pp. 303 – 45.

[210] Eswaran M, Kotwal A. The Role of the Service Sector in the Process of Industrialization. *Journal of Development Economics*, Vol. 68, No. 2, 2002, pp. 401 – 420.

[211] Ethier W J. National and International Returns to Scale in the Modern Theory of International Trade. *Journal of Yanbian University*, Vol. 72, No. 3, 1982, pp. 389 – 405.

[212] Fang E. Customer Participation and the Trade-off Between New Product Innovativeness and Speed to Market. *Journal of Marketing*, Vol. 72, No. 4, 2008, pp. 90 – 104.

[213] Fenema V P C. *Coordination and Control of Globally Distributed Software Projects*. Rotterdam: Erasmus University, 2002, pp. 55 – 88.

[214] Fiol C M, Lyles M A. Organizational Learning. *Academy of Management Review*, Vol. 10, No. 4, 1985, pp. 803 – 813.

[215] Fleming L. Finding the Organizational Sources of Technological Breakthroughs: the Story of Hewlett-packard's Thermal Ink-jet. *Industrial & Corporate Change*, Vol. 11, No. 5, 2002, pp. 1059 – 1084.

[216] Francois J, Woerz J. Producer Services, Manufacturing Linkages, and Trade. *Social Science Electronic Publishing*, Vol. 8, No. 3 – 4, 2008, pp. 199 – 229.

[217] Francois J F. Producer Services, Scale, and the Division of Labor. *Oxford Economic Papers*, Vol. 42, No. 4, 1990, pp. 715 – 729.

[218] Francois J F. Trade in Producer Services and Returns due to Specialization under Monopolistic Competition. *Canadian Journal of Economics*, Vol. 23, No. 1, 1990, pp. 109 – 124.

[219] Frandsen T. Evolution of modularity literature: a 25 – year bibliometric analysis. *International Journal of Operations & Production Management*, Vol. 37, No. 6, 2017, pp. 703 – 747.

[220] Friedkin N. A Test of Structural Features of Granovetter's

Strength of Weak Ties Theory. *Social Networks*, Vol. 2, No. 4, 1980, pp. 411 – 422.

[221] Fuentes D D. On the Limits of the Post – Industrial Society Structural Change and Service Sector Employment in Spain. *International Review of Applied Economics*, Vol. 13, No. 1, 2004, pp. 111 – 123.

[222] Fugate B, Sahin F, Mentzer J T. Supply chain management coordination mechanisms. *Journal of Business Logistics*, Vol. 27, No. 2, 2011, pp. 129 – 161.

[223] Gershenson J K. Product Modularity: Definitions and Benefits. *Journal of Engineering Design*, Vol. 14, No. 3, 2003, pp. 295 – 313.

[224] Geum Y, Seol H, Lee S, Park Y. Application of Fault Tree Analysis to the Service Process: Service Tree Analysis Approach. *Journal of Service Management*, Vol. 20, No. 4, 2009, pp. 433 – 454.

[225] Gibson C B, Birkinshaw J. The Antecedents, Consequences, and Mediating Role of Organizational Ambidexterity. *Academy of Management Journal*, Vol. 47, No. 2, 2004, pp. 209 – 226.

[226] Gifford W E, Bobbit H R, Slocum J W. Message Characteristics and Perceptions of Uncertainty by Organizational Decision Makers. *Academy of Management Journal*, Vol. 22, No. 3, 1979, pp. 458 – 481.

[227] Gilsing V, Nooteboom B, Vanhaverbeke W, et al. Network embeddedness and the exploration of novel technologies: Technological distance, betweenness centrality and density. *Research policy*, Vol. 37, No. 10, 2008, pp. 1717 – 1731.

[228] Gilsing V, Nooteboom B. Density and Strength of Ties in Innovation Networks: An Analysis of Multimedia and Biotechnology. *Social Science Electronic Publishing*, Vol. 2, No. 3, 2005, pp. 179 – 197.

[229] Gilsing V V, Duysters G G. Understanding Novelty Creation in Exploration Networks—Structural and Relational Embeddedness Jointly Considered. *Technovation*, Vol. 28, No. 10, 2008, pp. 693 – 708.

[230] Gómez D, González – Arangüena E, Manuel C et al. Centrality and power in social networks: a game theoretic approach. *Mathematical Social Sciences*, Vol. 46, No. 1, 2020, pp. 27 – 54.

[231] Golden W, Powell P. Towards a Definition of Flexibility: in Search of the Holy Grail? *Omega*, Vol. 28, No. 4, 2000, pp. 373 – 384.

[232] Goldhar J, Berg D. Blurring the Boundary: Convergence of Factory and Service Processes. *Journal of Manufacturing Technology Management*, Vol. 21, No. 3, 2010, pp. 341 – 354.

[233] Goldman S L, Nagel R N, Preiss K. *Agile Competitors and Virtual Organizations: Strategies for Enriching the Customer*. New York: Van Nostrand Reinhold, 1995, pp. 75 – 90.

[234] Gordijin J, Akkermans J M. Value Based Requirements Engineering: Exploring Innovative E-commerce Idea. *Requirements Engineering Journal*, Vol. 8, No. 2, 2003, pp. 114 – 134.

[235] Gordon G G, DiTomaso N. Predicting Corporate Performance from Organizational Culture. *Journal of Management Studies*, Vol. 29, No. 6, 1992, pp. 783 – 798.

[236] Granovetter M. Economic Action and Social Structure: the Problem of Embeddedness. *American Journal of Sociology*, Vol. 91, No. 3, 1985, pp. 481 – 510.

[237] Granovetter M. *Problems of Explanation in Economic Sociology*. Boston: Harvard Business School Press, 1992, pp. 25 – 75.

[238] Granovetter M. The Strength of Weak Ties. *The American Journal of Sociology*, Vol. 78, No. 6, 1973, pp. 1360 – 1380.

[239] Granovetter Z O, *The strength of weak ties: A network theory revisited*. Springer VS: Wiesbaden, 2019, pp. 243 – 246.

[240] Grant R M. The Resource – Based Theory of Competitive Advantage: Implications for Strategy Formulation. *Knowledge & Strategy*, Vol. 33, Nol. 3, 1991, pp. 114 – 135.

[241] Greenfield H I. *Manpower and the Growth of Producer Services*. New York & London: Columbia University Press, 1966, pp: 58 – 89.

[242] Grönroos C. Marketing Services: the Case of a Missing Product. *Journal of Business & Industrial Marketing*, Vol. 13, No. 4/5, 1998, pp. 322 – 338.

[243] Guerrieri P, Meliciani V. Technology and International Competi-

311

tiveness: The Interdependence Between Manufacturing and Producer Services. *Structural Change & Economic Dynamics*, Vol. 16, No. 4, 2005, pp. 489 – 502.

[244] Gulati R, Nohria N, Zaheer A. Strategic Networks. *Strategic Management Journal*, Vol. 9, No. 4, 2000, pp. 361 – 374.

[245] Gulati R, Nohria N, Zaheer A. Strategic Network. *Strategic Management Journal*, Vol. 21, 2000, pp. 203 – 215.

[246] Gulati R, Sytch M. Dependence Asymmetry and Joint Dependence in Interorganizational Relationships: Effects of Embeddedness on a Manufacturer's Performance in Procurement Relationships. *Administrative Science Quarterly*, Vol. 52, No. 1, 2007, pp. 32 – 69.

[247] Hagedoorn J, Cloodt M. Measuring Innovative Performance: Is There an Advantage in Using Multiple Indicators? *Research Policy*, Vol. 32, No. 8, 2003, pp. 1365 – 1379.

[248] Hagedoorn J, Lokshin B, Zobel A. Partner Type Diversity in Alliance Portfolios: Multiple Dimensions, Boundary Conditions and Firm Innovation Performance. *Journal of Management Studies*, Vol. 55, No. 5, 2018, p. 809 – 836.

[249] Hagedoorn J. Understanding the Cross-level Embeddedness of Interfirm Partnership Formation. *Academy of Management Review*, Vol. 31, No. 3, 2006, pp. 670 – 690.

[250] Hakansson H. *Industrial Technological Development: a Network Approach*. London: Croom Helm, 1987, pp. 48 – 69.

[251] Halinen A, Tornroos J. The Role of Embeddedness in the Evolution of Business Networks. *Scandinavian Journal Management*, Vol. 14, No. 3, 1998, pp. 187 – 205.

[252] Hansen M T. *Combining Network Centrality and Related Knowledge: Explaining Effective Knowledge Sharing in Multiunit Firms*. Boston: Harvard Business School, 1998, 231 – 245.

[253] Hansen M T. The Search – Transfer Problem: The Role of Weak Ties in Sharing Knowledge across Organization Subunits. *Administrative Science Quarterly*, Vol. 44, No. 1, 1999, pp. 82 – 111.

[254] Hansen N. Do Producer Services Induce Regional Economic Development? *Journal of Regional Science*, Vol. 30, No. 4, 1990, pp. 465 – 476.

[255] Hartnell C A, Ou A Y, Kinicki A. Organizational culture and organizational effectiveness: a meta-analytic investigation of the competing values framework's theoretical suppositions. *Journal of applied psychology*, Vol. 96, No. 4, 2011, pp. 656 – 677.

[256] Heising W. The integration of ideation and project portfolio management—A key factor for sustainable success. *International Journal of Project Management*, Vol. 30, No. 5, 2012, pp. 582 – 595.

[257] Helper S. Comparative Supplier Relations in the U. S. and Japanese Auto Industries: An Exit/Voice Approach. *Business & Economic History*, Vol. 19, 1990, pp. 153 – 162.

[258] Henderson R M, Clark K B. Architectural Innovation: The Reconfiguration of Existing Product Technologies and the Failure of Established Firms. *Administrative Science Quarterly*, No. 35, 1990, pp. 9 – 30.

[259] He Z L, Wong P K. Exploration vs. Exploitation: An Empirical Test of the Ambidexterity Hypothesis. *Organization Science*, Vol. 15, No. 4, 2004, pp. 481 – 494.

[260] HölttäK, Tang V, Seering W. Modularizing Product Architectures Using Dendrograms. International Conference on engineering Design, 2003.

[261] Hockerts K. *Eco-efficient Service Innovation: Increasing Business-ecological Efficiency of Products and Services*. Sheffield: Greenleaf Publishing, 1999, pp. 95 – 108.

[262] Hole Y, Pawar S, Bhaskar M P. Service marketing and quality strategies. *Periodicals of Engineering and Natural Sciences*, Vol. 6, No. 1, 2018, pp. 182 – 196.

[263] Hosseini S H, Hajipour E, et al. The mediating effect of organizational culture in the relationship of leadership style with organizational learning. *Journal of human Behavior in the social environment*, Vol. 30, No. 3, 2020, 279 – 288.

[264] Huang C C, Kusiak A. Modularity in Design of Products and Systems. *IEEE Transactions on Systems*, Vol. 28, No. 1, 1998, pp. 66 –77.

[265] Huber G P. Organizational Learning: The Contributing Processes and the Literatures. *Organization Science*, Vol. 2, No. 1, 1991, pp. 88 – 115.

[266] Humphrey J, Schmitz H. How does Insertion in Global Value Chains Affect Upgrading in Industrial Clusters? *Regional Studies*, Vol. 36, No. 9, 2002, pp. 27 – 101.

[267] Humphrey J. Upgrading in Global Value Chains. International labour office working paper, No. 153, 2004.

[268] Hunt S D, Davis D F. Grounding Supply Chain Management in Resource-advantage Theory. *Journal of Supply Chain Management*, Vol. 44, No. 1, 2008, pp. 10 –21.

[269] Hyotylainen M, Moller K. Service Packaging: Key to Successful Provisioning of ICT Business Solutions. *Journal of Services Marketing*, Vol. 21, No. 5, 2007, pp. 304 –312.

[270] Inkpen A C, Tsang E W K. Social Capital, Networks, and Knowledge Transfer. *Academy of Management Review*, Vol. 30, No. 1, 2005, pp. 146 –165.

[271] Ireland R D. Management research and managerial practice: a complex and controversial relationship, *Academy of Management Learning and Education*, Vol. 11, No. 2, 2012, pp. 263 –271.

[272] Ito M, Matsushige A. *Corporate: The Transactional Form of Japan*, Tokyo: Tokyo University Press, 1989, pp. 99 –115.

[273] James A. Demystifying the Role of Culture in Innovative Regional Economies. *Regional Studies*, Vol. 39, No. 9, 2005, pp. 1197 –1216.

[274] James A. *Regional Culture, Corporate Strategy and High Tech Innovation: Salt Lake City*. University of Cambridge, 2003, pp. 111 –276.

[275] Jessop B. Regulationist and Autopoieticist Reflections on Polanyi's Account of Market Economies and the Market Society. *New Political Economy*, Vol. 6, 2001, pp. 213 –232.

[276] Jiao J, Simpson T W, Siddique Z. Product Family Design and

Platform-based Product Development: a State-of-the-art Review. *Journal of Intelligent Manufacturing*, Vol. 18, no. 1, 2007, pp. 5 – 29.

[277] Jiro Kunior. *Open Network Management*. Tokyo: Nihon Keizai Shimbun, 1995, pp. 34 – 65.

[278] Johannisson B, Rez – Pasillas M, Karlsson G. The Institutional Embeddedness of Local Inter-firm Networks: a Leverage for Business Creation. *Entrepreneurship & Regional Development*, Vol. 14, No. 4, 2002, pp. 297 – 315.

[279] Jones A. On the Interrelationships between the services – Producing Industries and the Goods – Producing Industries of Canada. *Service Industries Journal*, Vol. 12, no. 4, 1992, pp. 497 – 511.

[280] Joseph J, Gaba V. Organizational structure, information processing, and decision-making: a retrospective and road map for research [J]. Academy of Management Annals, 2020, 14 (1): 267 – 302.

[281] Kafouros M I, Forsans N. The Role of Open Innovation in Emerging Economies: Do Companies Profit from the Scientific Knowledge of Others? *Journal of World Business*, Vol. 47, No. 3, 2012, pp. 362 – 370.

[282] Kakaomerlioglu D C, Carlsson B. Manufacturing In Decline? A Matter Of Definition. *Economics of Innovation & New Technology*, Vol. 8, No1. 3, 1999, pp. 175 – 196.

[283] Kale P, Dyer J H, Singh H. Alliance Capability, Stock Market Response, and Long – Term Alliance Success: The Role of the Alliance Function. *Strategic Management Journal*, Vol. 23, No. 8, 2002, pp. 747 – 767.

[284] Katila R, Ahuja G. Something Old, Something New: a Longitudinal Study of Search Behavior and New Product Introduction. *Academy of Management Journal*, Vol. 45, No. 6, 2002, pp. 1183 – 1192.

[285] Keeble D, Lawson C, Moore B, Wilkinson F. Collective Learning Processes, Networking and "Institutional Thickness" in the Cambridge Region. *Regional Studies*, Vol. 33, No. 4, 1999, pp. 319 – 332.

[286] Kim C, Park J H. The Global Research-and-development Network and Its Effect on Innovation. *Journal of International Marketing*, Vol.

315

18, No. 4, 2010, pp. 43 – 57.

［287］Kindstroem D, Kowalkowski C. Development of Industrial Service Offerings: a Process Framework. *Journal of Service Management*, Vol. 20, No. 1, 2009, pp. 156 – 72.

［288］Klenow H P J. Misallocation and Manufacturing TFP in China and India. *Quarterly Journal of Economics*, Vol. 124, No. 4, 2009, pp. 1403 – 1448.

［289］Klodt H. Structural Change Towards Services: the German Experience. Institute for German Studies. University of Birmingham, 2000.

［290］Krackhardt D, Stern R N. Informal Networks and Organizational Crises: An Experimental Simulation. *Social Psychology Quarterly*, Vol. 51, No. 2, 1988, pp. 123 – 140.

［291］Lampel J, Mintzberg H. Customizing Customization. *Social Science Electronic Publishing*, Vol. 38, No. 1, 2011, pp. 21 – 30.

［292］Langlois N, Paul R. Networks and Innovation in a Modular System: Lessons from the Microcomputer and Stereo Component Industries. *Research Policy*, Vol. 21, No. 4, 1992, pp. 297 – 313.

［293］Langlois R N. The Vanishing Hand: the Changing Dynamics of Industrial Capitalism. *Industrial and Corporate Change*, Vol. 12, No. 2, 2003, pp. 351 – 385.

［294］Larson A. Network Dyads in Entrepreneurial Settings: A Study of the Governance of Exchange Relationships. *Administrative Science Quarterly*, Vol. 37, No. 1, 1992, pp. 76 – 104.

［295］Laursen K, Salter A. Open for Innovation: the Role of Openness in Explaining Innovation Performance among U. K. Manufacturing Firms. *Strategic Management Journal*, Vol. 27, No. 2, 2006, pp. 131 – 150.

［296］Lavie D, Khanna P. Organizational Differences, Relational Mechanisms, and Alliance Performance. Strategic Management Journal, Vol. 33, No. 13, 2012, pp. 1453 – 1479.

［297］Lawson C. Territorial Clustering and High-technology Innovation: from Industrial Districts to Innovative Milieux. ERSC working paper, No. 1386, 1997.

[298] Lazear E, Rosen S. Rank-order Tournaments as Optimal Labor Contracts. *Journal of Political Economy*, Vol. 89, No. 5, 1981, pp. 841 – 864.

[299] Lazerson M. A New Phoenix: Modern Putting – Out in the Modena Knitwear Industry. *Administrative Science Quarterly*, Vol. 40, No. 1, 1995, pp. 34 – 59.

[300] Leeuw A C J D, Volberda H W. On the Concept of Flexibility: A Dual Control Perspective. *Omega*, Vol. 24, No. 2, 1996, pp. 121 – 139.

[301] Lengnick – Hall C A. Customer Contributions to Quality: A Different View of the Customer-oriented Firm. *Academy of Management Review*, Vol. 21, No. 3, 1996, pp. 791 – 824.

[302] Leonard – Barton D. *Wellsprings of Knowledge: Building and Sustaining the Sources of Innovation*. Boston: Havard Business School Press, 1995, pp. 20 – 38.

[303] Leone M I, Reichstein T. Licensing-in Fosters Rapid Invention! The Effect of the Grant-back Clause and Technological Unfamiliarity. *Strategic Management Journal*, Vol. 33, No. 8, 2012, pp. 965 – 985.

[304] Levin D Z, Cross R. The Strength of Weak Ties You Can Trust: The Mediating Role of Trust in Effective Knowledge Transfer. *Management Science*, Vol. 50, No. 11, 2004, pp. 1477 – 1490.

[305] Lewicki R J, Bunker B B. *Trust in Relationships: A Model of Trust Development and Decline*. Sanfrancisco: Jossey – Bass, 1995, pp. 276 – 299.

[306] Liere D W V, Hagdorn L, Hoogeweegen M R. Embedded Coordination in a Business Network. *Journal of Information Technology*, Vol. 19, No. 4, 2004, pp. 261 – 269.

[307] Linden G, Somaya D. System-on-a-chip Integration in the Semiconductor Industry: Industry Structure and Firm Strategies. *Social Science Electronic Publishing*, Vol. 12, No. 3, 2003, pp. 545 – 576.

[308] Lin J L, Fang S C, Fang S R, Tsai F S. Network Embeddedness and Technology Transfer Performance in R&D Consortia in Taiwan. *Technovation*, Vol. 29, No. 11, 2009, pp. 763 – 774.

317

［309］Lin Y, Pekkarinen S. QFD-based Modular Logistics Service Design. *Journal of Business & Industrial Marketing*, Vol. 26, No. 5, 2011, pp. 344 – 356.

［310］Lorenzoni G. Lipparini A. The Leveraging of Inter-firm Relationships as a Distinctive Organizational Capability: a Longitudinal Study. *Strategic Management Journal*, Vol. 20, No. 4, 1999, pp. 317 – 338.

［311］Lori L. Koste, Malhotra M K. A Theoretical Framework for Analyzing the Dimensions of Manufacturing Flexibility. *Journal of Operations Management*, Vol. 18, No. 1, 1999, pp. 75 – 93.

［312］Lunduall B A, Borras S. The Globalising Learning Economy: Implications for Innovation Policy. EUR Working Paper, No. 18307, 1998.

［313］Lyu Y, He B, Zhu Y, et al. Network embeddedness and inbound open innovation practice: The moderating role of technology cluster. *Technological Forecasting and Social Change*, Vol. 144, 2019, pp. 12 – 24.

［314］Macpherson A. Producer Service Linkages and Industrial Innovation: Results of a Twelve – Year Tracking Study of New York State Manufacturers. *Growth & Change*, Vol. 39, No. 1, 2008, pp. 1 – 23.

［315］Magnusson T, Lindstrom G, Beggren C. Architectural or Modular Innovation? Managing Discontinuous Product Development in Response to Challenging Environmental Performance Targets. *International Journal of Innovation Management*, Vol. 7, No. 1, 2003, pp. 1 – 26.

［316］Mahmood I P, Zhu H. Whether and how network structure shapes the value of firm capabilities? . *Review of Economics and Institutions*, 2015, Vol. 6, No. 1, 2015, pp. 1 – 30.

［317］Malone T W. The Interdisciplinary Study of Coordination. *Acm Computing Surveys*, Vol. 26, No. 1, 1994, pp. 87 – 119.

［318］Marceau J. Selling Solutions: Product-service Packages as Links Between New and Old Economies. DRUID Conference on Industrial Dynamics of the New and Old Economy, 2002.

［319］March J G, Simon H A. *Organizations*. New York: Wiley, 1958, pp. 129 – 176.

［320］Markusen J R. Trade in Producer Services and in Other Specialized Intermediate Inputs. *American Economic Review*, Vol. 79, No. 1, 1989, pp. 85 – 95.

[321] McEvily B, Marcus A. Embedded Ties and The Acquisition of Competitive Capabilities. *Strategic Management Journal*, Vol. 26, No. 11, 2005, pp. 1033 – 1055.

[322] Mcevily B, Zaheer A. Bridging Ties: A Source of Firm Heterogeneity in Competitive Capabilities. *Strategic Management Journal*, Vol. 20, No. 12, 1999, pp. 1133 – 1156.

[323] McFadyen M A, Cannella A A Jr. Social Capital And Knowledge Creation: Diminishing Returns Of The Number And Strength Of Exchange Relationships. *Academy of Management Journal*, Vol. 47, No. 5, 2004, pp. 735 – 746.

[324] Meyer M H, De Tore A. Perspective: Creating a Platform-based Approach for Developing New Services, *The Journal of Product Innovation Management*, Vol. 18, No. 3, 2000, pp. 188 – 204.

[325] Miller D J, Fern M J, Cardinal L B. The Use of Knowledge for Technological Innovation within Diversified Firms. *Academy of Management Journal*, Vol. 50, No. 2, 2007, pp. 308 – 326.

[326] Mintzberg H. *The Structuring of Organizations*. London: Prentice – Hall, 1979, pp. 231 – 267.

[327] Miroshnychenko I, Strobl A, Matzler K, et al. Absorptive capacity, strategic flexibility, and business model innovation: Empirical evidence from Italian SMEs. *Journal of Business Research*, Vol. 130, No. 6, 2021, pp. 670 – 682.

[328] Möller K K, Halinen A. Business Relationships and Networks: Managerial Challenge of Network Era. *Industrial Marketing Management*, Vol. 28, No. 5, 1999, pp. 413 – 427.

[329] Moreno J L, Jennings H H. Statistics of Social Configurations. *Sociometry*, Vol. 1, No. 3/4, 1938, pp. 342 – 374.

[330] Morone P, Taylor R. Knowledge Diffusion Dynamics and Network Properties of Face to Face Interactions. *Journal of evolutionary economics*, Vol. 14, No. 3, 2004, pp. 327 – 351.

［331］Muller E, Zenker A. Business Services as Actors of Knowledge Transformation: the Role of KIBS in Regional and National Innovation Systems. *Research Policy*, Vol. 30, No. 9, 2001, pp. 1501 – 1516.

［332］Muthusamy S K, White M. Learning and Knowledge Transfer in Strategic Alliances: A Social Exchange View. *Organization Studies*, Vol. 26, No. 3, 2005, pp. 415 – 441.

［333］Nahapiet J, Ghoshal S. Social Capital, Intellectual Capital, and the Organizational Advantage. *The Academy of Management Review*, Vol. 23, No. 2, 1998, pp. 242 – 266.

［334］Nevis E C, Dibella A J, Gould J M. Understanding Organizations as Learning Systems. *Strategic Management of Intellectual Capital*, Vol. 36, NO. 2, 1995, pp. 121 – 139.

［335］Ngoasong M Z, Wang J, Amdam R P, et al. The role of MNE subsidiaries in the practice of global business models in transforming economies ［J］. Management and Organization Review, 2021, 17 (2): 254 – 281.

［336］Nobuo Ikeda. *Broadband Strategy: The Turning Point of Winning and Losing*. Tokyo: Nihon Keizai Shimbun, 2001, pp. 68 – 81.

［337］Nooteboom B, Van Haverbeke W, Duysters G, Gilsing V, Van den Oord A. Optimal Cognitive Distance and Absorptive Capacity. *Research Policy*, Vol. 36, No. 7, 2007, pp. 1016 – 1034.

［338］Nooteboom B. Innovation, Learning and Cluster Dynamics. *Clusters and Regional Development*, Vol. 12, NO. 2, 2006, pp. 137 – 163.

［339］Nooteboom B. *Innovation, learning and cluster dynamics*. New York: Routledge, 2006, pp. 231 – 265.

［340］North D C. *Institutions, Institucional Change and Economic Performance*. New York: Cambridge University Press, 1990, pp. 151 – 155.

［341］Olhager J. Strategic Positioning of the Order Penetration Point. *International Journal of Production Economics*, Vol. 85, No. 3, 2003, pp. 319 – 329.

［342］Orton J D, Weick K E. Loosely Coupled Systems: A Reconceptualization. *Academy of Management Review*, Vol. 15, No. 2, 1990, pp.

203 – 223.

[343] Ostgaard T A, Birley S. New Venture Growth and Personal Networks. *The Journal of Product Innovation Management*, Vol. 13, No. 6, 1996, pp. 557 – 558.

[344] Park S H, Chan K S. A Cross-country Input-output Analysis of Intersectoral Relationships between Manufacturing and Services and Their Employment Implications. *World Development*, Vol. 17, No. 2, 2006, pp. 199 – 212.

[345] Park S H. Intersectoral Relationships between Manufacturing and Services: New Evidence from Selected Pacific Basin Countries. *Asean Economic Bulletin*, Vol. 10, No. 3, 1994, pp. 245 – 263.

[346] Paul Krugman. Increasing Returns and Economic Geography. *Journal of Political Economy*, Vol. 99, No. 31 1991, pp. 483 – 499.

[347] Peters T J, Waterman R H. *In Search of Excellence: Lessons from America's Best-run Companies.* New York: Warner, 1982, pp. 58 – 98.

[348] Pilat D, Wölfl A. Measuring the Interaction Between Manufacturing and Services. *Ssrn Electronic Journal*, No. 6, 2005, pp. 88 – 102.

[349] Polanyi K. *The Great Transformation: Economic and Political Origins of our Time.* New York: Rinehart, 1944, pp. 87 – 102.

[350] Polanyi M. Tacit Knowing: Its Bearing on Some Problems of Philosophy [J]. Review of Modern Physics, 1962, 34 (4): 601 – 615.

[351] Powell W W, Smith – Doerr K L. Interorganizational Collaboration and the Locus of Innovation: Networks of Learn ing in Biotechnology. *Administrative Science of Quarterly*, Vol. 41, 1996, pp. 116 – 145.

[352] Prahalad C, Hamel G. The Core Competence of the Corporation. *Harvard Business Review*, Vol. 68, No. 3, 1990, pp. 275 – 292.

[353] Raisch S, Birkinshaw J. Organizational Ambidexterity: Antecedents, Outcomes, and Moderators. *Journal of Management*, Vol. 34, No. 3, 2008, pp. 375 – 409.

[354] Reagans R, McEvily B, Network Structure and Knowledge Transfer: the Effects of Cohesion and Range. *Administrative Science Quarterly*, Vol. 48, No. 2, 2003, pp. 240 – 267.

［355］ Rhee M. Network Updating and Exploratory Learning Environ-ment. *Journal of Management Studies*, Vol. . 41, No. 6, 2004, pp. 933 - 949.

［356］ Riddle, D. *Service - Led Growth*: *the Role of the Service Sector in World Development*. New York: Preager Publishers, 1996, pp. 100 - 124.

［357］ Ring P S, Ven A H V D. Structuring Cooperative Relationships Between Organizations. *Strategic Management Journal*, Vol. 13, No. 7, 1992, pp. 483 - 498.

［358］ Ritter T, Gemünden H G. Network Competence: Its Impact on Innovation Success and Its Antecedents. *Journal of business research*, Vol. 56, No. 9, 2003, pp. 745 - 755.

［359］ Ritter T, Walter A. Relationship-specific Antecedents of Cus-tomer Involvement in New Product Development. *International Journal of Tech-nology Management*, Vol. 26, No. 5 - 6, 2003, pp. 482 - 501.

［360］ Ritter T, Wilkinson I F, Johnston W J. Measuring Network Competence: Some International Evidence. *Journal of Business & Industrial Marketing*, Vol. 17, No. 2/3, 2002, pp. 119 - 138.

［361］ Rogers E M. *Diffusion of Innovations*. New York: The Free Press, 1995, pp. 20 - 45.

［362］ Romo F P, Schwartz M. The Structural Embeddedness of Busi-ness Decisions: The Migration of Manufacturing Plants in New York State, 1960 to 1985. *American Sociological Review*, Vol. 60, No. 6, 1995, pp. 874 - 907.

［363］ Rothaermel F T, Alexandre M T. Ambidexterity in Technology Sourcing: The Moderating Role of Absorptive Capacity. *Organization Science*, Vol. 20, No. 4, 2008, pp. 759 - 780.

［364］ Rowley T, Behrens D, Krackhardt D. Redundant Governance Structures: an Analysis of Structural and Relational Embeddedness in the Steel and Emiconductor Industries. *Strategic Management Journal*, Vol. 21, No. 3, 2000, pp. 369 - 386.

［365］ Saffold G S. Culture Traits, Strength, and Organizational Per-formance: Moving Beyond "Strong" Culture. *Academy of Management Re-*

view, Vol. 13, No. 4, 1988, pp. 546 – 558.

[366] Saka – Helmhout A. Organizational Learning as a Situated Routine-based Activity in International Settings. *Journal of World Business*, Vol. 45, No. 1, 2010, pp. 41 – 48.

[367] Salikhov B V, Salikhova I S. Self – Learning Organizations in Economy: Nature, Characteristic Features and Quality Parameters. *Finance & Credit*, No. 8, 2015, p. 48 – 60.

[368] Salvador F, Rungtusanatham M, Forza C. Supply-chain Configurations for Mass Customization. *Production Planning & Control*, Vol. 15, No. 4, 2004, pp. 381 – 397.

[369] Sampson C R. R&D Alliances and Firm Performance: The Impact of Technological Diversity and Alliance Organization on Innovation. *Academy of Management Journal*, Vol. 50, No. 2, 2007, pp. 364 – 386.

[370] Sanchez R, Mahoney J T. Modularity, Flexibility, and Knowledge Management in Product and Organization Design. *Strategic Management Journal*, Vol. 17, No. S2, 1996, pp. 63 – 76.

[371] Sanchez R. Modular Architectures in the Marketing Process. *Journal of Marketing*, Vol. 63, No. 4_suppl1, 1999, pp. 92 – 111.

[372] Sathe V. Implications of Corporate Culture: A Manager's Guide to Action. *Organ Dyn*, Vol. 12, NO. 2, 1983, pp. 5 – 23.

[373] Saxenian A. *Regional Advantage: Culture and Competition in Silicon Valley and Route* 128. Cambridge: Harvard University Press, 1994, pp. 198 – 222.

[374] Schein E H. *Organizational Culture and Leadership*. New Jersey: John Wiley & Sons, 2010, pp. 55 – 89.

[375] Schilling M A, Steensma H K. The Use of Modular Organizational Forms: An Industry – Level Analysis. *Academy of Management Journal*, Vol. 44, No. 6, 2001, pp. 1149 – 1168.

[376] Schilling M A. Toward a General Modular Systems Theory and Its Application to Interfirm Product Modularity. *Academy of Management Review*, Vol. 25, No. 2, 2000, pp. 312 – 334.

[377] Schreiner M, Corsten D. *Integrating Perspectives: A Multidi-*

mensional *Construct of Collaborative Capability*. Bingley: Emerald Group Publishing Limited, 2004, pp. 125 – 159.

[378] Scott S. Uncertainty avoidance and the preference for innovation championing roles. *Journal of international business studies*, Vol. 26, No. 1, 1995, pp. 47 – 68.

[379] Scott W R. *Institutions and Organizations (Foundations for Organizational Science)*. Thousand Oaks: Sage Publication, 2000, 45 – 78.

[380] Scott W R. *Organizations: Relational, Natural, and Open Systems*. NJ: Prentice Hall, 1987, pp. 301 – 325.

[381] Shaffer B. Firm-level Responses to Government Regulation: Theoretical and Research Approaches. *Journal of Management*, Vol. 21, No. 3, 1995, pp. 495 – 514.

[382] Shipilov A, Gawer A. Integrating research on interorganizational networks and ecosystems. *Academy of Management Annals*, Vol. 14, No. 1, 2020, pp. 92 – 121.

[383] Shostack G L. Design Services that Deliver. *Harvard Business Review*, Vol. 62, No. 1, 1984, pp. 133 – 139.

[384] Simon H A. Near Decomposability and the Speed of Evolution. *Industrial and Corporate Change*, Vol. 11, No. 3, 2002, pp. 587 – 599.

[385] Simon H A. The Architecture of Complexity. *Proceedings of the American Philosophical Society*, Vol. 106, No. 6, 1962, pp. 467 – 482.

[386] Sinha S. The Importance of Community: How Modular Organization of Social Networks Affects Their Collective Dynamics. *Studies in Microeconomics*, Vol. 2, No. 1, 2014, pp. 49 – 61.

[387] Slater S F, Narver J C. Competitive Strategy in the Market-focused Business. *Journal of Market – Focused Management*, Vol. 1, No. 2, 1996, pp. 159 – 174.

[388] Somaya D, Teece D J. Combining Inventions in Multi-invention Products: Organizational Choices, Patents, and Public Policy. Haas School of Business CCC Working Paper, No. 99 – 4, 2001.

[389] Sosale S, Hashemian M, Gu P. Product Modularization for Re-

use and Recycling. *Concurrent Product Design and Environmentally Conscious Manufacturing*, Vol. 94, No. 5, 1997, pp. 195 – 206.

[390] Spender J C, Grevesen W. The Multinational Enterprise as a Loosely Coupled System; the Global Integration Local Responsiveness Dilemma. *Managerial Finance*, No. 2, 1999, pp. 63 – 84.

[391] Sørensen J B. The Strength of Corporate Culture and the Reliability of Firm Performance. *Administrative Science Quarterly*, Vol. 47, No. 1, 2002, pp. 70 – 91.

[392] Stefano Brusoni A P. Dialectical Model of Organizational Loose Coupling: Modularity, Systems Integration, and Innovation. The DRUID Tenth Anniversary Summer Conference on Dynamics of Industry and Innovation: Organizations, Networks and Systems. 2005.

[393] Stone R B, Wood K L, Richard H F. A Heuristic Method for Identifying Modules for Product Architectures. *Design Studies*, Vol. 21, No. 1, 2000, pp. 5 – 31.

[394] Storper M, Scott A J. Rethinking Human Capital, Creativity and Urban Growth. *Journal of Economic Geography*, Vol. 9, No. 2, 2014, pp. 147 – 167.

[395] Štrach P, Everett A M. Knowledge Transfer Within Japanese Multinationals: Building a Theory. *Journal of Knowledge Management*, Vol. 10, No. 1, 2006, pp. 55 – 68.

[396] Suarez F F. Network Effects Revisited: the Role of Strong Ties in Technology Selection. *Academy of Management Journal*, Vol. 48, No. 4, 2005, pp. 710 – 720.

[397] Sullivan D M, Marvel M R. Knowledge Acquisition, Network Reliance, and Early-stageTechnology Venture Outcomes. *Journal of Management Studies*, Vol. 48, No. 6, 2011, pp. 1169 – 1193.

[398] Szulanski G. Exploring Internal Stickiness: Impediments to the Transfer of Best Practice within the Firm. *Strategic Management Journal*, Vol. 17, No. S2, 1996, pp. 27 – 43.

[399] Tao F, Cheng J, Qi Q. Digital twin-driven product design, manufacturing and service with big data. Int J Adv Manuf Technol. Vol. 94,

No. 9 – 12, 2018, pp. 3563 – 3576.

[400] Teece D J, Pisano G, Shuen A. Dynamic Capabilities and Strategic Management. *Strategic Management Journal*, Vol. 18, No. 7, 1997, pp. 509 – 533.

[401] Tee R. Benefiting from Modularity within and across Firm Boundaries. *Industrial and Corporate Change*, Vol. 28, No. 5, 2019, p. 1011 – 1028.

[402] Thatte A A. Supply Chain Responsiveness through Modularity Based Manufacturing Practices: An Exploratory Study. *Journal of Applied Business Research*, Vol. 29, No. 3, 2013, p. 743 – 763.

[403] Thompson J. *Organizations in action*. New York: McGraw – Hill, 1967, pp. 58 – 80.

[404] Tsai K H. Collaborative Networks and Product Innovation Performance: Toward a Contingency Perspective. *Research Policy*, Vol. 38, No. 5, 2009, pp. 765 – 778.

[405] Tsai W, Ghoshal S. Social Capital and Value Creation: The Role of Intrafirm Networks. *Academy of Management Journal*, Vol. 41, No. 4, 1998, pp. 464 – 476.

[406] Tsai W. Konwledge Transfer in Intraorganizational Networks: Effects of Network Position and Absorptive Capacity on Business Unit Innovation. *Academy of Management Journal*, Vol. 44, No. 5, 2002, pp. 996 – 1004.

[407] Tuan C, Ng L F Y. FDI Facilitated by Agglomeration Economies: Evidence from Manufacturing and Services Joint Ventures in China. *Journal of Asian Economics*, Vol. 13, No. 6, 2003, pp. 749 – 765.

[408] Ulrich K, Tung K. Fundamentals of Product Modularity. Porceedings of the 1991 ASME Desing Engineering Technical Conferences, 1991.

[409] Ulrich K, Tung K. Fundamentals of Product Modularity. Proceedings of the Design Engineering Technical Conference on Design/Manufacture Integration, September, 1991.

[410] Ulrich K. The Role of Product Architecture in the Manufacturing

Firm. Research Policy, Vol. 24, No. 3, 1995, pp. 419 – 440.

[411] Upton D M. The Management of Manufacturing Flexibility. *California Management Review*, Vol. 36, No. 2, 1994, pp. 72 – 89.

[412] Uzzi B, Lancaster R. Relational Embeddedness and Learning: The Case of Bank Loan Managers and Their Clients. *Management Science*, Vol. 49, Nol. 4, 2003, pp. 383 – 399.

[413] Uzzi B. Social Structure and Competition in Interfirm Networks: the Paradox of Embeddedness. *Administrative Science of Quarterly*, Vol. 42, No. 1, 1997, pp. 35 – 67.

[414] Uzzi B. The Sources and Consequences of Embeddedness for the Economic Performance of Organizations: The Network Effect. *American Sociological Review*, Vol. 61, No. 4, 1996, pp. 674 – 698.

[415] Van Der Aa W, Elfring T. Realizing Innovation in Services. *Scandinavian Journal of Management*, Vol. 18, No. 2, 2002, pp. 155 – 171.

[416] Venables A J. Equilibrium Locations of Vertically Linked Industries. *Cepr Discussion Papers*, Vol. 37, No. 2, 1993, ppl. 1341 – 1359.

[417] Ven A H V D, Delbecq A L, Koenig R. Determinants of Coordination Modes within Organizations. *American Sociological Review*, Vol. 41, NO. 2, 1976, pp. 322 – 338.

[418] Villar O A, Rivas J M C. How do Producer Services Affect the Location of Manufacturing Firms?: the Role of Information Accessibility. *Environment & Planning A*, Vol. 33, No. 9, 2001, pp. 1621 – 1642.

[419] Voss C A, Hsuan J. Service Architecture and Modularity. *Decision Sciences*, Vol. 40, No. 3, 2009, pp. 541 – 569.

[420] Walsh H S, Dong A, Tumer I Y. An Analysis of Modularity as a Design Rule Using Network Theory. *Journal of Mechanical Design*, Vol. 141, No. 3, 2018, pp. 175 – 205.

[421] Wang C L, Ahmed P K. Dynamic capabilities: A review and research agenda. *International journal of management reviews*, Vol. 9, No. 1, 2007, pp. 31 – 51.

[422] Wang F, Chen G, Li D. The Formation and Operation of Modu-

lar Organization: A Case Study on Haier's "Market – Chain" Reform. *Frontiers of Business Research in China*, Vol. 2, No. 4, 2008, p. 621 –654.

[423] Wasserman S, Faust K. *Social Network Analysis: Methods and Applications*. London: Cambridge University Press, 1994, pp. 20 –34.

[424] Weick K E. Educational Organizations as Loosely Coupled Systems. *Administrative Science Quarterly*, NO. 21, 1976, pp. 1 –19.

[425] Weick K E. The Significance of Corporate Culture. *Organizational Culture*, No. 3, 1985, pp. 381 –389.

[426] Wernerfelt B. A Resource-based View of the Firm. *Strategic Management Journal*, Vol. 5, Nol. 2, 1984, pp. 171 –180.

[427] Wilhelm B. *Platform and modular concept at Volkswagen—their effects on the assembly process*. New York: Springer Berlin Heidelberg, 1997, pp. 146 –156.

[428] Williamson O E. *The Economic Institutions of Capitalism: Firms, Markets, Relational Contracting*. New York: The Free Press, 1985, pp. 78 –90.

[429] Williamson O E. Transaction – Cost Economics: The Governance of Contractual Relations. *Journal of Law & Economics*, Vol. 22, No. 2, 1979, pp. 233 –261.

[430] Witt U. The future of evolutionary economics: why the modalities of explanation matter. *Journal of Institutional Economics*, Vol. 10, No. 4, 2014, pp. 645 –664.

[431] Wolfe C, Loraas T. Knowledge Sharing: The Effects of Incentives, Environment, and Person. *Journal of Information Systems*, Vol. 22, No. 2, 2011, pp. 53 –76.

[432] Xiao Z, Tsui A S. When Brokers May not Work: The Cultural Contingency of Social Capital in Chinese High-tech Firms. *Administrative Science Quarterly*, Vol. 52, No. 1, 2007, pp. 1 –31.

[433] Yayavaram S, Ahuja G. Structure of a Firm's Knowledge Base and The Effectiveness of Technological Search. *Journal Für Mineralstoffwechsel*, vol. 6, No. 5, 2004, pp. 900 –905.

[434] Yli – Renko H, Autio E, Sapienza H J. Social Capital, Knowl-

edge Acquisition, and Knowledge Exploitation in Young Technology – Based Firms. *Strategic Management Journal*, Vol. 22, No. 6/7, 2001, pp. 587 – 613.

[435] Yusuf A. Environmental Uncertainty, the Entrepreneurial Orientation of Business Ventures and Performance. *International Journal of Commerce and Management*, Vol. 12, No. 3/4, 2002, pp. 83 – 103.

[436] Zaheer A, Bell G G. Benefiting from Network Position: Firm Capabilities, Structural Holes, and Performance. *Strategic Management Journal*, Vol. 26, No. 9, 2005, pp. 809 – 825.

[437] Zaheer A, McEvily B, Perrone V. Does Trust Matter? Exploring the Effects of Interorganizational and Interpersonal Trust on Performance. *Organization Science*, Vol. 9, No. 2, 1998, pp. 141 – 159.

[438] Zeb A, Akbar F, Hussain K, et al. The competing value framework model of organizational culture, innovation and performance. *Business Process Management Journal*, Vol. 27, No. 2, 2021, pp. 658 – 683.

[439] Zelizer V A. Beyond the Polemics on the Market: Establishing a Theoretical and Empirical Agenda. *Sociological Forum*, Vol. 3, No. 4, 1988, pp. 614 – 634.

[440] Zhang J, Duan Y. The Impact of Different Types of Market Orientation on Product Innovation Performance: Evidence from Chinese Manufacturers. *Management Decision*, Vol. 48, No. 6, 2010, pp. 849 – 867.

[441] Zhang M, Guo H, Huo B, et al. Linking supply chain quality integration with mass customization and product modularity. *International Journal of Production Economics*, Vol. 207, 2019, pp. 227 – 235.

[442] Zucker L G. Production of Trust: Institutional Sources of Economic Structure. *Research in Organizational Behavior*, No. 8, 1986, pp. 53 – 111.

[443] Zukin S, DiMaggio P. *Structures of Capital: The Social Organization of the Economy*. London: Cambridge University Press, 1990, pp. 38 – 87.